Zaubersprüche

Eide, Segen, Flüche, Zaubersprüche und Gesänge

Band 68 der Reihe „Die Götter der Germanen"

Bücher von Harry Eilenstein:

- Astrologie (496 S.)
- Photo-Astrologie (64 S.)
- Tarot (104 S.)
- Handbuch für Zauberlehrlinge (408 S.)
- Physik und Magie (184 S.)
- Der Lebenskraftkörper (230 S.)
- Die Chakren (100 S.)
- Meditation (140 S.)
- Drachenfeuer (124 S.)
- Krafttiere – Tiergöttinnen – Tiertänze (112 S.)
- Schwitzhütten (524 S.)
- Totempfähle (440 S.)
- Muttergöttin und Schamanen (168 S.)
- Göbekli Tepe (472 S.)
- Hathor und Re:
    Band 1: Götter und Mythen im Alten Ägypten (432 S.)
    Band 2: Die altägyptische Religion – Ursprünge, Kult und Magie (396 S.)
- Isis (508 S.)
- Die Entwicklung der indogermanischen Religionen (700 S.)
- Wurzeln und Zweige der indogermanischen Religion (224 S.)
- Der Kessel von Gundestrup (220 S.)
- Cernunnos (690 S.)
- Christus (60 S.)
- Odin (300 S.)
- Die Götter der Germanen (Band 1 – 80)
- Dakini (80 S.)
- Kursus der praktischen Kabbala (150 S.)
- Eltern der Erde (450 S.)
- Blüten des Lebensbaumes:
    Band 1: Die Struktur des kabbalistischen Lebensbaumes (370 S.)
    Band 2: Der kabbalistische Lebensbaum als Forschungshilfsmittel (580 S.)
    Band 3: Der kabbalistische Lebensbaum als spirituelle Landkarte (520 S.)
- Über die Freude (100 S.)
- Das Geheimnis des inneren Friedens (252 S.)
- Von innerer Fülle zu äußerem Gedeihen (52 S.)
- Das Beziehungsmandala (52 S.)
- Die Symbolik der Krankheiten (76 S.)

Kontakt: www.HarryEilenstein.de / Harry.Eilenstein@web.de
Impressum: Copyright: 2011 by Harry Eilenstein – Alle Rechte, insbesondere auch das der Übersetzung, vorbehalten. Kein Teil des Buches darf ohne schriftliche Genehmigung des Autors und des Verlages (nicht als Fotokopie, Mikrofilm, auf elektronischen Datenträgern oder im Internet) reproduziert, übersetzt, gespeichert oder verbreitet werden.
Herstellung und Verlag: BoD - Books on Demand, Norderstedt
ISBN: 9783743142350

Die Themen der einzelnen Bände der Reihe „Die Götter der Germanen"

1. Die Entwicklung der germanischen Religion
2. Lexikon der germanischen Religion
3. Der ursprüngliche Göttervater Tyr
4. Tyr in der Unterwelt: der Schmied Wieland
5. Tyr in der Unterwelt: der Riesenkönig   Teil 1
6. Tyr in der Unterwelt: der Riesenkönig   Teil 2
7. Tyr in der Unterwelt: der Zwergenkönig
8. Der Himmelswächter Heimdall
9. Der Sommergott Baldur
10. Der Meeresgott: Ägir, Hler und Njörd
11. Der Eibengott Ullr
12. Die Zwillingsgötter Alcis
13. Der neue Göttervater Odin   Teil 1
14. Der neue Göttervater Odin   Teil 2
15. Der Fruchtbarkeitsgott Freyr
16. Der Chaos-Gott Loki
17. Der Donnergott Thor
18. Der Priestergott Hönir
19. Die Göttersöhne
20. Die unbekannteren Götter
21. Die Göttermutter Frigg
22. Die Liebesgöttin: Freya und Menglöd
23. Die Erdgöttinnen
24. Die Korngöttin Sif
25. Die Apfel-Göttin Idun
26. Die Hügelgrab-Jenseitsgöttin Hel
27. Die Meeres-Jenseitsgöttin Ran
28. Die unbekannteren Jenseitsgöttinnen
29. Die unbekannteren Göttinnen
30. Die Nornen
31. Die Walküren
32. Die Zwerge
33. Der Urriese Ymir
34. Die Riesen
35. Die Riesinnen
36. Mythologische Wesen
37. Mythologische Priester und Priesterinnen
38. Sigurd/Siegfried
39. Helden und Göttersöhne
40. Die Symbolik der Vögel und Insekten
41. Die Symbolik der Schlangen, Drachen und Ungeheuer
42. Die Symbolik der Herdentiere
43. Die Symbolik der Raubtiere
44. Die Symbolik der Wassertiere und sonstigen Tiere
45. Die Symbolik der Pflanzen
46. Die Symbolik der Farben
47. Die Symbolik der Zahlen
48. Die Symbolik von Sonne, Mond und Sternen
49. Das Jenseits
50. Seelenvogel, Utiseta und Einweihung
51. Wiederzeugung und Wiedergeburt
52. Elemente der Kosmologie
53. Der Weltenbaum
54. Die Symbolik der Himmelsrichtungen und der Jahreszeiten
55. Mythologische Motive
56. Der Tempel
57. Die Einrichtung des Tempels
58. Priesterin – Seherin – Zauberin – Hexe
59. Priester – Seher – Zauberer
60. Rituelle Kleidung und Schmuck
61. Skalden und Skaldinnen
62. Kriegerinnen und Ekstase-Krieger
63. Die Symbolik der Körperteile
64. Magie und Ritual
65. Gestaltwandlungen
66. Magische Waffen
67. Magische Werkzeuge und Gegenstände
68. Zaubersprüche
69. Göttermet
70. Zaubertränke
71. Träume, Omen und Orakel
72. Runen
73. Sozial-religiöse Rituale
74. Weisheiten und Sprichworte
75. Kenningar
76. Rätsel
77. Die vollständige Edda des Snorri Sturluson
78. Frühe Skaldenlieder
79. Mythologische Sagas
80. Hymnen an die germanischen Götter

Inhaltsverzeichnis

I Eide, Segen, Flüche, Gesang und Zaubersprüche	**14**
II Eide	**15**
II 1. Wortfamilie und Wortfeld „schwören"	15
II 2. Der Handschlag-Eid	**20**
II 2. a) Nials-Saga	20
II 2. b) Saga über König Harald Hart-Rat	20
II 3. Die Bekräftigungs-Formel	**21**
II 3. a) Saga über Thordr den Unruhestifter	21
II 4. Eide in den Mythen	**22**
II 4. a) Wegtam-Lied	22
II 4. b) Gylfis Vision	22
II 5. Der Willensbekundungs-Eid	**23**
II 5. a) Völsungen-Saga	23
II 5. b) Völsungen-Saga	23
II 5. c) Die Saga über Hrafnkell Freysgodi	24
II 5. d) Saga über König Sverri von Norwegen	24
II 5. e) Saga über Thrond von Gate	24
II 5. f) Atli-Lied	25
II 5. g) Völsungen-Saga	25
II 5. h) Die Saga über Olaf den Ruhmreichen	26
II 6. Der Notsituations-Eid	**27**
II 6. a) Saga über die Siedler von Eyre	27
II 6. b) Die Saga über Hallfredr Ärger-Skalde	27
II 7. Der Treue-Eid	**28**
II 7. a) Die Saga über Olaf den Ruhmreichen	28
II 7. b) Saga über König Sverri von Norwegen	28
II 7. c) Die Saga über Olaf den Ruhmreichen	29
II 8. Der Friedens-Eid	**30**
II 8. a) Tryggdamal	30
II 8. b) Gridamal	34
II 9. Der erzwungene Eid	**35**
II 9. a) Saga über König Sverri von Norwegen	35
II 9. b) Die Saga über Olaf Tryggvason	35
II 9. c) Sörli-Saga	36
II 10. Der „12 Männer Eid"	**39**
II 10. a) Egil-Saga	39
II 10. b) Saga über die Siedler von Eyre	39
II 11. Der dreifache Eid	**40**
II 11. a) Die Saga über Kampf-Glum	40

II 12. Der Jul-Eid	**43**
II 12. a) Die Geschichte über Eirek den Fern-Fahrenden	43
II 12. b) Die Saga über Hervor und König Heidrek den Weisen	43
II 12. c) Die Saga über Fridthjof den Kühnen	44
II 12. d) Die Saga über Viglund den Blonden	44
II 12. e) Die Saga über Viglund den Blonden	44
II 12. f) Beowulf-Epos	44
II 13. Die Verbindung zu den Göttern beim Eid	**45**
II 13. a) Die Saga über Hervor und König Heidrek den Weisen	45
II 13. b) Das Lied über Helgi Hiörvard-Sohn	45
II 13. c) Das Landnahme-Buch	46
II 13. d) Die Saga über die Siedler von Eyre	47
II 13. e) Das andere Lied über Helgi Hunding-Töter	48
II 13. f) Atli-Sage	49
II 13. g) Die Saga über König Sverri von Norwegen	49
II 13. h) Die Saga über Olaf den Ruhmreichen	49
II 13. i) Die Geschichte über Hühner-Thorir	50
II 13. j) Die Saga über Olaf den Ruhmreichen	50
II 14. Eid und Göttermet	**51**
II 14. a) Die Saga über Hervor und König Heidrek den Weisen	51
II 14. b) Das Lied über Helgi Hiörvard-Sohn	51
II 15. Die Folgen des Meineids und des Eidbruchs	**52**
II 15. a) Der Ausspruch der Seherin	52
II 15. b) Gylfis Vision	52
II 15. c) Völsungen-Saga	53
II 15. d) Havamal	53
II 15. e) Sprichworte über den Meineid	53
II 16. Eid-Formeln als Ausruf des Erstaunens	**55**
II 17. Zusammenfassung	**56**
II 18. Der Eid in der indogermanischen Überlieferung	**60**
II 18. a) Der Eid in der keltischen Überlieferung	60
II 18. b) Der Eid in der römischen Überlieferung	60
II 18. c) Der Eid in der germanischen Überlieferung	60
II 18. d) Der Eid in der hethitschen Überlieferung	61
Friedensvertrag zwischen Ramses II und Hattushili III (hethitische Version)	61
Friedensvertrag zwischen Ramses II und Hattushili III (ägyptische Version)	65
II 18. e) Der Eid in der persischen Überlieferung	70
II 18. f) Der Eid in der skythischen Überlieferung	70
II 18. g) Der Eid in der griechischen Überlieferung	71
Homerische Hymnen: An den Phytischen Apollo	72
II 18. h) Zusammenfassung	74
II 19. Eide in der nostratischen Überlieferung	**75**

III Der Segen in der germanischen Überlieferung — 76
III 1. Das Wort „weihen" — 76
III 2. Überlieferte Segen — 77
- III 2. a) Segensspruch-Formeln — 77
- III 2. b) Die beiden Silber-Fibeln von Bezenye — 79
- III 2. c) Wafthrudnir-Lied — 79
- III 2. d) Nials-Saga — 79
- III 2. e) Sigdrifa-Lied — 80
- III 2. f) Die Saga über König Sverri von Norwegen — 81
- III 2. g) Skaldskaparmal — 82
- III 2. h) Gylfis Vision — 82
- III 2. i) Thrym-Lied — 83
- III 2. j) Kenningar — 83
- III 2. k) Das dritte Gudrun-Lied — 84
- III 2. l) Havamal: Odins Runenlied — 84
- III 2. m) Die jüngere Version der Huldar-Saga — 85
- III 2. n) Hattatal — 85
- III 2. o) Das Lied der Sigdrifa — 85
- III 2. p) Grimnir-Lied — 86
- III 2. q) Halfdan Eystein-Sohn — 86
- III 2. r) Die Saga über Thorstein den Weißen — 86
- III 2. s) Oddruns Klage — 87
- III 2. t) Jakob Grimm: Deutsche Mythologie — 87
- III 2. u) Zusammenfassung — 88

III 3. Der Segen in der indogermanischen Überlieferung — 90
- III 3. a) Kelten — 90
- III 3. b) Inder — 90
- III 3. c) Zusammenfassung — 91

IV Flüche in der germanischen Überlieferung — 92
IV 1. Wortschatz — 92
IV 2. Fluch-Redewendungen — 93
- IV 2. a) Ein beliebtes Fluch-Sprichwort — 93
- IV 2. b) Grimnir-Lied — 93
- IV 2. c) Harbard-Lied — 94
- IV 2. d) Alwis-Lied — 94

IV 3. einfache Flüche — 95
- IV 3. a) Die Nials-Saga — 95
- IV 3. b) Die Nials-Saga — 95
- IV 3. c) Die Lachstal-Saga — 95
- IV 3. d) Das andere Gudrun-Lied — 96
- IV 3. e) Halfdan Eysteinn-Sohn — 96
- IV 3. f) Gesta danorum — 96
- IV 3. g) Lachstal-Saga — 97

IV 4.	**der nachdrückliche Fluch**	**98**
IV 4. a)	Die Saga über Olaf Tryggvason	98
IV 4. b)	Die Saga über Olaf den Ruhmreichen	98
IV 5.	**Der einfache formale Fluch**	**100**
IV 5. a)	Die Saga über Grettir den Starken	100
IV 5. b)	Die Saga über Grettir den Starken	100
IV 5. c)	Die Saga über Thorstein Viking-Sohn	101
IV 5. d)	Lachstal-Saga	102
IV 5. e)	Die Saga über Hervor und König Heidrek den Weisen	102
IV 5. f)	Fridthjof der Kühne	103
IV 6.	**Flüche auf Gegenständen**	**104**
IV 6. a)	Die jüngere Version der Huldar-Saga	104
IV 6. b)	Skaldskaparmal	104
IV 6. c)	Das andere Lied über Sigurd Fafnir-Töter	105
IV 6. d)	Völsungen-Saga	105
IV 6. e)	Völsungen-Saga	107
IV 6. f)	Der hürnerne Seyfried	107
IV 6. g)	Die Saga über Thrond von Gate	109
IV 6. h)	Die Saga über Hervor und König Heidrek den Weisen	109
IV 6. i)	Die Saga über Sturlaug den Mühen-Beladenen	112
IV 6. j)	Runen-Webebrettchen von Bergen	112
IV 7.	**Schutz-Flüche auf Runensteinen**	**114**
IV 7. a)	Runenstein von Glavendrup	114
IV 7. b)	Runenstein von Glemminge	114
IV 7. c)	Runenstein von Saleby	114
IV 7. d)	Runenstein von Skern	115
IV 7. e)	Runenstein von Sonder Vinge	115
IV 7. f)	Runenstein von Tryggvoelde	115
IV 7. g)	Runenstein von Björketorp	115
IV 7. h)	Runensteine von Stentoften und Blekinge	116
IV 7. i)	Runenstein von Stentoften	116
IV 7. j)	Stein von Eggjum	117
IV 7. k)	Beowulf-Epos	117
IV 7. l)	Beowulf-Epos	118
IV 8.	**Flüche, bei denen eine Gottheit angerufen wird**	**119**
IV 8. a)	Zweites Lied über Helgi Hunding-Töter	119
IV 8. b)	Die Saga über Hervor und König Heidrek den Weisen	120
IV 8. c)	Styrbjarnar-Thattr	120
IV 8. d)	„Pfurz-Runen"	121
IV 9.	**Der Nid-Fluch**	**122**
IV 9. a)	Saga über Egil Skallagrimsson	122
IV 9. b)	Saga über Egil Skallagrimsson	122
IV 9. c)	Gesta danorum	123

IV 10. Der Todesfluch	**125**
IV 10. a) Amulett von Högstena	125
IV 11. Der ausführliche Fluch	**126**
IV 11. a) Die Saga über Bosi und Herraud	126
IV 11. b) Skirnir-Lied	132
IV 11. c) Gesta danorum	146
IV 12. Flüche von Magiern und Zauberinnen	**147**
IV 12. a) Die Saga über Sturlaug den Mühen-Beladenen	147
IV 12. b) Heimskringla	147
IV 12. c) Heimskringla	149
IV 12. d) Illugi-Saga	150
IV 12. e) Hrolf Kraki und seine Berserker	152
IV 12. f) Hexenprozeß von Bergen im Jahre 1324	152
IV 12. g) Die Saga über Grettir den Starken	153
IV 13. Flüche von Gottheiten	**168**
IV 13. a) Menja und Fenja	168
IV 13. b) Hyndla-Lied	173
IV 13. c) Hyndla-Lied	173
IV 13. d) Gesta danorum	174
IV 13. e) Gautrek-Saga	177
IV 13. f) Heimskringla: Saga über König Harald Hart-Rat	179
IV 13. g) Hrolf Kraki und seine Berserker	180
IV 13. h) Huldar-Saga	182
IV 14. Der rituelle Fluch (Schadenszauber)	**183**
IV 14. a) Faröische Heldenlieder: Högni-Lied	183
IV 14. b) Fridthjof der Kühne	183
IV 14. c) Lachstal-Saga	184
IV 15. Flüche allgemein	**185**
IV 15. a) Jakob Grimm: Deutsche Mythologie	185
IV 16. Zusammenfassung	**188**
IV 17. Flüche bei anderen Völkern	**190**
V Zaubersprüche	**191**
V 1. Zauberworte	**191**
V 1. a) „alu"	191
V 1. b) „auja"	192
V 1. c) „luwa-tuwa"	192
V 1. d) „salusalu"	192
V 1. e) „lathu"	193
V 1. f) „laukar"	193
V 1. g) „ota"	193

V 2.	**Weihung**		**194**
V 2. a)	Runenstein von Elgesem		194
V 2. b)	Brakteat von Hojstrup		194
V 2. c)	Brakteat von Skonager		194
V 2. d)	Fibel von Vimose		194
V 2. e)	Brakteat von Halskov		195
V 2. f)	Brakteat von Trollhättan		195
V 2. g)	Brakteat von Tjurkö		195
V 2. h)	Brakteat von Funen		196
V 2. i)	Runenstein von Bällsta		196
V 2. j)	Runenstein von Tune		196
V 2. k)	Goldring von Pietrossa		197
V 2. l)	Brakteat von Vadstena		197
V 2. m)	Runenstein von Sonder Kirkeby		197
V 2. n)	Runenstein von Viring		198
V 2. o)	Runenstab von Bergen		198
V 2. p)	Fibel von Nordendorf		198
V 2. q)	Zauberspruch aus Lancashire		199
V 2. r)	Bügelfibel von Dischingen		200
V 2. s)	Das Knochenamulett von Lindholm		201
V 2. t)	Runenstein von Flemlose		201
V 2. u)	Knochen von Tilläg		201
V 2. v)	Runenstab von Gravlek		202
V 3.	**Schutzzauber**		**203**
V 3. a)	Amulett aus Bad Ems		203
V 3. b)	Amulett aus Kirchheim unter Teck		203
V 3. c)	Brakteat von Skodborg		203
V 3. d)	Runen-Knochen von Lindholmen		204
V 3. e)	Brakteat von Seeland		204
V 3. f)	Brakteat aus Norwegen		205
V 3. g)	Brakteat von Ölst		205
V 3. h)	Groas Erweckung		206
V 3. i)	Stein von Nordhuglo		209
V 3. j)	Brakteat von Börringe		209
V 3. k)	Stein-Bruchstück von Kinneve		210
V 3. l)	Die Saga über Halfdan Brana-Ziehsohn		210
V 4.	**Schutz eines Runensteines**		**211**
V 4. a)	Beowulf-Epos		211
V 4. b)	Runenstein von Hällestad		211
V 4. c)	Runenstein von Arstad		212
V 4. d)	Stein von Ellestad		212

V 5. Heilungszauber: Runen — 213
- V 5. a) Kupferplatte von Skänninge — 213
- V 5. b) Runenstab von Bergen — 213
- V 5. c) Heilstab von Ribe — 213

V 6. Heilungszauber: Kräuter — 215
- V 6. a) Kupferplatte von Skänninge — 215
- V 6. b) Neunkräuter-Zauberspruch — 215

V 7. Heilungszauber: Krankheits-Geister vertreiben — 218
- V 7. a) Stein von Torvika — 218
- V 7. b) Runenstein von Sigtuna — 218
- V 7. c) Die Schädel-Inschrift von Ribe — 219
- V 7. d) Runenstein von Granhäcken — 219
- V 7. e) Heilungs-Zauber von Canterbury — 220
- V 7. f) „Wurmsegen" — 220
- V 7. g) Amulett von Sigtuna (1) — 221
- V 7. h) Steinfragment von Eketorp — 221
- V 7. i) Amulett von Sigtuna (2) — 222
- V 7. j) Angelsächsischer Zauberspruch — 222
- V 7. k) Kvinneby Amulett — 223
- V 7. l) Runenstab von Bergen — 224
- V 7. m) Der Alp — 224
- V 7. n) Heilungszauber aus dem Buch „Lacnunga" — 226
- V 7. o) Heilungszauber aus dem Buch „Lacnunga" — 226
- V 7. p) Heilungszauber aus dem Buch „Lacnunga" — 227
- V 7. q) Heilungszauber aus dem Buch „Lacnunga" — 228

V 8. Heilungszauber: Segnung — 230
- V 8. a) Skandinavische Heilungszauber — 230
- V 8. b) 2. Merseburger Zauberspruch — 230
- V 8. c) Kräuterbuch aus dem 12. Jahrhundert — 231
- V 8. d) Erd-Heilungszauber aus dem Buch „Lacnunga" — 233

V 9. Geburtszauber — 237
- V 9. a) Oddrun-Lied — 237

V 10. Bienensegen — 238
- V 10. a) altenglischer Bienensegen — 238

V 11. Handwerkszauber — 239
- V 11. a) Wetzstein von Strom — 239

V 12. Wohlstand — 240
- V 12. a) Stein von Gummarp — 240
- V 12. b) Fleischkratzer von Flöksand — 240

V 13.	**Liebeszauber**	**241**
V 13. a)	Inschrift auf der Höhlenwand des Kleinen Schülerlochs	241
V 13. b)	Scheiben-Fibel von Bülach	241
V 13. c)	Kamm von Setre	242
V 13. d)	Runenstab von Bergen (1)	242
V 13. e)	Runenstab von Bergen (2)	242
V 13. f)	Amulett von Äbelholt	243
V 13. g)	Schweizer Liebeszauber	243
V 13. h)	Holzschlegel von Bergen	244
V 13. i)	Knochen von Trondheim	244
V 13. j)	Silber-Amulett von Birka	245
V 14.	**gegen Geschwätzigkeit bei Frauen**	**246**
V 14. a)	„Zauberspruch, um eine Frau zum Schweigen zu bringen"	246
V 15.	**Heiratsantrag**	**247**
V 15. a)	Runenstab von Bergen (3)	247
V 15. b)	Runenstab von Lom	247
V 16.	**Treuegelöbnis zwischen Liebenden**	**248**
V 16. a)	Bügel-Fibel von Engers	248
V 16. b)	Fibel von Schrezheim	248
V 16. c)	Parfum-Gefäß von Schrezheim	248
V 16. d)	Runenstab von Trondheim	249
V 16. e)	Bügelfibel von Charnay	249
V 16. f)	Bernstein-Perle und Gürtelschnalle von Weimar	250
V 16. g)	Fibel von Freilaubersheim	250
V 17.	**einen Dieb finden**	**251**
V 17. a)	„Zauberspruch um einen Dieb zu finden"	251
V 17. b)	„Ein weiterer Zauberspruch, um einen Dieb zu finden"	252
V 18.	**Windzauber**	**253**
V 18. a)	Fridthjof der Kühne	253
V 18. b)	Die Saga über König Sverri	253
V 18. c)	Odins Rabenzauber	253
V 19.	**Kampfmagie**	**255**
V 19. a)	Hamburgische Kirchengeschichte	255
V 19. b)	Speerspitze von Kowel	255
V 19. c)	Speerspitze von Dahmsdorf	255
V 19. d)	Speerschaft von Kragehul	255
V 19. e)	Beowulf-Epos	256
V 19. f)	Brakteat von Lellinge	257
V 19. g)	Medaillon von Svarteborg	257
V 19. h)	Amulette von Allesö, Bolbro und Vedby	258
V 19. i)	Schildbuckel von Skabersjö	258
V 19. j)	Gisli-Saga	259
V 19. k)	1. Merseburger Zauberspruch	259
V 19. l)	Darradarliod	259

V 19. m) Jakob Grimm: Deutsche Mythologie	261
V 20. Kult	**263**
V 20. a) Sigdrifa-Lied	263
V 20. b) Völsa-Thattr	263
V 21. Sonnenaufgangs-Ritual	**271**
V 21. a) Odins Runenlied	271
V 22. rituelle Thing-Sprüche	**272**
V 23. Zauberspruch gegen Wut	**273**
V 23. a) „Zauberspruch gegen Wut"	273
V 24. Bestattungsformeln	**274**
V 24. a) Runenstein von Ledberg	274
V 24. b) Runenstein von Gorlev	275
V 25. Regen-Zauber	**276**
V 25. a) Jakob Grimm: Deutsche Mythologie	276
V 26. Allzweck-Zauber	**286**
V 26. a) Runenstab von Urnes	286
V 26. b) Brakteat von Darum	286
V 26. c) Brakteat von Vadstena	286
V 26. d) Fischerei-Gewicht von Forde	287
V 26. e) Bronze-Platte von Fosse	287
V 26. f) Brakteat von Schonen	287
V 27. Zaubersprüche allgemein	**288**
V 27. a) Indiculus superstitionum et paganiarum	288
V 27. b) Hamburgische Kirchengeschichte	288
V 27. c) Bosi und Herraud	288
V 28. Zusammenfassung: Zaubersprüche	**289**
V 29. Zaubersprüche in der indogermanischen Überlieferung	**293**
V 29. a) Kelten	293
Talisien	293
Die Geschichte des irischen Königs Cormac mac Art	302
V 29. b) Inder	304
VI Der Gesang in der germanischen Überlieferung	**305**
VI 1. „heit"	**305**
VI 2. „galdr"	**305**
VI 3. Schilderungen des Gesangs	**306**
VI 3. a) Indiculus	306
VI 3. b) Reisebericht des Ibn Fadlan	307
VI 3. c) Hamburgische Kirchengeschichte	307
VI 3. d) Heimskringla	307
VI 3. e) Lachstal-Saga	307
VI 3. f) Syrpas Verse	308
VI 3. g) Oddruns Klage	308
VI 3. h) Die Saga über Erik den Roten	309

VI 3. i)	Wegtam-Lied	310
VI 3. j)	Rätsel aus dem Exeter-Buch	311
VI 3. k)	Tacitus	312
VI 3. l)	Lied des Thorbjörn Hornklaue	312
VI 3. m)	Die Saga über Sturlaug den Mühen-Beladenen	313
VI 3. n)	Heimskringla	314
VI 3. o)	Angelsächsisches Canon-Gesetz	315
VI 3. p)	Die jüngere Version der Huldar-Saga	316
VI 3. q)	Neunkräuter-Zauberspruch	316
VI 3. r)	Beowulf-Epos	317
VI 3. s)	De origine actibusque Getarum	317
VI 3. t)	Kenningar	317
VI 3. u)	Jakob Grimm: Deutsche Mythologie	319
VI 4.	**Zusammenfassung**	**321**
VI 5.	**Der Gesang in der indogermanischen Überlieferung**	**322**
VI 5. a)	Kelten	322
VI 5. b)	Hethiter	323
VI 5. c)	Inder	323
VI 5. d)	Perser	324
VI 5. e)	Griechen	324
VI 6.	**Nicht-indogermanischer Zaubergesang**	**326**
VI 7.	**Die Entstehung von Zaubersprüchen**	**327**
	Themenverzeichnis	329

I Eide, Segen, Flüche, Gesang und Zaubersprüche

Eide, Segen, Flüche und Zaubersprüche haben gemeinsam, daß sie sich fast alle an Gottheiten wenden und sie um die Erfüllung und Verwirklichung dessen bitten, worum es in dem Eid, dem Segen, dem Fluch oder dem Zauberspruch geht. Des weiteren werden fast alle diese „magischen Worte" gesungen.

Es ist daher anzunehmen, daß alle diese Texte ihren Ursprung im Kult der Götter und Göttinnen haben und sozusagen Gottheiten-Anrufungen zu einem speziellen Anlaß sind.

Aufgrund dieser großen Ähnlichkeit der Eide, Segen, Flüche und Zaubersprüche miteinander sowie ihrer gemeinsamen Wurzel werden sie hier in diesem Band zusammen betrachtet.

Mit diesem Thema eng verwandte Bände sind:

    Band 64: Magie und Ritual
    Band 72: Die Runen
    Band 58: Priesterin – Seherin – Zauberin – Hexe
    Band 59: Priester – Seher – Zauberer
    Band 18: Der Priestergott Hönir
    Band 37: Priester in den Mythen (Hermod, Skirnir, Thialfi u.a.)

II Eide

Ein Eid ist im Wesentlichen ein Versprechen, bei dem der Eid-Geber die Götter auffordert, dem Eid-Geber einen bestimmten Schaden zuzufügen, wenn er seinen Eid bricht. Die Grundlage eines solches Eides ist natürlich, daß alle Beteiligten davon überzeugt sind, daß die Götter sowohl die Macht als auch den Willen haben, im Falle eines Eidbruches den Eidbrecher auf die betreffende Weise zu strafen.

Man könnte einen Eid daher auch einen „an eine Bedingung geknüpften Auto-Fluch" nennen.

II 1. Wortfamilie und Wortfeld „schwören"

Die Fachbegriffe zum Schwören im Altnordischen geben einen guten Überblick über die damalige Schwur-Praxis:

Der Brauch des Eid-Ablegens

munn-eidr = „Mund-Eid", der Brauch des Ablegens von Eiden

Der Eid

eidr = Eid
heit = Eid, Schwur, feierliches Versprechen
söri = Eid, Schwur, Fluch
varar = Schwur, feierlicher Eid

Der erzwungene Eid

naudungar-eidr = „Not-Eid", d.h. erzwungener Eid

Oft verlangte ein Sieger von den Besiegten unter Todesandrohung, daß sie einen

Treue-Eid ablegten, d.h. daß sie für den Fall eines Aufstandes einen Fluch der Götter auf sich herabriefen.

Das Schwören

efla heit = einen Eid ablegen
eid-spjall = Ablegen eines Eides („Eid sprechen")
eid-unnung = Ablegen eines Eides
sverja eidr = schwören („Eid schwören")
sörr = schwören
vinna eidr = schwören („Eid durchführen")
ganga til eida = einen Eid ablegen gehen
heit-strengja = feierlicher Schwur
strengja efla heit = einen feierlichen Schwur ablegen
heit-strenging = das Ablegen eines feierlichen Eides

Es wurde anscheinend zwischen einem einfachen Schwur und einem feierlichen Schwur, der nach strengen Regeln durchgeführt wurde, unterschieden.

Das Thema des Eides

veittust varar = etwas beschwören
eid-vätti = Aussage unter Eid
trygda-eidr = Treue-Eid
trunandar-eidr = Treue-Eid
eid-brodir = Schwur-Brüder
söring = „Schwören" = Exorzismus
söringa-madr = „Schwur-Mann" = Exorzist

Als Eid-Thema erscheinen die beschworene Aussage, der Treue-Eid und der Exorzismus, der jedoch eigentlich kein Eid ist, sondern nur wie der Eid eine Anrufung der Götter verwendet.

Aus der Benennung des Exorzismus als „Schwur" kann man schließen, daß die Anrufung der Götter der wesentliche Punkt beim Eid ist, da der Eid und der Exorzismus nur die Anrufung der Götter gemeinsam haben.

Die Worte des Eides

forn-ordr = Schwur-Worte
eida-mal = Eid-Formel
eid-stafr = Eid-Formel
tragda-mal = Eid-Formel

   Es scheint traditionelle Eid-Worte („Formeln") gegeben zu haben, die oft verwendet worden sind.

Der beim Eid angesprochene Gott

heid-gud = Gott, bei dem man schwört
baug-eidr = Ring-Eid, Schwur auf den Ring im Tempel

Die Eid-Zeugen

eida-fullting = Eid-Hilfe („Zeugenschaft")
eida-kona = „Eid-Frau" = Eid-Helferin, Eid-Zeugin
eida-lid = Eid-Helfer, Eid-Zeugen
svannanar-madr = Bürge für das Wort oder den Eid eines anderen

Die Wirkung des Eides

heit-bunndinn = Eid-gebunden
eid-svari = durch einen Eid gebunden; Lehensmann
eid-sörr = Eid-sicher, absolut sicher
eid-varr = Eid-vorsichtig, mit allergrößter Vorsicht
hlyda til eid-spjalls = auf jemandes Eide hören, jemandem glauben
eigi verdr einn eidr alla = „der Eid eines Mannes ist nicht der Eid aller (Männer)"

Der Eid-Bruch

rjufa eid = einen Eid brechen
eid-brigdi = Eidbruch
eid-rof = Eid-Bruch
meineidr = Meineid (altnordisch „mein" = verletzen, hindern, verweigern)
heit-rofi = Wort-Brecher, Eid-Brecher
vara vargr = Eidbrecher („Eid-Würger" = „Eid-Wolf")
eid-rofi = Eidbrecher
meinn-sörandi = eidbrüchig, meineidig

Das Eid-Lied

heit-söngr = Eid-Lied, Votiv-Lied

Das Eid-Lied ist ein religiöses Lied, daß sich an eine Gottheit wendet. Auch diese Bezeichnung zeigt, daß die Anrufung einer Gottheit das gemeinsame Element eines Eides, eines Exorzismus und eines religiösen Liedes ist und daß alle drei nach dieser Anrufung benannt worden sind.

Zusammenfassung

> Aus der Wortfamilie und dem Wortfeld „schwören" ergibt sich, daß ein Eid die folgenden Elemente hat :
> - den Brauch des Eid-Ablegens
> - das Eid-Thema (Aussage unter Eid, Treue-Schwur)
> - den freiwilligen und den erzwungenen Eid
> - den normalen und den feierlichen Eid nach strengen Regeln
> - die traditionellen Eid-Formeln
> - die Zeugen beim Ablegen des Eides
> - die Gottheit, an die sich der Eid-Ablegende wendet (Dies ist der wesentliche Teil des Eides, den dieser mit den ebenfalls „Eid" genannten Exorzismus und den religiösen Liedern gemeinsam hat.)
> - die Sicherheit als Wirkung des Eides
> - den Eid-Bruch

Als zusätzliche Elemente zu der Beschreibung eines Eides am Anfang dieses Kapitels kommen hier noch die Eid-Zeugen, die traditionellen Eid-Formeln, die zentrale Stellung der Eid-Gottheit und der Eid-Bruch hinzu.

II 2. Der Handschlag-Eid

Die allereinfachste und formloseste Variante eines Eides ist die Bekräftigung per Handschlag. Genau genommen ist dies jedoch kein Eid, da ihm alle wesentlichen Elemente wie die Bezugnahme auf die Gottheit und die Eid-Formel fehlen.

II 2. a) Njals-Saga

Da gab Thorgeir nach; er gelobte Hald durch Handschlag, daß Flose und seine Genossen vor ihm sicher sein sollten, bis die Versöhnung stattfände, und Hald versprach ihm dasselbe in Flose's und der Sigfussöhne Namen.

II 2. b) Saga über König Harald Hart-Rat

Diese einfache Bekräftigung eines Abkommens findet sich des öfteren in der germanischen Überlieferung:

„Der König stimmte allen zu, was Fin bestimmt hatte und es wurde durch Zeugen und durch Handschlag bekräftigt."

II 3.   Die Bekräftigungs-Formel

Eine weitere formlose Variante der Bekräftigung einer Aussage ist der Vergleich mit etwas, was allgemein als wahr angesehen wird. Auch dies ist wie der Handschlag kein wirklicher Eid.

II 3. a)   Saga über Thordr den Unruhestifter

„So wahr meine Nase jemals geatmet hat!"

Etwas freier übersetzt, lautet dieser Ausruf: *„So wahr ich atme!"*

II 4. Eide in den Mythen

Einer der bekanntesten Eide aus der germanischen Überlieferung ist der Eid, Baldur nicht zu verletzen, den alle Wesen außer der Mistel leisteten.

II 4. a) Wegtam-Lied

„Wir wollen besenden die Wesen alle
Frieden erbitten, daß sie Baldur nicht schaden."
Alles schwur Eide, ihn zu verschonen;
Frigg nahm die festen Schwüre in Empfang.

II 4. b) Gylfis Vision

In dieser Mythen-Übersicht des Snorri Sturluson findet sich eine weitere Schilderung dieses Eides:

Da frug Gangleri: „Haben sich noch andere Abenteuer mit den Asen ereignet? Eine gewaltige Heldentat hat Thor auf dieser Fahrt verrichtet."
Har antwortete: „Es mag noch von Abenteuern berichtet werden, die den Asen bedeutender scheinen. Und das ist der Anfang dieser Sage, daß Baldur, der gute, schwere Träume träumte, die seinem Leben Gefahr deuten. Und als er den Asen seine Träume sagte, pflogen sie Rat zusammen und beschlossen, dem Baldur Sicherheit vor allen Gefahren auszuwirken.
Da nahm Frigg Eide von Feuer und Wasser, Eisen und allen Erzen, Steinen und Erden, von Bäumen, Krankheiten und Giften, dazu von allen vierfüßigen Tieren, Vögeln und Würmern, daß sie Baldurs schonen wollten."

II 5.   Der Willensbekundungs-Eid

Ein Eid hat die Funktion, eine Sache abzusichern. Solch ein Eid wird manchmal auch freiwillig ausgesprochen, wenn der Sprecher sicherstellen will, daß er sich an die eigene Aussage hält und daß alle wissen, daß er sich daran halten wird.

II 5. a)   Völsungen-Saga

Da sprach Brünhild und sagte: „Zwei Könige kämpften miteinander. Einer von ihnen war Helmgunnar, ein alter Mann und der größte der Krieger. Ihm hatte Odin den Sieg versprochen. Sein Feind war Agnar, Audis Bruder. Ich warf jedoch Helmgunnar in diesem Kampf nieder.

Da stieß Odin aus Rache für diese Tat den Schlaf-Dorn in mich und sagte, daß ich nie wieder den Sieg haben sollte, sondern verheiratet werden sollte.

Doch ich setzte dagegen den Eid, daß ich niemals einen Mann heiraten werde, der das Wort Furcht kennt."

II 5. b)   Völsungen-Saga

Vermutlich ist die Auffassung der Krähe als Seelenvogel die Auffassung für diesen zunächst recht merkwürdig scheinenden Schwur.

„Ich habe geschworen, daß ich eher eine junge Krähe heiraten werde als ihn!"

Da sich der Tote in seinem Hügelgrab (Jenseits) mit der Jenseitsgöttin vereinte, um sich selber wiederzuzeugen, sodaß er anschließend von der Göttin als Seelenvogel wiedergeboren werden konnte („junge Krähe"), hat dieser Schwur wahrscheinlich einen mythologischen Hintergrund (siehe auch „Krähe" in Band 40). Wenn diese Deutung zutreffen sollte, stellt sich die Frau, die den Schwur ausspricht, an die Stelle der Jenseitsgöttin.

Der Schwur lautet daher etwas freier übersetzt ungefähr: *„Lieber sterbe ich und gehe ins Hügelgrab, als daß ich ihn heirate!"*

II 5. c)   Die Saga über Hrafnkell Freysgodi

Auch der folgende Eid ist ein freiwilliger Eid, der allen Menschen einen bestimmten Entschluß und eine damit zusammenhängende Handlungsweise bekanntmachen sollte – in diesem Fall die Todesstrafe für eine bestimmte Handlung.

Hrafnkell Freyr-Priester hatte in seinem Eigentum ein Kleinod, welches ihm besser als jedes andere schien. Dies war ein Hengst von brauner Farbe, mit einem schwarzen Streifen längs dem Rücken herunter, welchen er Freyr-Mähne nannte. Er gab denselben seinem Freund Freyr zur Hälfte.
Zu diesem Hengst hatte er eine so große Zuneigung, daß er das Gelübde tat, daß er den Mann töten würde, der ohne seinen Willen auf ihm reiten würde.

Mit dem „Freund Freyr" ist der Gott Freyr gemeint, dem Hrafnkell einen Tempel erbaut hatte, zu dem dieser Hengst gehörte.

II 5. d)   Saga über König Sverri von Norwegen

Bei einer Krönung legte der König einen Eid über sein beabsichtigtes Verhalten ab. Dieser Brauch ist auch von den Jarlen (Grafen) bekannt und er war auch allgemein ein Bestandteil der Zeremonie beim Antritt eines Erbes.

Ich wurde von einem Gesandten Roms und mit der allgemeinen Zustimmung des Volkes des Landes zum König geweiht und gekrönt und habe bei meiner Weihung geschworen, daß ich die Gesetze des Landes befolgen werde und es mit dem Schwert, das mir bei meiner Weihung gegeben wurde, gegen die Gier und die Feindseligkeit hinterhältiger Männer verteidigen werde. Und ich habe geschworen, daß ich lieber mein Leben verlieren als gegen die Worte meines Eides handeln werde.

II 5. e)   Saga über Thrond von Gate

In dieser Saga dient das Angebot des Ablegens eines Eides dazu, die eigene Aussage als wahr zu beweisen:

„O König, hier sage ich, daß ich und alle meine Schiffs-Gefährten diese Tat nie

begangen haben, und ich bin bereit, darauf einen solchen Eid abzulegen, wie es eure Gesetze verlangen, oder, wenn dies für Dich ein vollständigerer Beweis ist, will ich Eisen tragen und Du selber sollst bei der Verhandlung dabei sein."

Eisen = in Ketten gefangen

II 5. f) Atli-Lied

In diesem Lied findet sich ein Eid, der daraus besteht, daß der Schwörende sein eigenes Leben zum Pfand für die Wahrheit des von ihm Gesagten einsetzt: Wenn er gelogen hat, wird er am Galgen hängen und es wird ihn der Riese holen, d.h. er wird ins Jenseits gebracht werden.

Je größer die Strafe ist, die man im Falle eines Eidbruches von den Göttern auf sich selber herabruft, desto sicherer ist der Eid. Die Aufforderung an die Götter, den Tod zu senden, wenn man den Eid bricht, ist daher der sicherste aller Schwüre.

Trotzdem handelt es sich bei dem folgenden Eid um einen absichtlichen, geplanten und von König Atli befohlenen Meineid … Die Sicherheit eines Eides hängt davon ab, ob derjenige, der den Eid ablegt, auch daran glaubt, daß die Götter ihn strafen werden, wenn er den Eid bricht.

Da begann Glaumwör, Gunnars Gemahlin,
Zu Wingi gewandt, wie ihr würdig schien:
„Ich weiß nicht, wie ihr guten Willen uns lohnt:
Hier warst Du ein arger Gast, wenn Übels dort geschieht."

Da verschwur sich Wingi und schonte sich wenig:
„Der Jote soll mich holen, wenn ich euch belog:
Am Galgen soll ich hängen, wenn ich Frieden geheuchelt habe."

II 5. g) Völsungen-Saga

In dem folgenden Eid ruft Sigurd die Götter insgesamt als „Straf-Instanz" für einen möglichen Bruch seines Eides an:

Sigurd antwortete (an Sigrun/Brünhild gewandt): *„Welche Königstochter gibt es,* *die mich verführen könnte? Und ich bin in dieser Sache auch nicht zweifachen Herzens – und ich werde nun bei den Göttern schwören, daß ich Dich zur Frau nehmen werden und niemand anderen."*

Auf genau diese Weise sprach er.

Sigurd dankte ihr für ihre Rede und gab ihr einen Goldring. Da schworen sie ihre Eide noch einmal.

Auch die Ehe gehört zu den „freiwilligen Willensbekundungs-Eiden".

II 5. h) Die Saga über Olaf den Ruhmreichen

Sein eigener Sohn, König Olaf von Schweden, hatte bei Thors Hammer geschworen, die Beleidigung seiner Mutter, der Königin Sigrid der Stolzen, zu rächen.

II 6.   Der Notsituations-Eid

Eine andere freiwillige Form des Eides wird in Notsituationen gesprochen. Diese Art von Eid ist gewissermaßen ein „Handelsabkommen" mit den Göttern, bei dem einer Gottheit für den Fall der eigenen Errettung aus einer großen Not etwas Bestimmtes versprochen wird.

II 6. a)   Saga über die Siedler von Eyre

In den späten Tagen König Olafs des Heiligen fuhr Gudleif nach Westen auf eine Handelsfahrt nach Dublin und als er vom Westen wieder fortsegelte, wollte er nach Island und segelte zunächst westlich um Irland herum. Doch dann wehten starke Stürme von Osten und Nordosten und so fuhren sie eine lange nach Westen und Südwesten ins Meer hinaus und sahen nirgendwo Land. Der Sommer war schon fast vorüber und sie legten viele Eide ab, damit sie aus dem Meer entkommen würden. Und schließlich erreichten sie Land – es war ein großes Land und keiner wußte, welch ein Land dies war.

II 6. b)   Die Saga über Hallfredr Ärger-Skalde

Manchmal wurde ein solcher Eid auch abgelegt, bevor die Not eintrat – sozusagen ein „prophylaktischer Notfall-Eid" …

Da kamen die Schiffs-Gefährten überein, daß sie einen Eid ablegten, daß sie eine große Geldsumme dem Freyr geben würden, wenn sie Wind nach Schweden erhielten, oder dem Thor oder dem Odin, wenn sie Island erreichten.

II 7. Der Treue-Eid

Der Wert eines Eides liegt darin, daß er gehalten wird ... selbst wenn dadurch das eigene Leben bedroht wird.

II 7. a) Die Saga über Olaf den Ruhmreichen

Die folgende Szene schildert die Bedeutung eines Treue-Eides zwischen zwei Männern, also eines Ziehbruder-Eides, durch den die beiden zu „Blutsbrüdern" werden.

Ziehbrüder sind zwei Männer, die gemeinsam von demselben Mann aufgezogen worden sind – es war damals weithin üblich, daß die Kinder von hochstehenden Männern in Familien ihrer Untergebenen aufgezogen wurden, also z.B. die Söhne von Königen bei den Jarlen (Grafen) dieser Könige. Dadurch wurden die Königssöhne zu den „Zieh-Brüdern" der Kinder des betreffenden Jarls. Diese Form der Bruderschaft wurde als feste, dauerhafte Verbindung angesehen, die einer tatsächlichen Verwandtschaft gleichgestellt war.

„Du bist nicht von unserem Volk, Egbert," entgegnete Thorgils und ließ sich auf das trockene Laub nieder, „und Du weißt nicht, was der Ziehbruder-Eid verlangt. Du hast mich gebeten, etwas zu tun, dem ich den Tod vorziehen würde. Ole und ich werden uns niemals trennen bevor uns der Tod trennt. Und wenn einer von uns getötet werden sollte, dann wird der andere seinen Tod rächen. Wenn Ole in seiner Gefangenschaft bleiben will, bis er alt und grau ist, werde ich trotzdem immer sein Bund-Gefährte bleiben. Aber ohne ihn fliehen – das werde ich niemals tun!"

II 7. b) Saga über König Sverri von Norwegen

Dies ist ein weiteres Beispiel für einen Treue-Eid:

Auf der Versammlung der acht Grafschaften wurde Sverri der Königs-Titel verliehen und durch das Erheben der Waffen bestätigt; Land und Lehensleute wurde ihm gemäß den alten Bräuchen mit Eid übergeben.

II 7. c)   Die Saga über Olaf den Ruhmreichen

Ein Eid wurde oft abgelegt, in dem man die Hand auf einen Gegenstand legte, der als eine Verbindung zu der Gottheit angesehen wurde, von der man im Falle des Eid-Bruches eine Strafe auf sich selber herabrief.

Zur Aufnahme in den Kreis der Jomsburg-Vikinger gehörte das Befolgen einer Reihe von strengen Regeln, zu denen u.a. auch das Ablegen des folgenden Eides gehörte. Dieser Eid ist ein Ziehbruder-Eid.

Die Außenwirkung des Ziehbruder-Eides bestand vor allem darin, daß ein Mann verpflichtet war, einen Ziehbruder genauso zu rächen wie einen leiblichen Bruder. Wer also einen Mann mit mehreren Brüdern und Ziehbrüdern tötete, hatte automatisch viele Todfeinde.

Jedes Mitglied schwor bei dem Hammer des Thor, alle anderen seiner Brüder zu rächen.

II 8.   Der Friedens-Eid

Eines der wichtigsten Dinge, die mit einem Eid bekräftigt werden konnten, war das Schließen von Frieden zwischen zwei Parteien.

II 8. a)   Tryggdamal

Der „Urfehdebann" ist ein ritueller Text, der benutzt wurde, um einen Streit endgültig zu schlichten. Er ist eine Mischung aus Rechtstext und Zauberspruch, aus Lyrik und Sachlichkeit.

Wörtlich hat „Tryggdamal" die Bedeutung „Treue-Spruch", wobei „Treue" hier auch „Wahrhaftigkeit" und „Frieden" umfaßt.

Der folgende Text ist aus mehreren Quellen zusammengestellt, die sich jedoch sehr ähnlich sind und nur hier und da ein paar Zeilen mehr oder weniger haben. Die ausführlichste Fassung findet sich in der Heidarviga-Saga.

Im folgenden sind die beiden ersten Sätze, die in der Heidarviga-Saga in indirekter Rede stehen, in die direkte Rede übertragen worden.

Dieses Tryggdamal besteht im Wesentlichen aus dem alten germanischen Text, der jedoch schon durch christliche Formulierungen ergänzt worden ist.

Der zweite Abschnitt dieses Textes ist je nach Anlaß variiert worden – in dem unten dargestellten Fall wurden diese Verse bei der Zahlung eines Wergeldes und der damit erlangten Beendigung einer Fehde gesprochen. Je nach der Art des Anlasses hat der Redner entweder „wir" oder „ihr" gesagt.

So beginnt unser Treuegelöbnis:

„Möge Gott mit uns allen in Frieden sein;
und mögen auch wir Menschen untereinander
in Frieden sein und in gutem Einvernehmen.

Streit war zwischen 'AA' und 'BB';
aber jetzt ist er beigelegt und mit Geld gebüßt worden,
wie die Wäger es wogen
und die Zähler es zählten
und der Spruch es sprach
und die Nehmer es nahmen
und es fortführten

*als volle Gabe
und empfangenes Geld,
dem in die Hand gezahlt,
der es haben sollte.*

*Ihr sollt sein
versöhnt und gemeinsam
bei Met und Mahl,
bei Thing und Ratsversammlung,
beim Kirchenbesuch
und im Königshause;
und überall, wo Männer sich versammeln;
da sollt ihr so ausgesöhnt sein,
als hätte sich niemals dieser Streit
zwischen euch erhoben.*

*Teilen sollt ihr
Messer und geschnittenes Fleisch,
ja, und alle Dinge
unter euch beiden
als Freunde und nicht als Feinde.*

*Wenn künftig Streit zwischen euch entsteht,
dann soll man das mit Geld entschädigen,
doch nicht die Klinge röten.*

*Doch wer von euch
angreift den Urfehdeschwur
oder nach dem vollen Treuegelöbnis noch kämpft,
der wird so weit wie ein Wolf vertrieben,
friedlos und flüchtig,
soweit Menschen Wölfe jagen,
Christenmenschen Kirchen besuchen,
Heiden in Tempeln opfern,
Feuer emporflammt,
Flur grünt,
Knabe seine Mutter beim Namen ruft,
Mutter ihren Knaben nährt,
Leute Lohe entfachen,
Schiffe segeln,*

Schilde blinken,
Sonne scheint,
Schnee fällt,
Finne Ski läuft,
Föhre wächst,
Falke fliegt
den frühlingslangen Tag,
mit frischer Brise unter seinen beiden Flügeln,
Himmel sich wölbt,
Erde bewohnt ist,
Wind braust,
Wasser zur See strömen,
Knechte Korn säen.
Meiden soll er
Kirchen und Christenmänner,
Gottes Häuser
und die Höfe der Menschen,
jedes Heim,
nur die Hölle nicht.

Nun fasset beide das heilige Buch,
auch liegt nun auf dem Buche das Geld,
das 'AA' gibt.
Jeder von uns nimmt den Frieden von dem anderen
für sich selber und für seinen Erben,
geboren und ungeboren,
gezeugt und ungezeugt,
genannt und ungenannt.
'AA' leistet den ewigen Treueschwur,
und 'BB' nimmt entgegen den Treueschwur,
den Lebens-Eid,
den Freundes-Eid,
ja, den Haupt-Eid.
'BB' leistet den ewigen Treueschwur,
und 'AA' nimmt entgegen den Treueschwur,
den Lebens-Eid,
den Freundes-Eid,
ja, den Haupt-Eid.
Ihn sollt ihr immer halten,
solange Marken stehen

und Erde und Menschen leben.

*Nun sind 'AA' und 'BB'
geeint und ausgesöhnt,
wo auch immer sie sich begegnen
auf Land oder Meer,
auf Schiff oder Schneeschuh
auf hoher See oder im Sattel.
Ihr sollt Ruder teilen
und Ruderbank,
Schöpfeimer
und Schiffsplanken,
wenn es dessen bedarf.
Seid nun so ausgesöhnt miteinander
wie Vater und Sohn
oder Sohn und Vater
in allem Umgang miteinander.*

*Gebt euch nun eure Hände
zu den Worten des Treue-Gelöbnisses,
'AA' und 'BB',
haltet wohl den Treue-Eid
so wie Christus es will;
und alle Männer,
die nun das Treue-Gelöbnis gehört haben,
sind Zeugen.*

*Gottes Huld habe,
wer den Treueschwur hält,
doch seinen Zorn, wer den
gerechten Treueschwur zerreißt!
Heil uns allen,
daß wir wieder in Frieden miteinander sind,
und möge Gott in Frieden mit uns allen sein!"*

Dieses Gelöbnis hat dieselbe Struktur wie alle diese Eide in früher Zeit: Beide Parteien, jede Partei für sich oder ein Redner rufen für den Fall der Vertrags-Einhaltung den Segen der Götter auf sich herab und für den Fall des Vertragsbruches den Zorn der Götter.

Schon der früheste bekannte Friedensvertrag, der um 1292 v.Chr. in Kadesh zwischen Ramses II und dem Hethiterkönig Hattusili III geschlossen wurde, folgt genau diesem Muster. Diese Art von Vertrag ergibt sich zwar schon aus der inneren Logik eines magisch-mythologischen Weltbildes, aber es besteht auch eine direktere Verbindung zwischen dem Friedensvertrag zwischen diesen beiden Königen und dem Tryggdamal, da die Hethiter wie die Germanen zu den indogermanischen Völkern gehören.

II 8. b) Gridamal

Das Gridamal ist eine Variante des Tryggdamal, das benutzt wird, um Unterhändlern zwischen Kriegsparteien freies Geleit zuzusichern. Dieser Begriff bedeutet wörtlich „Waffenstillstands-Spruch".

II 9. Der erzwungene Eid

Dieser Eid hat den Zweck, einen Verlierer daran zu hindern, Rache zu nehmen oder einen Aufstand anzuzetteln.

II 9. a) Saga über König Sverri von Norwegen

Die Männer von Sokna-Tal und der Marktstadt kamen und schlossen Frieden mit ihm und sagten kein Wort gegen den Wunsch des Königs und banden sich mit einem Eid, seinen Wunsch zu erfüllen.

II 9. b) Die Saga über Olaf Tryggvason

Eines frühen Morgens, nachdem sich der König angekleidet hatte, befahl er, die Messe zu lesen, und als die Messe geendet hatte, bliesen seine Männer zu einem Haus-Thing ins Horn.

Als alle zu dem Thing zusammengekommen waren, erhob sich der König, sprach und sagte: „Wir haben ein Thing in Frosta gehalten und dort gebot ich den Bauern, sich taufen zu lassen, doch sie baten mich, mit ihnen zusammen an einem Blut-Opfer teilzunehmen, so wie der Ziehsohn des Königs Adelstein an einem teilgenommen hatte.

Wir kamen überein, daß wir uns in Maerin treffen und dort ein großes Blut-Opfer bringen sollten. Aber wenn ich zusammen mit euch opfern soll, dann werde ich bestimmen, daß das größte mögliche Opfer dargebracht werden soll, das heißt das Opfer von Menschen. Aber ich werde als Opfer für die Götter nicht Sklaven und Übeltäter wählen, sondern die edelsten Männer und dafür bestimme ich Orm Lygra von Medalhus, Styrkar von Gimsar, Kar von Gyrting, Asbiorn Thorbergson von Varnes, Orm von Lyxa und Haldor von Skerdingstad."

Zu diesen Namen fügte er noch fünf weitere der edelsten Männer, die dort anwesend waren, hinzu. Alle diese, sagte er, sollten für Frieden und ein gutes Jahr geopfert werden und er befahl, daß sie sofort ergriffen würden.

Die Bauern, die sahen, daß sie nicht zahlreich genug waren, um dem König zu widerstehen, baten um Gnade und legten die ganze Angelegenheit in seine Hände, woraufhin man übereinkam, daß alle, die dorthin gekommen waren, sich taufen ließen und dem König einen Eid schworen, daß sie sich fest an den Wahren Glauben halten würden und daß sie nie wieder etwas mit Opferungen zu tun haben würden.

Alle diese Männer hielt der König gefangen, bis sie ihm ihre Söhne oder Brüder oder andere nahe Verwandten als Geiseln gegeben hatten.

II 9. c)   Sörli-Saga

Als der Königssohn Sörli von einer sommerlichen Raubfahrt zurückkehrte, gerieten er und seinen Männer in einen dichten Nebel und gelangten schließlich in ein unbekanntes Land. Dort traf Sörli auf blaue Riesen und tötete sie. „Blau-Riesen" und „Blau-Menschen" sind ursprünglich Totengeister gewesen – „blau-schwarz" war bei den Germanen die Farbe des Todes. Sörli ist also ins Jenseits gelangt.

Danach fährt die Saga wie folgt fort:

Als nächstes hörte Sörli ganz in der Nähe ein lautes Hufgeklapper und wollte unbedingt wissen, wer dort ritt. Er ging ein Stückchen weiter an dem Berghang entlang in den Wald hinein bis er zu einer großen Höhle kam. Er blickte durch ein Höhlenfenster hinein und schaute sich überall um.

Er sah einen schrecklich großen Riesen in seinem Bett liegen. Der Königssohn hatte noch nie einen so großen Mann gesehen. Er reichte von der einen Höhlenwand bis zu der anderen und war von solch einer häßlichen und unförmigen Gestalt, daß der Königssohn sehr erstaunt war.

Er sah dort auch eine recht große alte Frau. Sie stand am oberen Ende der Halle und hackte menschliches Fleisch und Pferdefleisch klein und war damit emsig beschäftigt.

Da hörte der Königssohn die alte Frau mit ihrem Mann – der Skrimnir genannt wurde – in dieser Weise sprechen: „Nun haben wir," sagte sie, „keine Vorräte mehr in unserer Höhle, wenn ich unser Mahl bereitet habe."

Skrimnir sagte, daß das vorauszusehen war, aber daß die Dinge sich zum Guten gewendet hätten, „und auch wenn jetzt alles völlig leer ist, werden wir doch wieder etwas haben, wenn unsere Jungs heute Abend heimkommen, denn an der Küste hat ein Schiff angelegt mit nicht weniger als acht Mann Besatzung, so wie es mein Wunsch war, denn ich habe ihnen einen starken Wind und Nebel gesandt, damit sie sich hierhin verirren – und sie werden alle in der Hel sein, bevor der Tag endet."

Darüber war die alte Frau sehr glücklich und ging in eine Seitenhöhle. Da sprang der Königssohn von dem Fenster auf und ging in die Höhle hinein. Er trug in seiner rechten Hand seinen Speer und in seiner linken sein Schwert und stieß seinen Speer mit beiden Händen in den Bauch des Riesen sodaß die Speerspitze wieder zum Rücken herauskam. Danach stieß der Königssohn das Schwert mit beiden Händen in den Schlund des Riesen, woraufhin der Riese, als er den Stoß erhielt, mit einem schrecklichen und wilden Geschrei zu um sich zu schlagen begann bis das Bett unter ihm zusammenbrach und der Riese mit einem großen und heftigen Zucken zu Boden stürzte.

In dem Augenblick kam die alte Frau zurück in die Höhle und sah, was geschehen war. Da ergriff sie ein kurzes, scharfes Schwert und schlug so nach dem Königssohn, daß sie seinen ganzen Schild von einem bis zum anderen Ende spaltete und die Spitze ihres Schwertes in seiner Brust steckenblieb und in seinem Knochen festsaß.

Sie schlug ein ums andere mal, sodaß der Königssohn sich zurückziehen und sich in alle möglichen Richtungen ausweichen mußte, um zu vermeiden, daß er getötet wurde. Sie eilte ihm erstaunlich rasch hinterher und wurde immer heftiger, je länger sie ihn angriff. Sie bellte und gab hohe, schrille Töne von sich und aus ihren Augen und aus ihrem Maul schien Feuer zu flammen.

Der Königssohn war wegen ihrer Wut in solch einer Angst, daß er es nicht wagte, auf ihren feurigen Atem zu blicken, der aus ihren Kiefern hervorloderte, und er konnte die schrecklichen Töne, die sie machte, kaum ertragen.

Da sah der Königssohn in dem Boden der Höhle eine Spalte, die so tief war, daß er glaubte, daß ein jeder, der in sie stürzte, sterben müsse. Er stand an der Kante der Spalte und glaubte, daß die Riesin ihn dort hinabstürzen wolle. Er erhob sein Schwert und stürzte sich auf die Troll-Frau, aber sie drängte ihn gar heftig zurück und schlug ihre Krallen bis auf seine Knochen. Da gab es einen fürchterlichen Kampf zwischen ihnen und der Königssohn jagte sie in der Höhle umher. Doch obwohl sie stark wie ein Troll war, konnte sie doch nicht entkommen.

Dem Königssohn gelang es, seine Arme um ihren Nacken zu schlingen und nichts schien mehr gewiß zu sein, als daß sie beide in den Abgrund hinabstürzen würden. Die Trollfrau erhob sich auf dem Höhlenboden wieder auf ihre Knie und zog den Königssohn wieder zu sich heran und beide schienen auf der Schwelle des Todes zu stehen. Ihre Fersen erreichten die Kante des Abgrundes und Sörli stürzte so heftig in ihrem Griff, daß sie beide in die Kluft hinabstürzten.

Sie fielen tief hinab und schlugen beide auf einem Vorsprung auf, der in dem Abgrund war. Sorli war nun auf ihr. Die alte Frau hatte nun eine Hand in dem Haar des Königssohnes und die andere an seiner Brust, doch da sie sich durch den heftigen Sturz nicht mehr bewegen konnte, ließ sie die Hand los, mit der sie seine Haare gepackt hatte. Da griff Sörli mit beiden Händen um ihre Kehle und ließ nicht wieder los und stieß sein Knie in ihren Bauch.

Da verließ sie ihre ganze Kraft, sodaß sie um Gnade zu bitten begann und sagte: „Gebt mir Gnade, Königssohn, und ich werde alles für euch tun, was ihr wollt, wenn ich damit mein Leben retten kann!"

Der Königssohn sagte, daß er auf keinen Fall ihr Leben schonen werde, und er sagte ihr, daß sie nun ohne Verzug so schnell wie möglich in diesem Abgrund sterben werde.

Doch sie bat auf jede erdenkliche Weise um ihr Leben.

Nach einer Weile sagte Sörli: „Ich werde es wagen, daß Du Dein Leben behältst, aber nur unter der Bedingung, daß Du für mich ein Kampf-Gewand findest, das kein Schwert beißen kann, und dazu ein Schwert, das sowohl Stahl als auch Stein schneidet. Dies mußt Du innerhalb eines Monats vollbringen. weiterhin mußt Du mir jederzeit helfen, wenn ich es brauche und will!"

Die alte Frau sagte:
„Alles, was Du gesagt hast, soll geschehen
und all dies soll in jeder Hinsicht erfüllt werden."

Diese Antwort klingt wie eine in Eid-Ritualen übliche Formulierung.

Da erlaubte der Königssohn ihr aufzustehen und sie gingen beide aus der Höhle hinaus. Sie bat ihn, den toten Mann in die Kluft legen zu dürfen und er gewährte ihr dies. Als dies vollbracht worden war, befestigte die alte Frau eine Falltür über dem Abgrund.

Dann geleitete sie den Königssohn zu dem Bett und er fand, daß dies Bett so gut bereitet war, daß es einem Königssohn wohl anstand, in ihm zu schlafen.

Da nahm die alte Frau ein Horn und bat ihn, daraus zu trinken Das tat er. Er fand, daß es nicht übel schmeckte und fiel schon nach kurzem in Schlaf.

II 10. Der „12 Männer Eid"

Bei Thing-Versammlungen wurde manchmal der „12-Männer-Eid" abgelegt, um eine Aussage vollkommen abzusichern.

Die „12" hat vermutlich um ca. 500 n.Chr. die „8" aus der Tyr-zentrierten Mythologie als die Zahl der Vollständigkeit und Vollkommenheit abgelöst. Es ist zumindestens gut denkbar, daß die im Mittelmeerraum schon seit 3000 v.Chr. neben der „8" weit verbreitete „12" durch die Südgermanen zusammen mit den Odin-Mythen zu den Nordgermanen gelangt ist.

Das nordgermanische Sonnenrad aus der vorchristlichen Zeit hat acht Speichen und die Bestattung wurde von acht Priestern geleitet (Hügelgrab von Kivik) – aber in den Odin-zentrierten Mythen finden sich in Asgard zwölf und nicht acht Asen.

II 10. a)   Egil-Saga

Sie legten ihnen ihren Fall vor und sprachen für ihre Sache vor denen, die darüber richten sollten.

Egil trug seinen Anspruch auf das Geld vor, aber Atli bot dagegen als eine vom Gesetz vorgesehene Verteidigung den Eid von zwölf Männern auf, daß er, Atli, keinerlei Geld in seinem Gewahrsam hatte, das Egil gehörte.

II 10. b)   Saga über die Siedler von Eyre

In dieser Saga findet sich ein weiteres Beispiel für den „12-Männer-Eid":

Arnkel der Priester ging zu dem Schicksalsstein und legte den Eid auf den Tempel-Ring ab, daß Geirrid Gunnlaug kein Leid angetan habe. Mit ihm legten Thorarin und zehn weitere Männer diesen Eid ab.

Der Schicksalsstein ist der Opferstein bei einem Tempel. Da dieser Stein gewissermaßen ein Jenseitstor war, war der Eid, den man auf ihm ablegte, mit der Todesdrohung für den Fall des Meineids oder des Eidbruches verbunden.

II 11.   Der dreifache Eid

Die Zahl „3" symbolisiert den Zyklus und daher auch die Sonne als das Urbild des Zyklus.

So wie der „12 Männer Eid" sich indirekt über den Tierkreis und die Symbolik der Vollkommenheit auf Tyr bezieht, so könnte sich auch die „3" über die Sonne auf Tyr beziehen – der als der ehemalige Sonnengott-Göttervater auch der Erhalter der richtigen Ordnung und somit auch der wichtigste Eid-Gott gewesen ist.

II 11. a)   Die Saga über Kampf-Glum

In dieser Saga findet sich die Diskussion auf einem Thing über einen Eid, die viele Details enthält:

Thorarin behauptete, daß Glum auf verdriesliche Weise mit ihm umgegangen sei, aber Einar erwiderte: „Die Sache scheint mir nicht so sehr übel zu sein, denn die Verhandlung könnte doch an dem Punkt, an dem wir sie beendet haben, wieder aufgenommen werden."

Danach ritten alle Männer von Epishole zusammen mit Einar und vielen ihrer Freunde, die ihm ihre Unterstützung gegen Glum versprochen hatten, zum All-Thing.

Glums Verwandte gaben ihnen außerdem Unterstützung darin, die Feinheiten der Gesetze zu nutzen, und die Angelegenheit wurde mithilfe des Rates von geschickten Männern geregelt und es wurde verlangt, daß Glum in dieser Sache einen Eid ablegen sollte, in dem er beschwor, daß er Thorvald den Krummen nicht getötet hatte.

Nachdem die Männer verhandelt hatten, regelten sie die Angelegenheit auf diese Weise: Glum sollte schwören, daß er ihn nicht erschlagen hatte. Die Zeit, an der dieser Eid abgelegt werden sollte, sollte der Herbst sein, fünf Wochen vor dem Winter.

Sie betrieben die Verhandlungen mit großem Eifer, da sie entschlossen waren, ihn zu Fall zu bringen, wenn er nicht die notwendigen Eide in drei Tempeln im Eyja-Fjord ablegte, und daß er, wenn er sich nicht in der vorgeschriebenen Zeit durch den Eid von seiner Schuld freisprach, sein Leben verwirkt war.

Es gab viel Gerede über diese Angelegenheit und darüber, wie Glums Eide lauten würden und wie er damit umgehen würde.

Hier finden sich viele interessante Details zu dem Ablegen eines Eides:
  - Das Ablegen eines Eides kann eine längere Vorgeschichte haben.

- Das Ablegen eines Eides kann von der Thing-Versammlung verlangt werden.
- Der Eid wurde zu einem festgelegten Zeitpunkt abgelegt.
- Der Eid wurde zumindestens manchmal im Tempel abgelegt.
- Manchmal wurde das dreifache Ablegen des Eides in drei verschiedenen Tempeln verlangt.
- Der Schwörende wählte zumindestens manchmal selber die Formulierung.
- Die Formulierung des Eides wird von den anderen genau geprüft.

Fünf Wochen vor Winteranfang machte Glum sich bereit, die verlangten Eide abzulegen:

Am Morgen danach sandte Glum jemanden aus, um Thorain zu finden und ihm zu sagen, daß er nicht später als sechs Uhr morgens nach Diupal kommen sollte, um die Eide zu hören.

Thorarin beeilte sich und brachte hundertzwanzig Männer zusammen. Als sie zum Tempel kamen, gingen sechs Männer hinein – dies waren Gizor mit Asgrim und Glum, dann Einar und Hlenni der Alte sowie Thorarin.

Jeder, der einen Tempel-Eid ablegen wollte, mußte seine Hand auf den silbernen Ring legen, der nicht weniger als drei Unzen wiegen durfte und der ganz rot von dem Blut der Opfertiere war.

Dann sprach Glum Wort für Wort wie folgt: „Ich ernenne Asgrim zum Zeugen und Gizor als den zweiten Zeugen dafür, daß ich den Tempel-Eid auf diesen Ring ablege und daß ich ihn zu dem Gott sage.

Als Thorvald der Krumme seinen Todesstoß erhielt, bin ich dort gewesen und habe ich daran teilgenommen und habe ich Spitze und Schneide gerötet.

Nun laßt die Männer, die in solchen Dingen geübt sind und hier dabeistehen, meinen Eid betrachten."

Thorarin und seine Freunde konnten keinen Fehler finden, aber sie sagten, daß sie noch nie zuvor diese Form der Worte gehört hätten.

Auf dieselbe Weise legte Glum seine Eide in Gnupafell und Thera ab.

Später gab es eine Diskussion unter den Zeugen, bei der sich herausstellte, daß man die Worte des Glum (im altnordischen Orginal-Wortlaut) auf zwei Weisen verstehen konnte: daß er schuldig ist und daß er unschuldig ist.

In diesem Text finden sich weitere Details zu dem Ablegen eines Eides:
- Es gab (manchmal) fünf Zeugen.
- Es gab einen Hauptzeugen und einen Zweitzeugen.
- Es gab viele Männer, die bei dem Ablegen des Eides vor dem Tempel blei-

ben.
- Der Eid-Ablegende wählte (manchmal?) die Worte des Eides.
- Die Zeugen prüften genau die Worte des Eides.
- Beim Schwur legte man seine Hand auf einen silbernen Ring, der mindestens drei Unzen wiegen mußte und der rot von dem Blut der Opfertiere war.
- Der Eid wurde zu dem Gott des Tempels gesprochen.

Der silberne Ring war vermutlich ein Symbol dafür, daß der Eid-Ablegende mit dem Gott des Tempels verbunden war und dieser den Eid hörte – und den Eid-Ablegenden bei einer Falschaussage strafen würde.

Da der Ring ursprünglich ein Symbol der Sonne gewesen ist, wird der Eid-Gott im Tempel bis 500 n.Chr. der ehemalige Sonnengott-Göttervater Tyr gewesen sein. Auch von dem Gott Ullr sind Tempel-Ringe bekannt – er ist vermutlich „Tyr in der Unterwelt" gewesen.

II 12.   Der Jul-Eid

Der Brauch des Jul-Eides ist weit verbreitet gewesen. Die Jul-Nacht war die kürzeste Nacht des Jahres, also die Mittwinter-Nacht (21.12.). Mythologisch gesehen ist dies der Zeitpunkt, an dem die Sonne, d.h. der ehemalige Sonnengott-Göttervater Tyr wiedergeboren wird. Um dieses Fest zu integrieren, wurde Christi Geburt auf die Julnacht verlegt. (Das Datum hat sich später durch Kalenderkorrekturen um drei Tage verschoben.)

Ein Eid, der zu diesem Zeitpunkt abgelegt wurde, erhielt daher die Kraft der wiedergeborenen Sonne bzw. des wiedergeborenen Göttervaters Tyr. Ein Jul-Eid hatte daher, aus magischer Sicht betrachtet, die größtmögliche Aussicht auf Erfolg – er stand in Analogie zu dem Erstarken der Sonne.

Der Jul-Eid ist daher gleichzeitig die Bindung an ein Vorhaben und die Sicherung der Unterstützung der Sonne bzw. des Göttervaters Tyr für diese Unternehmung (siehe dazu auch „Julnacht" in Band 54).

Die frühere Bindung der Eide an Tyr zeigt sich in den bisher betrachteten Texten an der Jul-Nacht, an dem „12 Männer Eid" und an dem „dreifachen Eid".

II 12. a)   Die Geschichte über Eirek den Fern-Fahrenden

Es wird erzählt, daß Eirek in einer Jul-Nacht den feierlichen Eid ablegte, um die ganze Welt zu fahren, um den Ort zu finden, den die heidnischen Menschen den 'Todlosen Acker' oder das 'Paradies' nennen. Dieser Eid wurde in ganz Norwegen berühmt.

II 12. b)   Die Saga über Hervor und König Heidrek den Weisen

Es war Jul-Nacht, die Zeit für die Männer, wie es der Brauch war, feierliche Eide bei dem Ritual des Bragi-Kelches abzulegen.

Da legten Arngrims Söhne feierliche Eide ab.

Hjorvard schwur, daß er die Tochter des Schweden-Königs Ingjald, die Jungfrau, die im ganzen Land für ihre Schönheit und ihr Geschick gepriesen wurde, zur Frau haben wolle und keine andere Frau nehmen würde.

II 12. c)   Die Saga über Fridthjof den Kühnen

Vermutlich hat auch Fridthjof seinen Eid in einer Jul-Nacht abgelegt:

Da ergriff der Mann, der Atle hieß und ein großer Wikinger war, das Wort und sprach: „Nun werden wir herausfinden, ob Fridthjof, wie man sagt, den feierlichen Eid abgelegt hat, daß er niemals der erste sein werde, der irgendjemanden um Frieden bitten wird."

II 12. d)   Die Saga über Viglund den Blonden

Auch der folgende Eid wird, wie man an seinem Inhalt erkennen kann, ein Julnacht-Eid gewesen sein:

Gunnlaug und Sigurd, die Söhne des Ketil, waren in jenen Tagen von einer Wikinger-Fahrt zurückgekehrt und waren berühmte Männer geworden. Gunnlaug der Meisterliche hatte den Eid abgelegt, daß er keinem Mann einen Schlafplatz in seinem Schiff vorenthalten würde, auch wenn sein Leben davon abhängen sollte; und Sigurd der Weise hatte geschworen, daß er niemals Gut mit Böse vergelten werde.

II 12. e)   Die Saga über Viglund den Blonden

In diesem Winter legte Ketil an Jul den Eid ab, daß er seine Tochter Hrafnhild niemals aufgrund der Androhung von Gewalt verheiraten werde.

II 12. f)   Beowulf-Epos

Dies ist das älteste Beispiel für einen Julnacht-Eid – auch wenn hier die Julnacht nicht erwähnt wird, hat dieser Eid jedoch den typischen Inhalt eines solchen Eides.

Der wackere Held, / sprach die Worte:
„Des Gelübdes gedenke, / mein lieber Beowulf!,
Das vor Jahren Du / in der Jugend tatest,
Beständig stets / bis zum Sterbetage
Deine Ehre zu wahren."

II 13. Die Verbindung zu den Göttern beim Eid

Oftmals wurde „bei etwas" geschworen. Dieses „etwas" stellt während des Eides die Verbindung zu den Göttern her.

II 13. a) Die Saga über Hervor und König Heidrek den Weisen

In dieser Saga ist die „Eid-Verbindung zu den Göttern" ein Eber, der mit dem Eber des Gottes Freyr identisch sein wird – schließlich hat auch der Eber des König Heidrek goldene Borsten wie Freyrs Eber Gullinborsti.

Der „Eber-Eid" ist ein Jul-Eid, da er nur in der Julnacht durchgeführt wurde – die goldenen, leuchtenden Borsten des Freyr-Ebers zeigen, daß er die wiedergeborene Sonne (Tyr) ist.

Zu dieser Deutung paßt auch, daß König Heidrek eine Saga-Variante des ehemaligen Sonnengott-Göttervaters Tyr ist.

König Heidrek ließ sich nieder und wurde ein großer Anführer und ein weiser Mann.

König Heidrek hatte einen großen Keiler aufziehen lassen. Er war so groß wie der größte aller ausgewachsenen Stiere und er war so schön, daß eine jede seiner Borsten aus Gold zu sein schien.

Der König legte eine seiner Hände auf den Kopf des Keilers und seine andere Hand auf dessen Borsten und schwur, daß jeder, wieviel Übles er auch getan haben mochte, eine faire Gerichtsverhandlung von seinen zwölf Weisen erhalten soll, und daß seine zwölf Weisen für den Keiler sorgen sollen. Oder daß der Angeklagte sich dadurch befreien konnte, daß er dem König ein Rätsel vortrug, das dieser nicht lösen konnte.

König Heidrek wurde nun sehr beliebt.

II 13. b) Das Lied über Helgi Hiörvard-Sohn

Auch der rituelle Met-Kelch kann ein solcher Verbindungs-Gegenstand zu den Göttern sein:

„Bei Bragis Becher!"

II 13. c) Das Landnahme-Buch

Dieser Bericht ist die älteste und genaueste Schilderung eines Gegenstandes, der der Verbindung zu den Gottheiten bei einem Eid dient.

Auf dem Altar eines jeden Haupttempels sollte ein Ring liegen, der zwei Unzen oder mehr wog, und diesen Ring sollte jeder Anführer oder Gode bei jedem öffentlichen Lög-Thing, dessen Vorsitz er hatte, an seinem Arm tragen, nachdem er ihn in dem Blut eines Rindes gerötet hat, das er selber dort geopfert hat.

Eine Unze sind ca. 28gr. „Unze" bedeutet ein „Zwölftel" und bezieht sich auf das alte Pfund, das ca. 350gr. wog (und nicht wie heute 500gr).

Ein Gode ist ein Priester – ähnlich den Druiden der Kelten. Der Tätigkeitsbereich der Priester der Indogermanen war allerdings nicht auf die religiösen Themen beschränkt, sondern umfaßte auch die Rechtsprechung, die Geschichtsschreibung, das Heilwesen, die Dichtkunst sowie auch die meisten anderen sozialen, öffentlichen und intellektuellen Bereiche.

Ein „Lög-Thing" ist ein „Rechtsprechungs-Thing".

Das Opfer-Blut, in das der Gode den Ring taucht, könnte als ein abgekürztes Jenseitsreise-Ritual aufgefaßt worden sein, durch das der Gode die Verbindung zu den Göttern aufnimmt. Ein wichtiges Element der Jenseitsreise-Rituale war das Opfern eines Herdentieres, in dessen Fell der Jenseitsreisende gehüllt wurde und dessen Zeugungskraft dadurch auf magische Weise auf den Jenseitsreisenden für dessen Wiederzeugung zusammen mit der Jenseitsgöttin übertragen wurde.

Der Ring ist bei den West-Indogermanen, also bei den Kelten, Römern und Germanen sowie evtl. noch bei den Skythen das Symbol der Sonne und daher auch der erfolgreichen Jenseitsreise und somit der Verbindung zu den Göttern gewesen.

Der Ring, das Opferblut und das Feuer scheinen somit alle zu bedeuten, daß die Teilnehmer des Things und insbesondere der Gode, der das Thing leitete, mit den Göttern verbunden und durch diese inspiriert waren. Das Anziehen des Rings durch den Goden wäre somit eine Kurzform des Utiseta (Jenseitsreise auf einem Fell), die vor allem von den Druiden als ihre wichtigste Methode bekannt ist, um zu den Göttern und Ahnen zu reisen und von ihnen Rat zu erhalten und die Zukunft zu erfahren.

Ein Lög-Thing ist somit eine religiös-rechtliche Versammlung gewesen. Diese Einheit von Rechtsprechung und Religion ist in allen frühen Religionen zu finden, da Gott bzw. die Ahnen (also die verstorbenen Eltern und evtl. die Großeltern) die Autorität in allen Dingen gewesen sind. Die Trennung von Religion und Politik/Recht ist eine relativ neue Entwicklung.

Ein jeder, der dort etwas zu verhandeln hatte, mußte dem Thing-Gesetz zufolge zunächst einen Eid auf diesen Ring schwören und für diesen Zweck zwei oder mehr Zeugen bestimmen.

Dann mußte er sagen: „Ich schwöre auf diesen Ring einen Lög-Eid. Mögen mir Freyr und Niörd und der allmächtige Ase helfen, damit ich bei diesem Thing entsprechend dem, was ich als das richtigste und wahrste und dem Gesetz am meisten entsprechende kenne, anklage oder verteidige oder eine Zeugenaussage mache oder ein Urteil fälle, und daß ich mit allen rechtlichen Dingen so umgehen werde, wie ich es hier auf diesem Thing tue."

Wer der „allmächtige Ase" ist, ist naturgemäß ein heftig umstrittenes Thema. Es käme sowohl der christliche Gott Vater als auch Odin in Frage. Es könnten auch Tyr, Heimdall und verschiedenen Riesen wie Thiazi (=Tyr) und die „Allherrscher" („Öwaldi, Iwaldi") genannten Riesen sein, die ursprünglich wie Thiazi der Gott Tyr im Jenseits gewesen sind. Schließlich gibt es noch die Möglichkeit, daß nicht ein über Freyr und Niörd stehender Gott, sondern der dritte Gott in einer Götterdreihe, die die drei Stände verkörpert hat, gemeint gewesen ist. In dieser Dreiheit wäre Freyr der Vertreter der Bauern und Handwerker, der „allmächtige Gott" vermutlich der Vertreter der Fürsten und Krieger, sodaß Niörd der Vertreter der Priester und Heiler wäre.

Der Ring als Sonnensymbol würde am besten zu dem ehemaligen Sonnengott-Göttervater Tyr passen, der jedoch zu der Zeit, in dem diese Saga verfaßt worden ist, schon seit einigen Jahrhunderten nur noch ein unbedeutender Odins-Sohn gewesen ist. Es wäre natürlich gut denkbar, daß Eid-Formeln als so heilig angesehen worden sind, daß sie über Jahrhunderte hinweg kaum verändert worden sind.

Der Eid in der hier vorliegenden Form ist primär ein Eid, der die Götter um Hilfe bittet, aber er wird impliziert haben, daß diese Götter den Betreffenden auch strafen, wenn er sich nicht an seinen Eid hält.

II 13. d)   Die Saga über die Siedler von Eyre

Arnkel der Priester ging in den Versammlungs-Kreis und legte einen Eid auf den Tempel-Ring ab, daß Geirrid nicht die Verletzungen des Gunnlaug verursacht hatte; Thorarin und mit ihm weitere zehn Männer legten einen Eid ab, und dann verkündete Helgi das Urteil über Geirrid. Und die Klage des Thorbiorn und des Snorri hatte keinen Erfolg, was ihnen zur Schande gereichte.

II 13. e)   Das andere Lied über Helgi Hunding-Töter

Die Schwurformel „Ich schwöre bei …" bezieht sich auf den Gegenstand, der die Verbindung zu der betreffenden Gottheit darstellt. In manchen Schwurformeln kann sich der betreffende Gegenstand gar nicht vor dem Schwörenden befinden, sondern er nimmt nur durch seine Worte auf diesen Gegenstand Bezug.

In christlicher Terminologie schwört der Betreffende also nicht „auf die Bibel", wobei seine Hand auf der Bibel liegt, sondern nur „bei der Bibel", d.h. er bezieht sich durch seine Worte auf dieses Buch, das als die Verbindung zu Gott Vater angesehen wird.

„Nun möge Dich
jeder Schwur beißen,
den Du mit Helgi
geschworen hast:
bei dem strahlenden Wasser
der Leipt
und dem eiskalten Stein
der Unn."

Diese Strophe ist ein Fluch gegen einen Eid-Brecher. Der Eid, der bei dem „eiskalten Stein der Unn" geschworen worden ist, erweckt zunächst einmal den Eindruck, als ob Unn eine wichtige Göttin gewesen sei. „Unn" bedeutet „Woge" und ist der Name einer der neun Töchter der Meeresgöttin Ran.

Da „Leipt" im Grimnir-Lied der Name eines Flusses ist, ist „Leipt" möglicherweise der Jenseitsfluß und der „eiskalte Stein der Unn" die Jenseitsinsel, die auch in den Heimdall-Mythen als ein „Sing-Stein" auf einer Schäre erscheint.

„Leipt" und „Unn" werden in dieser Strophe daher wohl einfach Ortsbezeichnungen im Jenseits sein. Das bedeutet, daß der Schwur, um den es hier geht, „bei dem eigenen Leben" abgelegt worden ist, d.h. daß der, der seinen Eid bricht, damit das eigenen Leben verliert.

Der Eid, über den hier berichtet wird, müßte in direkter Rede etwa wie folgt gelautet haben:

„Ich schwöre bei dem strahlenden Wasser der Leipt
und bei dem eiskalten Stein der Unn,
daß ich … … …"

II 13. f) Atli-Sage

In dieser Strophe finden sich gleiche mehrere Dinge, bei denen geschworen werden konnte und auf die man sich aber nur mit den Worten bezogen haben wird:

"So ergeh es Dir, Atli, wie Du Gunnar hältst
Oft geschwore Eide, die ihr einst gelobt
Bei der südlichen Sonne, bei des Sieg-Tyr Burg,
Bei des Ehebetts Frieden, bei Ullers Ring."

südliche Sonne = Sonne am Mittag = Tyr in seiner größten Macht
Sig-Tyrs Burg = Hügelgrab des Tyr = Tyr in der Unterwelt
Ullr = Tyr in der Unterwelt

Dieser Eid bezieht sich sehr deutlich auf den ehemaligen Sonnengott-Göttervater Tyr, was die Deutung des „12 Männer Eides", des „dreifachen Eides" und des „Eides bei dem allmächtigen Asen" als Eide, die ursprüngliche an Tyr gerichtet gewesen sind, bestätigt.

II 13. g) Saga über König Sverri von Norwegen

Einem König schwur man Treue, indem man seine Hände auf dessen Schwert legte – hier ist das Schwert die Verbindung zu dem König, auf den sich der Eid bezieht.

Das Schwert war auch bei der Ritterweihe die Verbindung zwischen dem Ritter-Anwärter und dem, der diesen zum Ritter schlug. Die Aktivität geht beim Ritterschlag jedoch von dem Höhergestellten aus.

Sie verliehen ihm an dem ersten Sonntag in der Fastenzeit den Königs-Titel, legten ihre Hände auf sein Schwert und schwuren ihm Treue.

II 13. h) Die Saga über Olaf den Ruhmreichen

In der christlichen Überlieferung wird auch mehrfach von christlichen Eiden berichtet:

Sigrid die Stolze war noch immer eine Heidin und es ihr gefiel es nicht, daß König Olaf bei christlichen Symbolen schwor.

II 13. i) Die Geschichte über Hühner-Thorir

In dieser Geschichte ist die „Eid-Verbindung zu den Göttern" ein Stein:

Sobald aber die Tische vor den Gästen aufgestellt und alle Leute an ihren Sitz gekommen waren, sprang Herstein, der Bräutigam, hervor über den Tisch und schritt auf einen Steinblock zu, der im Mittelraume lag.
Er stieg mit dem einen Fuß auf den Stein und sprach: „Darauf lege ich ein Gelübde ab", sagte er, „eh das Allthing aus ist diesen Sommer, soll der Gode Arngrim geächtet, oder das Recht, ihm die Strafe zu verhängen, in meinen Händen sein!" Darauf stieg er an seinen Platz zurück.
Jetzt sprang Gunnar hervor und sprach: „Darauf lege ich ein Gelübde ab", sagte er, „eh das Allthing aus ist diesen Sommer, will ich den Thorwald, Sohn des Odd, des Landes verwiesen sehen oder aber das Recht, ihm die Strafe zu verhängen, in meinen Händen habe!"

II 13. j) Die Saga über Olaf den Ruhmreichen

Zur Aufnahme in den Kreis der Jomsburg-Vikinger gehörte das Befolgen einer Reihe von strengen Regeln, zu denen u.a. auch das Ablegen des folgenden Eides gehörte.

Jedes Mitglied schwor bei dem Hammer des Thor, alle anderen seiner Brüder zu rächen.

II 14. Eid und Göttermet

Bei Ritualen im Tempel und beim Antritt einer Erbschaft wurde der „Bragafull" („Bragis Kelch") getrunken. Dabei wurden oft ähnlich wie in der Julnacht Eide abgelegt (siehe auch „Göttermet" in Band 69).

Es ist daher gut denkbar, daß auch das Trinken von geweihtem Met bei dem Ablegen von Eiden des öfteren eine Rolle gespielt hat. Der noch heute bei feierlichen Gelegenheiten übliche „Toast" (Trinkspruch) wird aus dieser Tradition stammen.

II 14. a)   Die Saga über Hervor und König Heidrek den Weisen

Es war Jul-Nacht, die Zeit für die Männer, wie es der Brauch war, feierliche Eide bei dem Ritual des Bragi-Kelches abzulegen.

II 14. b)   Das Lied über Helgi Hiörvard-Sohn

„Bei Bragis Becher!"

II 15.   Die Folgen des Meineids und des Eidbruchs

Der Eid-Bruch zog nicht nur die beim Eid beschworene Strafe durch die Götter nach sich, sondern führte zudem dazu, daß man im Jenseits in die gefürchtete Hel-Unterwelt gelangte.

II 15. a)   Der Ausspruch der Seherin

Einen Saal seh ich, der Sonne fern,
In Nastrand; die Türen sind nordwärts gekehrt.
Gifttropfen fallen durch die Fenster nieder;
Aus Schlangenrücken ist der Saal gewunden.
Im starrenden Strome stehn da und waten
Meuchelmörder und Meineidige.

II 15. b)   Gylfis Vision

Diese generelle Strafe für Meineidige, die zu der speziellen Eid-Strafe hinzukommt, die der Schwörende für den Fall seines Eidbruches auf sich selber herabgerufen hat, wird auch in Snorris Mythen-Übersicht beschrieben:

Har antwortete: „Es gibt viele gute und viel üble Aufenthalte; am besten ist's, in Gimle zu sein. Sehr gut ist es auch für die, welche einen guten Trunk lieben, in dem Saale, der Brimir heißt und gleichfalls im Himmel steht. Ein guter Saal ist auch jener, der Sindri heißt und auf den Nidabergen steht, ganz aus rotem Gold gebaut. Diese Säle sollen nur gute und rechtschaffene Menschen bewohnen.
In Nastrand (Leichenstrand) ist ein großer aber übler Saal, dessen Türen nach Norden sehen. Er ist mit Schlangenrücken gedeckt und die Häupter der Schlangen sind alle in das Haus hineingekehrt und speien Gift, daß Ströme davon durch den Saal rinnen, durch welche Eidbrüchige und Meuchelmörder waten."

II 15. c) Völsungen-Saga

In dieser Saga führen Loki und Andvari ein kurzes Rätsel-Gespräch, in dem auch etwas über Meineidige gesagt wird:

Andwari antwortete:
„Harte Strafe erhalten Menschensöhne,
Die in Wadgelmir waten.
Wer mit Unwahrheit den andern belügt,
den schmerzen sehr lange die Strafen."

II 15. d) Havamal

Meineide, also Eid-Brüche gab es sogar bei den Göttern. Nach dem Raub des Mets der Gunnlöd durch Odin heißt es im Havamal:

Odin, glaube ich,
hatte einen Ring-Eid abgelegt.
Wer wird seiner Treue noch trauen?
Er hat Suttung betrogen,
seines Trankes beraubt,
und Gunnlöd weint wegen ihm!

II 15. e) Sprichworte über den Meineid

„Ich habe mehr gesagt als ich sollte, auch wenn es nun gut ist, das eigene Wort zu halten."
                              anonym: Hardar-Saga und die Insel-Verteidigung

„Schwöre keinen Meineid, denn harte Rache folgt dem Bruch eines Schwurs."
                              anonym: Völsungen-Saga

„Harte Fesseln folgen dem Meineid."
                              anonym: Sigdrifa-Lied

„Unselig ist der Schwurbrecher."
                         anonym: Sigdrifa-Lied

„Wir glauben, daß Leuten, die ihre Eide brechen, nichts mehr gelingen wird."
                         anonym: Saga über Hrafnkel Freyr-Godi

II 16. Eid-Formeln als Ausruf des Erstaunens

Aus den Schwurformeln wurden oft Ausrufe des Erstaunens:

„Bei Odins Raben!"
„Beim Hammer des Thor!"
„Bei Bragis Becher!"

usw.

II 17. Zusammenfassung

Die einfachste Form der Bestätigung einer Aussage und eines Abkommens ist der Handschlag.

Die einfachste und auch noch recht unverbindliche Form der Bestätigung der Richtigkeit einer Aussage ist der Vergleich mit etwas Unbezweifelbarem: „So wahr ich atme …"

Ein Eid kann ein relativ formloser Schwur sein oder ein Eid nach strengen, festgelegten Regeln. Dabei legt der Schwörende seine Hand auf das Symbol einer Gottheit, wodurch er eine Verbindung zu dieser Gottheit herstellt, und ruft unter Zeugen diese Gottheit an und fordert sie auf, ihm, also dem Schwörenden, eine bestimmte Strafe zu senden, wenn er seinen Eid bricht.

Dieser eigentliche Eid nach festen, strengen Regeln enthält mehrere Elemente:

- als Voraussetzung den allgemeinen Brauch des Eid-Ablegens

- die Vorgeschichte, die zu dem Ablegen eines Eides führt
    - spontaner eigener Entschluß
    - geplanter eigener Entschluß
    - Forderung der Thing-Versammlung
    - durch einen Sieger unter Androhung des Todes erzwungener Eid

- der Ort des Eides
    - spontan an einem beliebigen Ort
    - auf dem Thron bzw. Hochsitz bei einem Erbschafts-Antritt (Krönung u.ä.)
    - im Tempel (formaler Eid, allgemeines Ritual)
    - besonderer, heiliger Ort (heiliger Stein u.ä.)

- der Zeitpunkt des Eides
    - spontan
    - bei einem religiösen Fest
        - Julnacht
        - im Herbst fünf Wochen vor Winterbeginn
        - Bragafull (Erbantritt)

- Häufigkeit des Eides
    - einfacher Eid
    - dreifacher Eid (nacheinander in drei verschiedenen Tempeln)

- das Thema des Eides
    - Aussage unter Eid zur Absicherung der Wahrheit der Aussage
        - Eid eines Einzelnen
        - 12-Männer-Eid
    - Unschuldsbestätigung
    - Schutz-Eid (Baldur-Mythe)
    - Treue-Eid
        - Mann und Frau: Ehe
        - Mann und Mann: Ziehbrüder-Eid, Blutsbrüderschaft
        - mehrere Männer: Bündnis
    - Friedens-Abkommen
    - bekräftigter Beschluß
        - spontan
            - in einer aktuellen Situation (Sigdrifa: keinen Mann heiraten, der Furcht kennt)
            - Strafandrohung (Freyfaxi)
            - Nothandel-Eid (z.B. Spende an den Tempel eines Gottes, wenn er den Schwörenden aus seiner Not errettet)
        - zu einem bestimmten Zeitpunkt
            - Julnacht-Eide
                - konkretes Vorhaben (die 'Todlosen Felder' finden)
                - Verhaltens-Beschluß (nie Gutes mit Üblem vergelten)
            - Erbschaftsantritts-Eide (Krönung u.a.)
            - Bragafull-Ritual (Vorhaben)
            - Auschlußformel (keine andere Frau heiraten)

- Ziel des Eides: Sicherheit der Aussage

- Adressat des Eides
    - die Gottheit, die als Strafende beim Eidbruch angerufen wird
    - die Zeugen

- die Worte des Eides
    - die traditionelle Eid-Formel
    - die frei formulierte Eid-Aussage
    - die Prüfung der Eid-Worte durch die Zeugen

- Eid-Zeugen
  - den Hauptzeugen
  - den Zweitzeugen
  - weitere Zeugen (bis zu fünf bekannt)
  - „Zuhörer", die vor dem Tempel, in dem der Eid abgelegt wurde, warteten
- die Gottheit, an die sich der Eid-Ablegende wendet
  - Götter
    - die Götter allgemein
    - Niörd, Freyr und der 'allmächtige Ase' (vermutlich Tyr) als Dreiheit
    - Freyr
    - Thor (nicht ausdrücklich genannt, aber sicher, da die isländischen Tempel zum größten Teil Thor-Tempel waren)
    - Tyr (aufgrund der Formulierungen „bei des Sieggottes Burg"; bei der südlichen Sonne" und wegen des „12 Männer Eides" und des „dreifachen Eides")
    - Sonne (aufgrund der Formulierung: „bei der südlichen Sonne")
    - Ullr (aufgrund der Formulierung: „bei Ullrs Ring")
    - Bragi (aufgrund der Formulierung: „bei Bragis Becher")
  - Göttinnen
    - Ran (aufgrund der Formulierungen: „bei Leipts Wasser"; „beim Stein der Unn")
- das Verbindungs-Element zu der Gottheit
  - der Schwörende legt seine Hand auf diesen Gegenstand
    - Tempel-Ring (mindestens 3 Unzen Silber, Blutopfer)
    - Ullrs Ring
    - Hammer des Thor
    - Bragis Becher
    - Stein
    - Eber (Gullinborsti)
    - Schwert des Königs
  - der Schwörende bezieht sich nur mit Worten auf diesen Gegenstand
    - die südlichen Sonne (Tyr am Mittag)
    - die Burg des Sieggottes (Tyrs Hügelgrab)
    - der Frieden des Ehebetts
    - Odins Raben (aufgrund des Ausrufs „Bei Odins Raben!")
    - Thors Hammer (aufgrund des Ausrufs „Bei Thors Hammer!")
    - Bragis Becher (aufgrund des Ausrufs „Bei Bragis Becher!")
    - das strahlende Wasser der Leipt (Jenseits-Wasser)

- der eiskalte Stein der Unn (Unn = Tochter der Ran)

- die herbeigerufene Strafe (meistens der eigene Tod)

- der Eidbruch

Der Eid ist mit dem Exorzismus und dem religiösen Lied eng verwandt, weil in allen dreien eine Gottheit angerufen wird. Daher wurden von den Nordgermanen auch alle drei mit demselben Wort bezeichnet. Die Anrufung der Gottheit muß folglich in allen dreien das wichtigste Element gewesen sein.

Der Meineidige, also der Eidbrüchige wird von der angerufenen Gottheit speziell in der beim Schwur vereinbarten Weise bestraft und gelangt generell nach seinem Tod nicht nach Walhalla, sondern in die Hel.

Aus einigen Eid-Formeln sind später Ausrufe des Erstaunens wie z.B. „Bei Odins Raben!" oder „Beim Hammer des Thor!" geworden.

Der Eid ist eng mit dem Gottesurteil verwandt (siehe „Gottesurteil" in Band 64).

II 18.   Der Eid in der indogermanischen Überlieferung

Eide sind in den frühen indogermanischen Schriften nur vereinzelt überliefert, aber man kann davon ausgehen, daß sie allgemein üblich gewesen sind, um Absprachen zu besiegeln.

II 18. a)   Der Eid in der keltischen Überlieferung

Von den Kelten ist bekannt, daß sie Eide abgelegt haben und dabei von Zeugen unterstützt worden sind. Es sind jedoch keine ausführlichen Eidesformeln überliefert.

II 18. b)   Der Eid in der römischen Überlieferung

Das Sacramentum ist die klassische Form des Eides, in dem diejenigen, die einen Eid ablegen, für den Fall ihres Eidbruches die Rache der Götter auf sich herabrufen.

Der normale Eid vor Gericht kam ohne diese Götter-Rache aus und wurde Iusiurandum genannt.

Es gab auch den Fahneneid für die Legionäre zu Beginn ihres Dienstes. Er lautete:

„Wir Soldaten schwören, daß wir alles entschlossen ausführen werden, was der Kaiser befehlen wird, daß wir niemals den Dienst verlassen werden und daß wir den Tod für den römischen Staat nicht scheuen werden."

II 18. c)   Der Eid in der germanischen Überlieferung

Ein Eid kann ein relativ formloser Schwur sein oder ein Eid nach strengen, festgelegten Regeln. Dabei legt der Schwörende seine Hand auf das Symbol einer Gottheit, wodurch er eine Verbindung zu dieser Gottheit herstellt, und ruft unter Zeugen eine Gottheit an und fordert sie auf, ihm, also dem Schwörenden, eine bestimmte Strafe zu senden, wenn er seinen Eid bricht.

II 18. d)   Der Eid in der hethitschen Überlieferung

In dem um ca. 1340 v.Chr. geschlossenen Friedensvertrag zwischen dem Hethiter-König Shuppiluliuma und dem Mitanni-König Schattiwazza (beide Völker waren Indogermanen) wird in der Fluchformel die Unterweltsgöttin Ishara angerufen und ausdrücklich „Eid-Göttin" genannt. Dies ist der älteste bekannte Friedensvertrag.

Der zweitälteste Friedensvertrag, der noch heute bekannt ist, wurde um 1259 v.Chr. nach langen Streitereien und Kriegen zwischen dem ägyptischen Pharao Ramses II und dem Hethiter-König Hattushilli III geschlossen, nachdem beide ihrerseits durch die erstarkten Assyrer bedroht wurden. Dieser Friedensvertrag ist daher zugleich auch ein Verteidigungs-Bündnis gegen die Assyrer gewesen.

Die eine Version dieses Friedensvertrages findet sich auf den Wänden des Tempels von Karnak, die andere Version wurde im Palast von Hattusha gefunden. Die Verträge wurden ausgetauscht. Das bedeutet, daß in der hethitischen Version Ramses II der Sprecher ist und in der ägyptischen Version Hattushilli III der Sprecher ist.

Ramses II spricht von sich selber in der 3. Person, d.h. er sagt statt „ich" seinen eigenen Namen, der in der Schreibung, die in diesem Vertrag benutzt worden ist „Reamasesa" lautet.

Die eigentliche Eidformel steht am Ende des Vertrages.

Die wenigen Lücken in den Texten sind mit „… … …" gekennzeichnet.

Friedensvertrag zwischen Ramses II und Hattushili III
- hethitische Version-

Es beschließen Reamasea-mai-amana, der Große König, der König des Landes Ägypten, und Hattushili, der Große König, der König des Landes der Hatti (Hethiter)*, sein Bruder, für das Land Ägypten und für das Land Hatti, daß sie einen guten Frieden begründen und für immer gute Bruderschaft zwischen ihnen einhalten werden.*

So spricht Reamasesa, der Große König, der König des Landes Ägypten, der Held des ganzen Landes, der Sohn des Minmaria, des Großen Königs, des Königs des Landes Ägypten, der Held, der Sohn des Minpahiritaria, des Großen Königs des Landes Ägypten, der Held – zu Hattushili, dem Sohn des Musili, dem Großen König, dem König des Landes Hatti, dem Held, dem Sohn des Sohnes des Shuppiluliuma, des Großen Königs, des Königs des Landes von Hatti, dem Helden:

„Siehe, ich habe eine gute Bruderschaft und einen guten Frieden nun und für immer zwischen uns begründet, um auf diese Weise auf ewig einen guten Frieden und eine gute Bruderschaft zwischen dem Land Ägypten und dem Land Hatti zu begrün-

den.

Siehe, was des Großen Königs Verwandtschaft zwischen dem König des Landes Ägypten und dem Großen König des Landes der Hethiter betrifft: Die Götter wollen auf Grund dieses ewigen Abkommens nicht erlauben, daß zwischen uns Feindschaft besteht.

Siehe, Reamasesa-mai-Amana, der Große König, der König des Landes Ägypten, will die Bande begründen, die der Sonnengott Ra und der Sturmgott Teshshup für das Land von Ägypten und für das Land Hatti gewollt hat, damit gemäß den ewigen Banden sich keine Feindschaft zwischen ihnen niederlassen kann.

Nun hat Reamasea-mai-Amana, der Große König, der König des Landes Ägypten, die Bande des Bundes auf einer silbernen Tafel zusammen mit Hattushili, dem Großen König, dem König des Landes Hatti, seinem Bruder, begründet, die mit dem heutigen Tag beginnen, damit für alle Zeiten zwischen ihnen ein guter Frieden und eine gute Bruderschaft besteht.

Er ist ein Bruder für mich und er ist mit mir in Frieden; und ich bin ein Bruder für ihn und ich bin in Frieden mit ihm.

Siehe, wir sind vereint und es besteht bereits ein Band der Bruderschaft und des Friedens zwischen uns – und es ist besser als das Band der Bruderschaft und des Friedens, das früher zwischen dem Land Ägypten und dem Land Hatti bestanden hat.

Siehe, Reamasesa-mai-Amana, der Große König, der König des Landes Ägypten, ist in Frieden und Bruderschaft mit Hattushili, dem Großen König, dem König des Landes Hatti.

Siehe, die Kinder des Reamasesa, des Großen Königs, des Königs des Landes Ägypten, sie werden für immer in dem Zustand des Friedens und der Bruderschaft mit den Kindern des Hattushili, des Großen Königs, des Königs des Landes Hatti bleiben. Sie werden auf dem Weg unseres Bundes der Bruderschaft und des Friedens bleiben. Das Land Ägypten und das Land Hatti werden für immer in dem Zustand des Friedens und der Bruderschaft bleiben so wie es zwischen uns ist.

Reamasesa-mai-Amana, der Große König, der König des Landes Ägypten, wird niemals das Land Hatti angreifen, um einen Teil dieses Landes zu besitzen. Und Hattushili, der Große König, der König des Landes Hatti, wird niemals das Land Ägypten angreifen, um einen Teil von ihm zu besitzen.

Siehe den Bund, den der Sonnengott Ra und der Sturmgott Teshshup für die Ewigkeit zwischen dem Land Ägypten und dem Land Hatti erschaffen haben, den Frieden und die Bruderschaft, die keinen Raum für irgendeine Feindschaft zwischen ihnen lassen!

Siehe, Reamasesa-mai-Amana, der Große König, der König des Landes Ägypten, hat Frieden erschaffen, von dem heutigen Tag an.

Siehe, das Land Ägypten und das Land Hatti werden für immer in Frieden und Bruderschaft leben.

Wenn ein anderer Feind gegen das Land von Hatti zieht und Hattushili, der König des Landes von Hatti, mir diese Botschaft sendet: „Komme und hilf mit gegen ihn!", dann wird Reamasea-mai-Amana, der Große König, der König des Landes Ägypten, sein Heer und seine Streitwagen aussenden, um diesen Feind zu töten und dem Land Hatti Frieden zu bringen.

Wenn Hattushili, der Große König, der König des Landes Hatti, sich in Zorn gegen seine Städte erhebt, nachdem diese ein Verbrechen gegen ihn begangen haben, und er dann zu Reamasesa, dem Großen König, dem König des Landes Ägypten, eine Botschaft sendet, dann wird Reamasesa-mai-Amana, der Große König, der König des Landes Ägypten, sein Heer und seine Streitwagen aussenden und diese werden alle auslöschen, die sich im Zorn gegen ihn erhoben haben.

Wenn ein Feind gegen das Land Ägypten zieht und wenn Reamasesa-mai-Amana, der Große König, der König des Landes Ägypten, Dein Bruder, die folgende Botschaft zu Hattushili, dem Großen König, dem König des Landes Hatti, sendet: „Komme und hilf mir gegen ihn!", dann wird Hattushili, der König des Landes von Hatti sein Heer und seine Streitwagen aussenden und diesen Feind töten.

Wenn Reamasesa, der König des Landes Ägypten, sich in Zorn gegen seine Städte erhebt, nachdem diese ein Verbrechen gegen ihn begangen haben, und er deshalb zu Hattushili, dem Großen König, dem König des Landes Hatti, meinem Bruder, eine Botschaft sendet, dann wird Hattushili, der Große König, der König des Landes Hatti, mein Bruder, sein Heer und seine Streitwagen aussenden und diese werden alle auslöschen, die sich im Zorn gegen ihn erhoben haben.

Siehe, der Sohn des Hattushili, der König des Landes Hatti (Hattushili III), muß seine Herrschaft über das Land Hatti anstelle seines Vaters Hattushili (Hattushili II), nach den zahlreichen Jahren des Hattushili (II), König des Landes Hatti, sichern. Wenn sich die Kinder des Landes Hatti gegen ihn stellen, dann wird Reamasesa ihm ein Heer und Streitwagen senden, damit sie ihn unterstützen.

Wenn ein großer Mann oder eine große Frau aus dem Land Hatti flieht und er oder sie zu Reamasesa, dem Großen König, dem König von Ägypten, kommt, wird er ihn ergreifen und ihn in die Hände des Hattushili, dem Großen König, dem König des Landes Hatti, ausliefern.

Wenn ein Mann oder zwei Männer, die unbekannt sind, fliehen und sie dann zu Reamasesa kommen, um ihm zu dienen, dann wird Reamasesa sie ergreifen und sie in die Hände des Hattushili, des Königs des Landes Hatti, ausliefern.

Wenn ein großer Mann oder eine große Frau aus dem Land Ägypten flieht und er oder sie in das Land Amurru oder in eine Stadt dort zu dem König von Amurru kommt, dann wird Benteshina, der König von Amurru, ihn ergreifen und ihn zu dem König des Landes Hatti, bringen. Und Hattushili, der Große König, der König des Landes Hatti, wird ihn zu Reamasesa, dem Großen König, dem König des Landes Ägypten bringen lassen.

Wenn ein Mann oder zwei Männer, die unbekannt sind, fliehen und sie aus dem Land Ägypten entkommen und wenn sie ihm nicht dienen wollen, dann wird Hattushili, der Große König, der König des Landes Hatti, sie in die Hände seines Bruders ausliefern und er wird ihnen nicht erlauben, im Land Hatti zu leben.

Wenn ein Adliger aus dem Land Hatti flieht oder zwei Männer und sie nicht dem König von Hatti dienen wollen und wenn sie aus dem Land des Großen Königs fliehen wollen, aus dem Land des Königs von Hatti, damit sie ihm nicht dienen müssen, dann wird Reamasesa sie ergreifen und sie zu Hattushili, dem Großen König, dem König des Landes Ägypten, seinem Bruder, senden lassen und er wird ihnen nicht erlauben, in dem Land Ägypten zu leben.

Wenn ein Adliger oder zwei aus dem Land Ägypten fliehen und sie in das Land Hatti ziehen, dann wird Hattushili, der Große König, der König des Landes Hatti, sie ergreifen und sie zu Reamasesa, dem Großen König, dem König des Landes Ägypten, seinem Bruder, bringen lassen.

Wenn ein Mann oder zwei Männer oder drei Männer aus dem Land Hatti fliehen und sie zu Reamasesa, dem Großen König, dem König des Landes Ägypten, seinem Bruder, kommen, dann wird Reamasesa, der Große König, der König des Landes Ägypten sie ergreifen und sie zu Hattushili, seinem Bruder, bringen lassen, da sie Brüder sind. Ihre Vergehen sollen ihnen nicht zur Last gelegt werden, ihre Zungen und ihre Augen sollen nicht herausgerissen werden; ihre Ohren und ihre Füße sollen nicht abgeschnitten werden; ihre Häuser mit ihren Frauen und ihren Kindern sollen nicht zerstört werden.

Wenn ein Mann oder zwei Männer oder drei Männer aus dem Land des Reamasesa, des Großen Königs, des Königs des Landes Ägypten, fliehen und wenn sie zu Hattushili, dem Großen König, meinem Bruder, kommen, dann wird Hattushili, der Große König, der König des Landes Hatti, mein Bruder, sie ergreifen und sie zu Reamasesa, dem Großen König, dem König des Landes Ägypten bringen lassen, denn Reamasesa, der Große König, der König des Landes Ägypten, und Hattushili sind Brüder. Ihre Vergehen sollen ihnen nicht zur Last gelegt werden, ihre Zungen und ihre Augen sollen nicht herausgerissen werden; ihre Ohren und ihre Füße sollen nicht abgeschnitten werden; ihre Häuser mit ihren Frauen und ihren Kindern sollen nicht zerstört werden.

Wenn ein Mann aus dem Land Hatti flieht, oder zwei Männer, und wenn sie aus dem Land Hatti fliehen und dann nach Ägypten kommen, und wenn ein Adliger aus dem Land Hatti oder aus einer Stadt flieht und wenn sie aus dem Land Hatti fliehen, um in das Land Ägypten zu ziehen, dann wird Reamasesa sie ergreifen lassen und sie zurück zu seinem Bruder bringen lassen.

Siehe, die Kinder des Landes Hatti und die Kinder des Landes Ägypten sind in Frieden miteinander.

Wenn einige Menschen aus dem Land Ägypten fliehen und in das Land Hatti ziehen, dann wird Hattushili, der Große König, der König des Landes Hatti, sie ergreifen und zu seinem Bruder bringen lassen.

Siehe, Hattushili, der Große König, der König des Landes Hatti, und Reamasesa, der Große König, der König des Landes Ägypten, Dein Bruder, sind in Frieden miteinander.

Wenn Reamasesa und die Kinder von Ägypten diesen Bund nicht beachten, dann werden die Götter und die Göttinnen des Landes Ägypten und die Götter und die Göttinnen des Landes Hatti die Nachkommen des Reamasesa, des Großen Königs, des Königs des Landes Ägypten, auslöschen!

Wenn Reamasesa und die Kinder des Landes Ägypten diesen Bund beachten, dann werden die Götter des Eides sie und ihre Kinder beschützen.

Denen, die die Worte, die auf diese silberne Tafel geschrieben sind, befolgen, werden die großen Götter des Landes Ägypten und die großen Götter des Landes Hatti gewähren, daß sie in ihren Häusern, in ihrem Land und mit ihren Dienern leben und gedeihen.

Diejenigen, die die Worte auf dieser silbernen Tafel nicht beachten, werden die großen Götter des Landes Ägypten und auch die großen Götter des Landes Hatti mit ihren Häusern, ihrem Land und ihren Dienern auslöschen!"

Friedensvertrag zwischen Ramses II und Hattushili III
- ägyptische Version-

Jahr 21, erster Monat der zweiten Jahreszeit, 21. Tag, unter der Herrschaft ihrer Majestät des Königs von Ober- und Unterägypten „User-maat-Re, Sohn des Re, Ramses Meri-Amon, dem für immer Leben gegeben ist, dem von Amon-Re Geliebten, Horus am Horizont, Ptah südlich seines Tempels, Herr des Lebens der beiden Länder, Mut die Herrin von Ishru, und Chons Neferhotep, der auf dem Horos-Thron des Lebens erscheint" (dieser lange Name ist der offizielle Titel von Ramses II) – wie sein Vater Horus-akhti – für immer und ewig!

Am heutigen Tag, während ihre Majestät in der Stadt „Haus des Ramses, dem von Amon Geliebten" weilt, und seinem Vater (dem Gott) Amon-Re dessen Wohlbefinden bringt (d.h. Opfer im Tempel), dem „Horus am Horizont, dem Atum, Herr der beiden Länder, dem, der aus Heliopolis stammt, Amon des Ramses, der von Amon geliebt wird, Ptah des Ramses, der von Amon geliebt wird, und Seth, dem Großen an Stärke, dem Sohn der Nut", und er ihm eine Ewigkeit an Jubiläen gibt und eine Unendlichkeit an Lebensjahren, während alle Länder für alle Zeiten unter seinen Fußsohlen liegen.

Da kam ein königlicher Bote und Gesandter … … … königlicher Gesandter … …

... *User-Maat-Re Setep-en-Re* (Königsname von Ramses II) ... ... *Tar-Teshup* (hethitischer Donnergott, entspricht dem germanischen Thor) *und der Bote aus Hatti trug eine silberne Tafel, die der Große Fürst von Hatti, Hattushili, dem Pharao – Möge er leben, gesund und stark sein! – brachte und die Majestät des User-Maat-Re Setep-en-Re* (d.h. Ramses II), *den Sohn der Sonne um Frieden bat, den Ramses geliebt von Amun, dem ewiges Leben gegeben ist wie seinem Vater Re an jedem Tag.*

Die Kopie der silbernen Tafel, die der große Fürst von Hatti, Hattushili, dem Pharao hat senden lassen – Möge er leben, gesund und stark sein! – durch die Hand seines Boten Tar-Teshup und durch seinen Boten Ra-mose, um seine Majestät User-Maat-Re, den Sohn des Sonnengottes Ra, Ramses, den von Amun Geliebten, dem Stier unter den Herrschern, der die Grenzen in jedem Land zieht, wie er will, um Frieden zu bitten.

Dies ist die vereinbarte Form, die der große Fürst von Hatti, Hattushili, der Mächtige, der Sohn des Mursili, dem großen Fürsten von Hatti, dem Mächtigen, der Sohn des Shuppiluliuma, dem großen Fürsten von Hatti, dem Mächtigen (Mursili ist der Vater und shuppiluliuma der Großvater des Hattushili), *auf einer silbernen Tafel für User-Maat-Re, den großen Fürsten von Ägypten, den Mächtigen, den Sohn des Men-Ma'at-Re, dem großen Fürsten von Ägypten, dem Mächtigen, dem Sohn des Men-pehti-Re, dem großen Fürsten von Ägypten, dem Mächtigen, gemacht hat: die vereinbarte Form des Friedens und der Bruderschaft, die Frieden gibt ... ... für immer.*

Von nun an bis zu den Grenzen der Ewigkeit wird der Gott durch diese vereinbarte Form nicht erlauben, daß zwischen dem großen Herrscher von Ägypten und dem großen Fürsten von Hatti Feindschaft tritt. Doch in der Zeit des Muwatalli, dem großen Fürsten von Hatti, kämpfte mein Bruder mit Meri-Amun, dem großen Fürsten von Ägypten.

Doch siehe, von nun an, von diesem Tag an, ist Hattushili, der große Fürst von Hatti, durch die vereinbarte Form an das Verhältnis, das Re und Seth (Seth = ägyptische „Übersetzung" für Teshshup) *für das Land Ägypten mit dem Land Hatti getroffen haben, gebunden, damit zwischen den beiden keine Feindschaft entstehen kann – bis in alle Ewigkeit.*

Siehe, Hattushili, der große Fürst von Hatti, hat sich selber in die mit User-Maat-Re Setep-en-Re, dem großen Fürsten von Ägypten, vereinbarte Form gesetzt, die an diesem Tag beginnt, damit guter Frieden und Bruderschaft zwischen uns ist und daß er in Bruderschaft mit mir und ich in Frieden mit ihm bin und daß ich in Bruderschaft mit ihm und er in Frieden mit mir ist.

Siehe, da Muwatalli, der große Fürst von Hatti, mein Bruder, auf die Suche nach seinem Schicksal gegangen ist (hethitische Redewendung für „sterben") *und Hattushili sich als großer Fürst auf den Thron seines Vaters gesetzt hat, bin ich gekommen, um bei Ramses Meri-Amun, dem großen Herrscher von Ägypten zu sein, denn wir sind beieinander in unserm Frieden und in unserer Bruderschaft.*

Siehe, ich, der große Fürst von Hatti, bin zusammen mit Ramses-meri-Amun in gutem Frieden und in guter Bruderschaft. Die Kinder der Kinder des großen Fürsten von Hatti sind in Bruderschaft und in Frieden mit den Kindern der Kinder des Ramses-meri-Amun, dem großen Fürsten von Ägypten, denn sie bleiben in unserer Vereinbarung der Bruderschaft und in unserer Vereinbarung des Friedens. Das Land Ägypten wird mit dem Land Hatti so wie wir in Frieden und Bruderschaft bleiben bis in alle Ewigkeit. Niemals mehr werden Feindseligkeiten zwischen uns geschehen.

Der große Fürst von Hatti wird bis in alle Ewigkeit nicht die Grenzen Ägyptens verletzen, um irgendetwas von dort zu nehmen. Und User-Maat-Re Setep-en-Re, der große Fürst von Ägypten, wird nicht die Grenzen des Landes Hatti verletzen, um irgendetwas von dort zu nehmen.

Ich bestätige die alte vereinbarte Form, die zu der Zeit des Shuppiluliuma, dem großen Fürsten von Hatti, und ebenso die vereinbarte Form, die zu der Zeit des Muwatalli, dem großen Fürsten von Hatti, meinem Vater, getroffen worden ist. Siehe, Ramses-meri-Amun, der große Herrscher von Ägypten, bindet sich von diesem Tag an an die vereinbarte Form, die er mit uns getroffen hat. Wir binden uns an sie und wir handeln entsprechend dieser alten Vereinbarung.

Wenn ein anderer Feind gegen die Länder des User-Maat-Re, des großen Herrschers von Ägypten, zieht, und er eine Botschaft zu dem großen Fürsten von Hatti sendet und sagt: „Komme zu mir mit Verstärkung gegen ihn!", dann wird der große Fürst von Hatti zu ihm kommen und der große Fürst von Hatti wird seinen Feind töten. Wenn es jedoch nicht der Wunsch des großen Fürsten von Hatti ist, selber zu gehen, dann wird er sein Heer und seine Streitwagen senden, und diese werden den Feind töten.

Oder wenn Ramses-meri-Amun, der große Herrscher von Ägypten, wütend über Diener, die ihm gehören, wird, und sie ein Verbrechen gegen ihn begehen und er gegen sie zieht, um sie zu töten, dann wird der große Fürst von Hatti ihn begleiten um alle zu töten, über die er wütend ist.

Doch wenn ein anderer Feind gegen den großen Fürsten von Hatti zieht, dann wird User-Maat-Re Setep-en-Re, der große Herrscher von Ägypten, mit Verstärkung zu ihm kommen und seinen Feind töten. Wenn es nicht der Wunsch des Ramses-meri-Amun, des großen Herrschers von Ägypten ist, zu ihm zu ziehen, wird er ... ... Hatti, wird er sein Heer und seine Streitwagen senden und zudem eine Antwort an das Land Hatti senden.

Falls die Diener des großen Fürsten von Hatti sich gegen ihn erheben, und Ramses-meri-Amun ... ...

... ... das Land von Hatti und das Land von Ägypten ... ... das Leben. Wenn es geschehen sollte, daß ich mein Schicksal suchen gehen sollte (d.h. daß ich sterbe), *dann wird Ramses-meri-Amun, der große Herrscher von Ägypten – Möge er ewig leben! – losziehen und zu dem Land Hatti kommen ... ... um zu ... ..., um ihn*

zum Herrscher über sie zu machen (bei Thronfolge-Streitigkeiten), *indem User-Maat-Re Setep-en-Re, der große Fürst von Ägypten, ihn mit seinem Mund für immer zum Schweigen bringt. Danach ... ... das Land von Hatti und wird zurückkehren. Der große Fürst von Hatti und auch ... ...*

Wenn ein großer Mann aus dem Land Ägypten flieht und zu dem Fürsten von Hatti kommt oder zu einer Stadt, die zu den Ländern des Ramses-meri-Amun, dem großen Herrscher von Ägypten, gehört, und sie zu dem großen Herrscher von Hatti kommen, dann wird der große Fürst von Hatti sie nicht aufnehmen. Der große Fürst von Hatti wird sie zu User-Maat-Re Setep-en-Re, dem großen Fürsten von Ägypten, ihrem Herrn, bringen lassen.

Oder wenn ein Mensch oder zwei Menschen – wer auch immer sie sein mögen – fliehen und sie zu dem Land Hatti kommen, um dort die Diener von jemand anderem zu sein, dann sollen sie nicht in Hatti bleiben, sondern zu Ramses-meri-Amun, dem großen Herrscher von Ägypten, gebracht werden.

Wenn ein großer Mann aus dem Land Hatti flieht und zu User-Maat-Re Setep-en-Re, dem großen Herrscher von Ägypten, kommt, oder wenn eine Stadt oder ein Bezirk oder ein ... ..., die zu dem Land Hatti gehört, und sie zu Ramses-meri-Amun, dem großen Herrscher von Ägypten kommen, dann wird User-Maat-Re Setep-en-Re, der große Herrscher von Ägypten, sie nicht empfangen. Ramses-meri-Amun, der große Herrscher von Ägypten, wird sie zu dem Fürsten von Hatti senden lassen. Sie werden nicht dort (in Ägypten) *bleiben.*

Ebenso: Wenn ein Mann oder zwei Männer – wer auch immer sie sein mögen – fliehen und sie zu dem Land Ägypten kommen, um dort die Diener anderer Menschen zu werden, wird User-Maat-Re Setep-en-Re, der große Herrscher von Ägypten, sie nicht dort behalten. Er wird sie zu dem großen Fürsten von Hatti bringen lassen.

Für diese Worte dieser vereinbarten Form, die der große Fürst von Hatti mit Ramses-meri-Amun, dem großen Herrscher von Ägypten, beschlossen und auf diese silberne Tafel hat schreiben lassen – für diese Worte sind tausend männliche und weibliche Gottheiten von denen aus dem Lande Hatti zusammen mit tausend männlichen und weiblichen Gottheiten von denen aus dem Lande Ägypten bei mir und bezeugen, daß sie diese Worte hören: (die Namen der aufgezählten hethitischen Götter erscheinen z.T. in ihrer ägyptischen Übersetzung) *der Sonnengott, der Herr des Himmels; die Sonnengöttin von Arianna; der Sturmgott, Herr des Himmels (Teshshup); Seth von Hatti (Teshshup?); Seth der Stadt von Arianna; Seth aus der Stadt Zippalanda; Seth aus der Stadt von Pettiyark; Seth aus der Stadt von Hissashapa; Seth aus der Stadt von Sarissa; Seth aus der Stadt Aleppo; Seth aus der Stadt von Lihzina; Seth aus der Stadt ... ; ... ...; Seth aus der Stadt Sahpin; Anteret, die Schutzgöttin des Landes Hatti; der Gott von Zitharias; der Gott von Karzis; der Gott von Hapantaliyas; die Göttin der Stadt Karahna; die Göttin ... ...; die Königin des Himmels; die Götter, die Herren der Eide sind; diese Göttin, die Herrin der Erde;*

die Herrin der Eide, Ishara; die Herrin der Berge und der Flüsse des Landes Hatti; die Götter des Landes Kizuwadna; Amon die Sonne; Seth; die männlichen Gottheiten; die weiblichen Gottheiten; die Berge (Ahnen in den Hügelgräbern?); *und die Flüsse des Landes Ägypten; den Himmel, die Erde; das große Meer; die Winde; und die Wolken.*

Diese Worte über das Land Hatti und das Land Ägypten, die auf dieser silbernen Tafel geschrieben stehen: denjenigen, der sie nicht einhält – tausend Götter des Landes Hatti zusammen mit tausend Göttern des Landes Ägypten werden sein Haus, sein Land und seine Diener vernichten!

Doch derjenige, der diese Worte einhält, die auf dieser silbernen Tafel geschrieben stehen, möge er aus Hatti oder aus Ägypten kommen, und der diese Worte nicht mißachtet, dem werden tausend Götter aus dem Lande Hatti zusammen mit tausend Göttern aus dem Lande Ägypten Wohlergehen bringen, den werden sie leben lassen zusammen mit seinem Haus und seinem Land und mit seinen Dienern.

Wenn ein Mann oder zwei Männer oder drei Männer aus dem Land Ägypten fliehen und wenn sie zu dem großen Fürsten von Hatti kommen, dann wird der große Fürst von Hatti sie ergreifen und sie zu User-Maat-Re Setep-en-Re bringen lassen. Doch dem Mann, der zu Ramses-meri-Amun, dem großen Herrscher von Ägypten, gebracht wird, sollen seine Vergehen nicht zur Last gelegt werden, lasse nicht sein Haus oder seine Frau oder seine Kinder vernichten, lasse ihn nicht töten, lasse nicht seine Augen, seine Ohren, seinen Mund oder seine Beine verletzen, lasse keinerlei Verbrechen gegen ihn geschehen.

Ebenso: Wenn ein Mann aus dem Land Hatti flieht, oder zwei Männer, und dann zu User-Maat-Re Setep-en-Re, dem großen Herrscher von Ägypten, kommen, dann soll Ramses-meri-Amun, der große Herrscher von Ägypten, sie ergreifen und zu dem großen Fürsten von Hatti bringen lassen, und der große Fürst von Hatti soll sie nicht für ihre Verbrechen bestrafen, und nicht sein Haus oder seine Frau oder seine Kinder vernichten lassen, ihn nicht töten, nicht seine Augen, seine Ohren, seinen Mund oder seine Beine verletzen lassen, keinerlei Verbrechen gegen ihn geschehen lassen.

Auf der Mitte der Tafel aus Silber ist dies: Auf der Vorderseite: Gestalten – ein Bildnis des Seth (Teshshup?), *der den großen Fürsten von Hatti umarmt, zusammen mit einer Umrandung aus den Worten „das Siegel des Seth, dem Herrn des Himmels; das Siegel der vereinbarten Form, die Hattushili, der große Fürst von Hatti, der Sohn des Mursili, dem großen Fürsten von Hatti, dem Mächtigen, getroffen hat.*

Um die Gestalten herum ist dieses geschrieben: das Siegel des Seth.

Auf seiner anderen Seite (Rückseite der Silbertafel) *steht dieses: Gestalten – ein Bildnis der Göttin von Hatti, die die weibliche Gestalt der Fürstin von Hatti umarmt, umgeben von einer Umrandung aus den Worten „das Siegel der Sonnengöttin von Arianna, der Herrin des Landes; das Siegel der Putu-hepa, der Fürstin des Landes Hatti, der Tochter des Landes von Kizuwadna, der Priesterin der Stadt Arianna, der*

Herrin des Landes, der Dienerin der Göttinnen".

Dies ist innerhalb des Rahmens, der die Gestalten umgibt: das Siegel der Sonnengöttin von Arianna, der Herrin aller Länder.

II 18. e) Der Eid in der persischen Überlieferung

Der Sonnengott Mithras ist der Beschützer der Eide und Verträge.

In dem um ca. 675 v.Chr. geschlossenen Vasallen-Vertrag zwischen dem Assyrerkönig Asarhaddon und den Königen der Meder (Perser) wird eine lange Liste von Strafen, die die jeweils namentlich genannten Götter über die Eidbrüchigen bringen sollen, aufgeführt: sie sollen kein hohes Alter erreichen; sie sollen an Schlaflosigkeit, Trübsal, Krankheit, Aussatz, Blindheit leiden; sie sollen von Pfeilen getötet werden; ihr Blut soll auf die Steppe fließen; Fremde sollen den Schoß ihrer Frauen besitzen; ihr Erbe soll nicht an ihre Söhne weitergegeben werden; ihr Land soll überflutet werden usw.

II 18. f) Der Eid in der skythischen Überlieferung

Der griechische Historiker Herodot hat um ca. 450 v.Chr. überliefert, wie die Skythen einen Eid abgelegt haben:

Die Skythen haben auf die folgende Weise Eide abgelegt, wem auch immer sie diesen Eid gegeben haben:
Sie gießen Wein in eine Tonschale und vermischen sie mit dem Blut derer, die diesen Eid füreinander ablegen. Dazu stechen sie entweder eine Ahle ein kleines Stück in ihren Körper oder ritzen sich mit einem Dolch. Dann tunken sie ein Schwert und Pfeile und eine Streitaxt und einen Speer in diese Schale. Und wenn sie dies getan haben, dann rufen sie viele Flüche auf den herab, der den Eid brechen wird. Danach trinken sie davon – sowohl die beiden, die den Eid ablegen als auch der Vornehmste unter ihren Begleitern.

II 18. g) Der Eid in der griechischen Überlieferung

Der Eid des Hippokrates verpflichtete die damaligen Ärzte zum Einhalten der ärztlichen Pflichten und des Berufsethos.
Homer berichtet in seinen um ca. 750 v.Chr. verfaßten Werken über einige Eide:

Illias 14, 272:
(Hera an den Schlaf)
Nun wohlan, beschwör' es bei Styx' wehdrohenden Wassern,
Berührend mit einer Hand die nahrungsprossende Erde,
Und mit der andern das schimmernde Meer; daß alle sie uns nun
Zeugen sein, die um Kronos versammelten unteren Götter.

Illias 3, 103:
Bringt zwei Lämmer herbei, dem Helios weiß und ein Böcklein,
Schwarz der Erd' und ein Weibchen; wir bringen dem Zeus noch ein drittes.
Ruft alsdann auch Priamos Macht, daß jener das Bündnis
Schwör', er selbst! denn die Söhne sind übermütig und treulos:
Daß kein frevelnder Mann Zeus' heiligen Bund verletze.

Odyssee 5, 184:
Nun mir zeuge die Erde, der weite Himmel dort oben,
Und die stygischen Wasser der Tiefe; welches der größte
Furchtbarste Eidschwur ist für alle unsterblichen Götter:
Daß ich bei mir nichts anders zu Deinem Verderben beschließe!
Sondern ich denke so und rede, wie ich mir selber
Suchen würde zu raten, wär' ich in gleicher Bedrängnis!

Homerische Hymnen – an Apollo von Delos:
Und Leto schwor den großen Eid der Götter:
„Nun höre dies, Erde und auch der weite Himmel oben,
und die tiefen Wasser des Styx:
gewiß wird Phoebus hier seinen duftenden Altar
und sein Heiligtum erhalten!"

Homerische Hymnen: An den Phytischen Apollo

Nachdem er dies gesagt hatte, kennzeichnete Phoebus Apollo die gesamten Maße;
in ihrer ganzen, sehr großen Länge und Breite; und auf diesem legten
Trophonius und Afamedes, die Söhne des Erginus, aus Stein das Fundament.
Und die zahllosen Stämme der Menschen erbauten darauf den ganzen Tempel
aus behauenen Steinen, worüber bis in alle Zeit gesungen werden wird.

Doch in der Nähe war eine süß-fließende Quelle und dort tötete der Herr,
der Sohn des Zeus, mit seinem starken Bogen die aufgeblähte Drachenfrau,
ein schreckliches Ungeheuer, daß großes Unheil unter den Menschen
auf der Erde anrichtet – unter den Männern selber
und unter ihren dünnbeinigen Schafen; denn sie war eine blutrünstige Plage.
Sie war es, die einst von der golden-thronenden Hera den schrecklichen, grausamen Thypaon
erhalten und aufgezogen hatte, damit er zu einer Plage für die Menschen wurde.
Einst hatte ihn Hera geboren, da sie wütend auf Vater Zeus war,
als der Sohn des Kronos die all-ruhmreiche Athena in seinem Kopf trug.
Darüber erzürnte die königliche Hera und sprach solchermaßen unter den versammelten Göttern:

„Hört von mir, all ihr Götter und Göttinnen,
wie der Wolken-versammelnde Zeus mich,
die er zu seiner wahren Frau seines Herzens gemacht hat,
mutwillig zu entehren beginnt!
Seht nun, er hat ohne mich die helläugige Athena geboren,
die die erste unter all den gesegneten Göttern ist!
Doch mein Sohn Hephaistos, den ich geboren habe, war schwach unter den Göttern
und von verkrüppelten Füßen, eine Schande und eine Unehre für mich im Himmel –
den ich selber in meine Hände nahm und hinauswarf, sodaß er in das große Meer fiel.
Doch die silber-gekleidete Thetis, die Tochter des Nereus,
ergriff ihn und sorgte mit ihren Schwestern für ihn: Ich wünschte,
daß sie den gesegneten Göttern einen anderen Dienst erwiesen hätte!
O Du Hinterhältiger und Geschickter! Was wirst Du noch alles erdenken?
Wie konntest Du es nur wagen, selber die helläugige Athena zu gebären?
Als wenn ich Dir kein Kind geboren hätte – ich, die ich immerhin Deine Frau
unter den unsterblichen Göttern, die den weiten Himmel besitzen, genannt werde!
Sieh Dich nun vor, denn ich werde gleich für Dich ein übles Ding erschaffen:
Ja ich will bewirken, daß mir ein Sohn geboren wird,
der der erste unter den unsterblichen Göttern sein wird –

und das, ohne Schande über den heiligen Ehebund zwischen Dir und mir zu bringen!
Und ich werde nicht auf Dein Lager kommen,
sondern mich zu den gesegneten Göttern fern von Dir gesellen!"

Nachdem sie so gesprochen hatte, ging sie von den Göttern fort und war sehr wütend.
Dann begann die strahlend-äugige, königliche Hera zu beten,
schlug mit der flachen Hand auf die Erde und sprach wie folgt:

„Höre mich, Erde, ich bete zu Dir und zu dem weiten Himmel und zu euch Titanen-
    Götter,
die ihr unter der Erde in dem großen Tartarus wohnt, und von denen sowohl die
    Götter als auch die Menschen entsprungen sind!
Hört mich an, alle und jeder, und gewährt mir, daß ich ein Kind gebäre,
daß nicht von Zeus ist und daß keinen Deut schwächer als Zeus ist –
nein, laßt ihn um so viel stärker als Zeus sein als der all-sehende Zeus stärker als
    Kronos ist!"

So rief sie und schlug die Erde mit ihrer starken Hand.
Da wurde die Leben-spendende Erde gerührt –
und als Hera das sah, wurde sie froh in ihrem Herzen,
da sie dachte, daß ihre Bitte erfüllt worden war.
Danach kam sie ein ganzes Jahr
nicht mehr auf das Lager des weisen Zeus und saß auch nicht mehr
wie zuvor in ihrem Stuhl, um ihm weisen Rat zu erteilen,
sondern blieb in ihren Tempeln, in denen viele beten,
und erfreute sich ihrer Opfergaben – die groß-äugige, königliche Hera.
Doch als die Monate und Tage vollendet waren,
und die Zeit herankam, so wie sich die Erde dreht, da gebar sie einen,
der weder den Göttern noch den sterblichen Menschen glich, den fürchterlichen,
grausamen Typhaon, die Plage für die Menschen.
Sofort nahm die königliche Hera ihn und gab ihn, um das eine Übel
zu dem anderen Übel zu fügen, der Drachenfrau; und sie nahm ihn an.
Und dieser Typhaon verursachte großes Leid unter den berühmten Stämmen
der Menschen. Wer auch immer der Drachenfrau begegnete, den riß das Schicksal
hinfort, bis Apollo, der den Tod von ferne sendet, einen starken Pfeil auf sie schoß.
Da fiel sie, von bitteren Schmerzen zerrissen, nieder
und schnappte in heftigen Atemzügen nach Luft und wälzte sich an ihrem Ort umher.
Ein schreckliches Getöse schwoll an, als sie sich in dem Wald ständig
von hier nach dort wälzte und dort ihr Leben ließ
und es in einem Blutschwall ausatmete. Da rühmte sich Phoebus Apollo über ihr:

*„Nun sollst Du hier verfaulen auf der Erde, die die Menschen ernährt – Du sollst
nicht mehr leben, um ein schreckliches Schicksal für die Menschen zu sein,
die die Früchte der all-ernährenden Erde essen,
und die vollkommene Tieropfer hierher bringen.
Gegen den grausamen Tod sollen weder Thyphoeus
noch Deine übel-gerühmte Chimera bestehen, denn hier sollen Dich die Erde
und der leuchtende Hyperion verrotten lassen!"*

So sprach Phoebus und frohlockte über ihr – und Dunkelheit überschattete ihre Augen. Und die heilige Stärke des Helios ließ sie verfaulen, weshalb dieser Ort nun Pytho genannt wird, und die Menschen den Herrn Apollo mit einem neuen Namen, Pythischer, anrufen, denn an diesem Ort ließ die Macht des stechenden Helios das Ungeheuer verrotten.

In dieser Hymne ist die Unterweltschlange noch eng mit Hera verbunden, die einst die Jenseitsgöttin gewesen ist, doch die Schlange ist schon zu dem Ungeheuer geworden, das von dem Sonnengott bzw. dem Helden getötet werden muß – ähnlich wie Fafnir von Sigurd/Siegfried getötet wird.

II 18. h)   Zusammenfassung

Ein Eid besteht bei den Indogermanen im Wesentlichen aus dem gemeinsamen Herbeirufen der Rache der Götter über den, der diesen Eid bricht.
Diese Handlung wird manchmal durch eine Art Blutsbrüderschaft und durch Opfer an die angerufenen Götter ergänzt.

II 19. Eide in der nostratischen Überlieferung

Auch bei den Nicht-Indogermanen wie z.B. bei den Ägyptern findet sich dasselbe allgemeine Eid-Prinzip, was jedoch nicht notwendigerweise bedeuten muß, daß alle diese Eid-Traditionen eine gemeinsame Wurzel haben, da sich die Form des Eides aus der Logik des magisch-mythologischen Weltbildes der späten Jungsteinzeit und des frühen Königtums ergibt.

III   Der Segen in der germanischen Überlieferung

Über Segnungen und Weihungen ist nicht allzuviel bekannt, aber doch genug, um sich ein ungefähres Bild machen zu können.

III 1.   Das Wort „weihen"

Der übliche altnordische Begriff für „weihen, heiligen, legitimieren" war „helga". Im Angelsächsischen lautet er „heilagon", im Altenglischen „halgian", im Altfriesischen „heliga" und im althochdeutschen „heilagon". Die germanische Wurzel ist das Adjektiv „haila" für „heil, gesund, sicher". Der Ursprung ist das indogermanische Adverb/Adjektiv „kaiuo" für „allein".

Von diesem Wort leitet sich auch der Beiname „Helgi" des ehemaligen Göttervaters Tyr ab, der ihn vermutlich als den heilen, wiedergeborenen Sonnengott am Morgen bezeichnet.

III 2. Überlieferte Segen

Es sind ungefähr dreißig Segnungen überliefert worden, die sich auf recht unterschiedliche Dinge beziehen.

III 2. a) Segensspruch-Formeln

Es gab einige Segenssprüche, die häufiger verwendet worden zu sein scheinen, da sie eine formale Gestalt haben. Von der Intensität des Segens her stehen sie sicherlich unter den rituellen Texten und den Zaubersprüchen. Sie werden zum einen häufiger als „richtige Segnungen" und zum anderen auch von Nicht-Priestern und Nicht-Magiern verwendet worden sein.

allgemeine Segen

„Möge Odin mit Dir sein!"
                                       anonym: Saga über König Olaf den Ruhmreichen

„Mögen die guten Geister Dir helfen!"
        ('hollar' = hold, gut; 'vättr' = übernatürliches Wesen)
        Zoëgas Wörterbuch

„Mögen Dir Deine Hände stets gute Dienste leisten!"
        anonym: Flußtal-Saga

„Werde es, wie ich es wünsche und stehe dem nichts entgegen!"
        anonym: Atli-Lied

Reise-Segen

„Heil!"
        (ein Gruß: 'Ich wünsche Dir Heil-sein (Gesundheit, Wohlbefinden, Frieden usw.)!')
                anonym – Wafthrudnir-Lied
                und sehr viele weitere Textstellen

„Fahrt nun froh und heil, wohin der Wind euch führt."
        (Wind/Atem und Lebenskraft/Geist/Seele werden im Germanischen wie in vielen anderen Sprachen mit demselben Wort bezeichnet – der Wind-Geist ist somit das Leben bzw. das Schicksal selber.)
                anonym: Atli-Lied

„Heil uns beim Abschied!"
                anonym: Gripirs Weissagung

Kampf-Segen

„Der Sieg sei mit euch!"
                anonym: Atli-Lied

„jemandem wünschen, sich seiner heilen Hände zu erfreuen"
        (nach einem Kampf; Glück für weitere Kämpfe)
                anonym: Lachstal-Saga

Schutz-Segen gegen ein schlechtes Omen

„Mögen uns stärkere Omen Gutes bringen!"
                Saxo der Schriftkundige: Geschichte der Dänen

<u>Schutz-Segen gegen Verrat durch einen Fürsten</u>

„Mögen die Götter niemals so weit in ihrer Wut gehen, daß sie Deinen Erhalter als Deinen Verräter brandmarken!"
Saxo der Schriftkundige: Geschichte der Dänen

III 2. b)   Die beiden Silber-Fibeln von Bezenye

Diese beiden Fibeln sind von den damals in der ungarischen Ebene wohnenden Langobarden hergestellt worden und stammen von ca. 550 n.Chr. oder etwas früher. Auf ihnen befinden sich zwei kurze Inschriften, die einander ähneln und kurze Segenssprüche sind:

Godahild (Frauenname)*: Freude!*

Arsiboda (Name)*: Segen!*

III 2. c)   Wafthrudnir-Lied

Vor Odins Fahrt zu dem Riesen Wafthrudnir (Tyr) spricht Frigg einen Segen für ihren Mann aus, der eine damals übliche Abschiedsformel gewesen sein könnte.

Frigg :
„Heil denn fahre, heil denn kehre zurück,
Heil Dir auf Deinen Wegen!"

III 2. d)   Nials-Saga

Der Segen auf die Hände wird des öfteren berichtet:

Am Markarfluß traf er einige Männer. Diesen bekannte er, daß er Sigmund, Grim und Helge aber Skjold erlegt habe.
Sodann kehrten sie alle heim und brachten Nial die Kunde.
„Glück und Heil dem Werk Eurer Hände," sprach dieser.

III 2. e) Sigdrifa-Lied

Der bekannteste „Hand-Segen" findet sich in diesem Lied und wird von der Walküre Sigdrifa über Sigurd gesprochen:

„Heil Dir Tag, Heil euch Tagessöhnen,
Heil Dir Nacht und nährende Erde:
Mit unzornigen Augen schaut auf uns
Und gebt uns Sitzenden Sieg.

Heil euch Asen, Heil euch Asinnen,
Heil Dir, fruchtbares Feld!
Wort und Weisheit gewährt uns edlen zwein
Und immer heilende Hände!"

Diese acht Verse sind offensichtlich ein Gebet an die Götter, das beim Reichen des Minnetranks, also beim Aufnehmen eines Gastes in die Hausgemeinschaft gesprochen wurde.

Die „Tagessöhne" könnten zunächst sowohl die Götter als auch die Menschen sein. Das Ende des Satzes zeigt jedoch, daß die Asen gemeint sein müssen, da der Satz eine Bitte um einen Segen ist. Direkt angesprochen ist die „Nacht", d.h. das Jenseits und somit die Göttin im Jenseits, womit entweder Nott oder evtl. auch Freya gemeint sein wird, sowie die „nährende Erde", die die Riesin Jörd sein wird. In der ersten Zeile werden somit die Asen und in der zweiten Zeile die Asinnen angerufen und gebeten, den Versammelten freundlich gesonnen zu sein und ihnen Sieg zu geben.

Diese explizite Erwähnung des Sieges könnte auf eine frühere Version dieses Segensspruches hinweisen, in der der Göttervater Tyr selber angerufen wurde, da der „Sieg" eng mit dem Göttervater verbunden gewesen ist: „Sig-Tyr". Möglicherweise stand er einst an der Stelle der „Tagessöhne", die als Plural zu dem wiedergeborenen Sonnengott-Göttervater Tyr entstanden sein könnten.

Die Muttergöttin ist anscheinend vor allem mit der Nacht und mit dem Jenseits assoziiert worden, während der Göttervater vorwiegend als mit dem Tag und dem Diesseits verbunden angesehen worden ist.

Es ist gut denkbar, daß dieser Segensspruch ein Teil der morgendlichen Sonnenanrufung durch die Priester oder Priesterinnen gewesen ist.

III 2. f)   Saga über König Sverri von Norwegen

Die folgende Weihung stammt zwar aus einer altnordischen Saga, aber es ist bereits eine Weihung im christlichen Stil, die jedoch alte grtmanische Elemente wie den „Hand-Segen" enthält.

In der nächsten Nacht hatte Sverri einen Traum. Ihm träumte, er wäre in Bord, da, wo der Raum-Elf in das Meer fließt, und König Magnus, Jarl Erling und ihre Heere wären in der Stadt.

Dort herrschte eine gewisse Unruhe, denn ein Königssohn sollte in der Stadt sein, und alle Leute suchten emsig, wo er denn sein möge. Und es schien Sverri, als ob diese Unruhe ihm selber gelte.

Ihm träumte, daß er heimlich aus der Stadt fortging und hinauf zu der Marienkirche kam, die er zum Gebet betrat.

Als er in der Kirche betete, erschien ihm ein Mann, der zu ihm kam und seine Hand nahm und ihn zu einer Kapelle führte, die nördlich der Chor-Tür lag, und sprach zu ihm solcherart: „Komm mit mir, Bruder, Ich habe Dir etwas im Geheimen zu sagen."

Sverri ging in seinem Traum mit dem Mann und schaute sich seine Erscheinung genau an. Der Mann schien ihm sehr alt zu sein; sein Haar war schneeweiß, sein Bart war lang und seine Gewänder schleiften über den Boden; sein Gesicht war rötlich, mit kurzem Haar ringsum, und er erweckte große Ehrfurcht.

Sverris Geist war voller Sorge und er wunderte sich, was der Mann wohl wollte.

Der alte Mann nahm seine Sorge wahr und sprach zu ihm: „Fürchte Dich nicht, Bruder, denn Gott hat mich gesandt."

Da sank Sverri in seinem Traum vor ihm auf den Boden und frug: „Wer bist Du, Herr? Sag es mir, damit ich sicher sein kann, daß Gott Dich gesandt hat!"

Der alte Mann antwortete ein zweites mal und gebot Sverri, sich nicht zu fürchten, und sagte, daß Gott ihn gesandt habe. Aber Sverris Ängste wurden eher größer als kleiner.

Da nahm der alte Mann ihn bei der Hand und erhob ihn und sagte ein drittes mal: „Fürchte Dich nicht, Bruder, Friede sei mit Dir! Ich bin Samuel, Gottes Prophet, und habe Dir eine Botschaft von Gott zu überbringen."

Danach nahm der alte Mann ein Horn aus einer kleinen Tasche, die er um seinen Hals trug, und das Horn schien Sverri geweihtes Öl zu enthalten. Der alte Mann sagte: „Laß mich Deine Hände sehen."

Da streckte Sverri ihm seine beiden Hände entgegen und der Mann ölte sie und sprach: „Mögen diese Hände gesegnet sein und stark sein, daß sie Feinde und Widersacher hassen und viele Menschen beherrschen!"

Dann küßte er Sverri und nahm seine rechte Hand und sprach: „Sei stark und mutig, denn Gott wird Dir Hilfe geben!"

Da erwachte Sverri und erzählte seinen Traum den zwölf Männern – zwei Priestern und zehn anderen – die mit ihm in dem Raum schliefen.

Sie alle fanden den Traum bemerkenswert und sahen ihn als sehr wichtig an und alle waren durch ihn ein wenig beglückt.

Doch als er sie bat, ihn zu deuten, hatte keiner von ihnen das Vertrauen, ihn zu deuten, obwohl alle fanden daß dieser Traum besser sei als gar kein Traum. Als Sverri sah, daß niemand eine Deutung wagen wollte, gebot er seinen Männern, es zu vermeiden, über diesen Traum zu sprechen, auch wenn er ihm erschienen war.

III 2. g)   Skaldskaparmal

So sang Egil Skallagrim-Sohn:

*„Denn diesen Grjotbjörn
haben Freyr und Njörd
reichlich mit Gütern
und Hausrat gesegnet."*

III 2. h)   Gylfis Vision

Der Anfang dieser Erzählung ist nun, daß Ökuthor ausfuhr mit seinem Wagen und seinen Böcken und mit ihm der Ase, der Loki heißt. Da kamen sie am Abend zu einem Bauern und fanden da Herberge.

Zur Nacht nahm Thor seine Böcke und schlachtete sie; darauf wurden sie abgezogen und in den Kessel getragen. Und als sie gesotten waren, setzte sich Thor mit seinem Gefährten zum Nachtmahl. Thor bat auch den Bauern, seine Frau und beide Kinder, mit ihm zu speisen. Des Bauern Sohn hieß Thialfi und die Tochter Röskwa.

Da legte Thor die Bocksfelle neben den Herd, und sagte, der Bauer und seine Hausleute möchten die Knochen auf die Felle werfen. Thialfi, des Bauern Sohn, hatte das Schenkelbein des einen Bocks, das schlug er mit seinem Messer entzwei, um zum Mark zu kommen.

Thor blieb die Nacht da und am Morgen stand er vor Tag auf, kleidete sich, nahm den Hammer Miölnir und erhob ihn, die Bocksfelle zu weihen. Da standen die Böcke auf; aber dem einen lahmte das Hinterbein. Thor befand es und sagte, der Bauer oder seine Hausgenossen müßten unvorsichtig mit den Knochen des Bocks umgegangen sein, denn er sehe, das eine Schenkelbein wäre zerbrochen.

Es braucht nicht weitläufig erzählt zu werden, da es ein jeder begreifen kann, wie der Bauer erschrecken mochte, als er sah, daß da Thor die Brauen über die Augen sinken ließ, und wie wenig er auch von den Augen noch sah, so meinte er doch, vor der Schärfe des Blicks zu Boden zu fallen. Thor faßte den Hammerschaft so hart mit den Fingern an, daß die Knöchel davon weiß wurden.

Der Bauer gebärdete sich, wie man denken mag, so, daß alle seine Hausgenossen entsetzlich schrien und alles, was sie hatten, zum Ersatz boten. Als Thor ihren Schrecken sah, ließ er von seinem Zorn, beruhigte sich und nahm ihre Kinder Thialfi und Röskwa zum Vergleich an: Die wurden nun Thors Dienstleute und folgen ihm seitdem überall.

Thialfi ist ursprünglich Thors Priester gewesen. Sein Namen bedeutet „Diener-Alf" – „Diener eines Gottes" ist eine häufige Umschreibung für „Priester".

Das Schlachten und die Wiederherstellung der Böcke wird aus dem Bestattungsbräuchen stammen – wo sie natürlich nur im Jenseits wiedergeboren werden und nicht im Diesseits.

Die Weihung mit Thors Hammer ist daher vermutlich aus den Bestattungsbräuchen entnommen worden. Sie erinnert an die Eidformel „Bei Thors Hammer …".

III 2. i)   Thrym-Lied

Auch in diesem Lied ist der Thor-Hammer das „Weihe-Gerät":

Da hob Thrym an, der Thursenfürst:
„Bringt mir den Hammer, die Braut zu weihen,
Legt den Miölnir der Maid in den Schoß
Und gebt uns zusammen nach ehlicher Sitte."

III 2. j   Kenningar

Thor wurde generell als segensreich angesehen, wie die Kenning „*Midgards Segner*", also „der, der die Erde segnet", zeigt. Diese Kenning findet sich in dem Lied „Der Seherin Ausspruch".

III 2. k)   Das dritte Gudrun-Lied

In der folgenden Szene muß sich die Königin Gudrun einem Gottesurteil unterziehen und ihre Hand in siedendes Öl tauchen, da sie (unberechtigterweise) des Ehebruchs angeklagt worden ist.
Vor diesem Orakel muß das Öl jedoch geweiht werden, damit Gott bzw. die Götter es als Orakel ansehen.

Gudrun:
„Zu Dir kam Dietrich mit dreißig Mannen:
Nicht einer lebt ihm von allen dreißigen.
Bring Deine Brüder in Brünnen hierher,
Mit Deinem nächsten Neffen umgib mich.

Rufe der südliche Sachsen Fürst herbei,
Der zu weihen weiß den heiligen Kessel."
In die Halle traten siebenhundert Helden
Eh die Hand die Königin in den Kessel tauchte.

Gudrun:
„Nicht kommt mir Gunnar, nicht klag ich's dem Högni,
Nie soll ich mehr sehen die süßen Brüder.
Rächen würde Högni den Harm mit dem Schwert.
So muß ich selber von Schuld mich reinigen."

Sie tauchte die weiße Hand in die Tiefe,
Griff aus dem Grunde die grünen Steine:
„Schaut nun, Fürsten, schuldlos bin ich,
Heil und heilig, wie sehr der Kessel auch brodelt."

III 2. l)   Havamal: Odins Runenlied

Die folgenden Verse sind eventuell eine sehr undeutliche Erinnerung an eine frühere Segensformel:

Des Hohen Lied ist gesungen
In des Hohen Halle,
Den Erdensöhnen not, unnütz den Riesensöhnen.
Wohl ihm, der es kann, wohl ihm, der es kennt,
Lange lebt, der es erlernt,
Heil allen, die es hören.

III 2. m)   Die jüngere Version der Huldar-Saga

Vor der Schlacht wurde das Heer gesegnet:

Da kam Frodi mit seinem Heer. Vor dem Beginn des Kampfes segnete Huld ihre Leute und es kam nun zur gewaltigsten Schlacht, die in Norwegen ‚im alten Glauben' geschlagen wurde.

III 2. n)   Hattatal

Das Folgende ist der Segen für einen König und seinen Jarl:

Möge sich der König
und der Jarl
sich eines hohen Alters
und einer Halle voller Schätze erfreuen!
Möge die Erde,
die Stein-gestützte,
zuerst in dem Meer versinken,
bevor des Herrschers Ruhm versinkt!

III 2. o)   Das Lied der Sigdrifa

Auch Bier (und vermutlich auch Met) konnte gesegnet sein:

Sigdrifa:
„Bier bring ich Dir, Du Baum in der Schlacht,
Mit Macht gemischt und Mannesruhm,
Voll der Lieder und lindernder Sprüche,
Guten Zaubers voll und Freudenrunen."

III 2. p)   Grimnir-Lied

Der Ursprung und die Bedeutung der Vorstellungen, die dem Ullr-Segen in folgenden Versen zugrundeliegt, ist unklar:

Die Gunst des Uller und aller Götter hat,
Wer zuerst die Lohe löscht,
Denn das Heim öffnet sich den Asensöhnen,
Wenn der Kessel vom Feuer kommt.

III 2. q)   Halfdan Eystein-Sohn

Vermutlich werden Reise-Segen weiter verbreitet gewesen sein als es die Überlieferung vermuten läßt, da sie sehr naheliegend sind.

Am Morgen machte sich Halfdan auf seinen Weg. Er ging zu der Frau und wünschte ihr ein Lebewohl. Die Frau sprach viele schützende Worte über ihn. Sie zog ein Stoffbündel unter dem Kopfende ihres Lagers hervor und nahm ein Schwert heraus. Es glänzte wie ein Spiegel. Ihm schien, als würde Gift von seinen Schneiden tropfen.

Sie sagte ihm, daß, wer auch immer es trug, viele Siege erringen würde und daß es seinen Träger niemals im Stich lassen würde, wenn es gut behandelt würde.

Sie nahm eine Stein-Halskette, band sie um seinen Nacken und sagte ihm, daß er sie niemals dort fortnehmen solle.

III 2. r)   Saga über Thorstein den Weißen

Namen sind anscheinend so etwas wie „Behälter für die Lebenskraft eines Menschen" gewesen:

Durch diesen Vorfall erhielt er einen Spitznamen und wurde ab da Sporen-Helgi genannt, denn damals glaubten die Leute, daß es gutes Geschick bringt, wenn man zwei Namen hat. Man glaubte allgemein, daß die Leute, die zwei Namen hatten, länger lebten.

III 2. s)   Oddruns Klage

Das Folgende ist ein Geburts-Segen.

Sie sprachen, dünkt mich, dies und nicht mehr.
Mildreich saß sie der Maid vor die Knie.
Kräftig sang Oddrun, mächtig sang Oddrun
Zauberlieder der Borgny zu.

Da konnte den Weg Knab und Mädchen treten,
Holde Sprößlinge des Högnitöters.
Zu sprechen säumte nicht die sieche Maid;
Dies war das erste Wort, das sie sprach:

„So mögen milde Mächte Dir helfen,
Frigg und Freyja und viele der Götter,
Weil Du mich befreitest aus gefährlicher Not."

III 2. t)   Jakob Grimm: Deutsche Mythologie

Der segen wird insbesondere am morgen und abend gesprochen. swer bî liebe hât gelegen, der sol dar senden sînen morgensegen. gesegenen unde tiefe beswern. besworn sîs du vil tiure. (einem die krankheit absegnen).
... ...

Ein schöner segen heißt:

der sumer sî sô guot,
daz er die schoene in sîner wunne
lâze wünneclîche leben. swaz wol don ougon tuot
und sich den liuten lieben kunne,
daz müeze ir diu sælde geben,
swaz grüenez ûf von erden gê
oder touwes obenan nider rîsen muoz,
loup, gras, bluomen und klê
der vogel doenen
geb der schoenen
wünneclîchen gruoz.

Andere lauten: *ze heile erschîne im tages sunne, nahtes mâne und iegslîch stern! dîn zunge grüene iemer, dîn herze ersterbe niemer! got lâze im wol geschehen! got des geve en jummer hêl, dat kraket!* (daß es kracht).

III 2. u) Zusammenfassung

Segen konnten viele Intensitätsgrade haben – von den guten Wünschen beim Abschied bis zur vorschriftsmäßigen Weihung des Kessels mit dem siedenden Öl beim Gottesurteil.

Einige Segen wenden sich an Odin, Thor, die Götter oder die guten Geister, aber die meisten sind eher allgemeine gute Wünsche, d.h. daß die meisten Segen nicht von einer Gottheit, sondern von dem Willen des Sprechers ausgehen. Es ist natürlich denkbar, daß die Betreffenden dabei ohne es auszusprechen an die Götter oder eine bestimmte Gottheit gedacht haben.

In vielen Fällen wurde nur generell „Heil" gewünscht, aber es gab auch speziellere Segen für einen Sieg, für ein langes Leben, für Reisen, für die Ehe, für eine Geburt, für die Hände oder für Erfolg bei einem Vorhaben. Es gab auch Segen gegen etwas wie z.B. gegen unheilverkündende Omen.

Die bekannten Elemente eines Segens bei den Germanen waren der Segnende, der Gesegnete, die Gottheit, an dies sich der Segnende wandte, der Segensspruch und evtl. ein „Segensübermittlungs-Gerät" wie der Thorshammer.

Es wird sicherlich auch Segnungen von Tempeln, Statuen, Baugrundstücken, Häusern u.ä. gegeben haben.

Der Beiname „Helgi" des Tyr wird nicht „der Geweihte", sondern eher „der Heile" bedeutet haben.

Siehe zu diesem Thema auch das Kapitel „persönliches Glück" in Band 64. Die Weitergabe dieses Glückes an jemand anderes war eine sehr spezielle Form des Segens.

Eine weitere spezielle Form des Segens ist mit der Namensgebung verbunden, die ebenfalls in Band 64 in dem Kapitel „Taufe, Namensgebung und Geburts-Orakel" beschrieben wird.

III 3. Der Segen in der indogermanischen Überlieferung

Von den Indogermanen sind kaum Segnungen bekannt, aber es wird sie vermutlich dennoch bei den meisten Völkern gegeben haben, da sie eine der einfachsten Formen der Magie sind und die Magie ein fester Bestandteil aller mythologischen Weltbilder ist. Dies liegt daran, daß mythologische Weltbilder die Beschreibung einer Ordnung sind, die auf Richtigkeit und Analogien beruht – und Magie die Anwendung dieser Richtigkeit und Analogien ist: Gleiches wirkt auf Gleiches – so wie in der Homöopathie Gleiches mit Gleichem geheilt wird und wie in der Astrologie der Planetenstand zum Zeitpunkt der Geburt als Analogie zu dem Charakter eines Menschen benutzt wird.

III 3. a) Kelten

Von dem Druiden Amairgen ist ein Segen für Irland („Erin") in der Form eines „Lies" überliefert worden:

> *„Ich suche das Land, die irischen Insel:*
> *befahren sei die fruchtbare See,*
> *fruchtbar die Hochebene,*
> *eben der regenreiche Wald,*
> *regenreich die Flüsse mit ihren Wasserfällen,*
> *gespeist von Wasserfällen die Seen und Teiche,*
> *umgeben von Teichen die Hügel mit einer Quelle,*
> *eine Quelle von Menschen die Versammlungen,*
> *in den Versammlungen der König von Temair,*
> *Temair, der Hügel des Volkes,*
> *Volk der Söhne des Mil,*
> *des Mil Barken und Schiffe,*
> *das hohe Schiff Erin,*
> *Erin, hoch und grün."*

III 3. b) Inder

Die folgende Strophe ist ein allgemeiner Schutzsegen:

Rig-Veda 1, 18:

0 Brahmanaspati, lasse den, der den Soma preßt, berühmt werden, den Kaksivan Ausija!

Den Reichen, den Heiler der Krankheiten, der Schätze gibt, den Wohlstand vermehrt, den Schnellen – möge er mit uns sein!

Laß nicht den Fluch des Feindes, laß nicht den Angriff eines Sterblichen über uns kommen. Schütze uns, Brahmanaspati!

Niemals wird der sterbliche Held verletzt, den Indra, Brahmanaspati und Soma beschützen.

Beschütze Du, o Bramanspati, und ihr, Indra, Soma, Daksinsa, diesen Sterblichen von Not!

III 3. c)   Zusammenfassung

Als eine der Grundformen der Magie wird es den Segen wahrscheinlich bei allen Indogermanen gegeben habe, auch wenn er in den meisten Fällen nur noch im Brauchtum überliefert ist und nicht durch schriftliche Zeugnisse aus der damaligen Zeit.

IV Flüche in der germanischen Überlieferung

Es gibt eine recht große Auswahl an Flüchen in der germanischen Überlieferung, die von dem Ausdruck von Ärger über das Verhalten eines anderen bis hin zur detailliert ausgearbeiteten, traditionellen Verfluchung reichen.

IV 1. Wortschatz

Die Begriffe, die für „verfluchen" u.ä. benutzt werden, zeigen alle deutlich, daß ihr Ursprung in den rituellen Kultgesängen und den religiösen Texten liegt, die im Tempel vorgetragen wurden.

Diese Begriffe scheinen zum großen Teil anfangs eher die heilsame und hilfreiche Wirkung dieser kultischen Rede bezeichnet zu haben, bevor ihre Bedeutung auf den Fluch verengt worden ist. Diese Umdeutung könnte durchaus durch die Christianisierung gefördert worden sein, für die der heidnische Kult das allergrößte Ärgernis war, das es als erstes zu unterbinden galt.

heilla = „heilen" = verzaubern, behexen
heilra = „heilen" = verzaubern, behexen
galin = „unter dem Einfluß eines Zauberliedes stehend" = verzaubert, behext, verhext
heitan = Nennung, Rufen (von Gottheiten wie beim Eid) = Drohung („heit" = Eid)
heitanar-ord = „Nennungs-Worte" = Drohungen
blota = opfern, verehren, schwören, verfluchen
nita = verneinen, verweigern, plagen, fluchen, schmähen
trylla = „unter den Einfluß eines Trolls (ursprünglich also eines wohlwollenden Ahns) bringen" = verzaubern

IV 2. Fluch-Redewendungen

Diese Fluch-Redewendungen sind vor allem Ausdruck des Ärgers, aber keine richtigen Flüche.

IV 2. a) Ein beliebtes Fluch-Sprichwort

„Die Trolle sollen Dich holen!"
> anonym: Saga über Pfeile-Odd (2x)
> anonym: Grettir-Saga
> anonym: Bandamann-Saga
> anonym: Völsungen-Saga
> anonym: Ljosvetninga-Saga
> anonym: Frischwassertal-Saga

Die Trolle sind ursprünglich wie die Zwerge und die Riesen Totengeister gewesen. Dieser Fluch bedeutet somit, daß man jemandem den Tod wünscht. Die christliche Variante desselben Fluches ist „Soll Dich doch der Teufel holen!" oder in der Kurzfassung „Hol's der Teufel!"

IV 2. b) Grimnir-Lied

In dieser Vorgeschichte zum Grimnir-Lied findet sich eine ganz ähnliche Verfluchung wie das beliebte „Die Trolle sollen Dich holen!"

König Hraudung hatte zwei Söhne: der eine hieß Agnar, der andere Geirröd. Agnar war zehn Winter, Geirröd acht Winter alt.
Da ruderten beide auf einem Boot mit ihren Angeln zum Kleinfischfang. Der Wind trieb sie in die See hinaus.
Sie scheiterten in dunkler Nacht an einem Strand, stiegen hinauf und fanden einen Hüttenbewohner, bei dem sie überwinterten. Die Frau pflegte Agnars, der Mann Geirröds und lehrte ihn schlauen Rat. Im Frühjahr gab ihnen der Bauer ein Schiff, und als er sie mit der Frau an den Strand begleitete, sprach er mit Geirröd allein.
Sie hatten guten Wind und kamen zu dem Wohnsitz ihres Vaters. Geirröd, der vorn im Schiffe war, sprang ans Land, stieß das Schiff zurück und sprach: „Fahr nun hin

in böser Geister Gewalt."

IV 2. c) Harbard-Lied

Derselbe formlose Fluch findet sich auch im Harbard-Lied:

„Fahr dahin in übler Geister Gewalt!"

IV 2. d) Alwis-Lied

In diesem Lied überlistet Thor den Tyr-Zwerg Alwis dadurch, daß er ihn solange mit Rätsel-Fragen hinhält, bis die Sonne („Dag") aufgeht und ihre Strahlen den Zwerg versteinern. In dieser für den cholerischen Thor sehr untypischen Szene hat der Donnergott die Taktik des listigen Odin übernommen.

Der Fluch des Thor ist eigentlich eher eine Feststellung, eine Bestätigung oder ein Spott als ein richtiger Fluch, da die Wirkung von der Sonne ausgeht, die gerade aufgeht.

„Dag kommt über Dich!"

IV 3.   einfache Flüche

Manchmal sind ein Wunsch und ein Fluch kaum voneinander zu unterscheiden – in beiden Fällen hofft der Sprechende durch seine Worte eine magische Wirkung herbeizuführen.

IV 3. a)   Die Nials-Saga

Nachdem er sich zur Abfahrt fertig gemacht hatte, ging er hinauf zum König und zu Gunhilde.
Diese führte ihn abseits und sagte zu ihm: „Hier ist ein Goldring, den ich Dir geben will!" und streifte denselben auf seinen Arm.
Darauf schlang sie ihre Arme um seinen Hals, küßte ihn und sprach: „Habe ich Dich so in meiner Gewalt, wie ich es glaube, so lege ich Dir hiermit das Geschick auf, daß Du kein Glück findest an der Seite des Weibes, an welches Du denkst."
Rut lachte darüber und ging fort.

IV 3. b)   Die Nials-Saga

Auch die beiden folgenden Aussagen sind noch keine wirklichen Flüche, auch wenn beide Male ein Wunsch ausgesprochen wird, von dem eine magische Wirkung erhofft wird.

Aber Helge sah manchmal mehr als andre Menschen; „Du bist ein Unglücksvogel," sagte er zu Hrap, „und übel wird es dem ergehen, der Dich aufnimmt."
„Möge Euch alles Böse treffen um meinetwillen," erwiderte Hrap.

IV 3. c)   Die Lachstal-Saga

Auch die folgende Textstelle ist eine „Verwünschung aus persönlicher magischer Kraft".

Thured antwortete: „Dann sollst Du es niemals mehr besitzen, denn Du hast Dich in vieler Hinsicht mir gegenüber gemein benommen, und hier werden wir uns nun trennen."

Da sagte Giermund: „Du sollst wenig Glück mit diesem Schwert haben!"

IV 3. d)   Das andere Gudrun-Lied

Auch Gudrun spricht solch einen „persönlichen Fluch" aus:

„Wie hast Du mir, Högni, des Harms soviel,
Dem wonnewaisen Weibe gesagt?
Raben und Falken sollen Dir das Herz entführten
Weiter über das Land als wo Du Leute kennst!"

Wenn dieser Fluch gewirkt haben sollte, hätte Högni entweder ruhelos werden oder gar gestorben sein müssen, da das Herz der Wohnort der Seele ist. Da Raben und Falken Aasvögel sind, könnte sogar ein Tod in der Schlacht gemeint sein.

Högni starb dadurch, daß ihm das Herz aus der Brust gerissen wurde ...

IV 3. e)   Halfdan Eysteinn-Sohn

Auch dieser Fluch einer als Mann verkleideten Frau ist kein formaler Fluch, sondern ein formlos gesprochener Wunsch.

Schon bald überkam ihn der Schlaf, aber er erwachte plötzlich, als er merkte, daß das Licht verlöscht worden war. Der kleinere Grim drehte das Licht vor ihm so hell, daß Halfdan kaum hinsehen konnte und nahm ihm den Handschuh fort und sagte: „Du sollst diese Hand, dieses Gold und diesen Handschuh suchen und Dich nach ihnen sehnen, bis sie jemand genauso willig in Deine Hände legt wie er sie Dir jetzt fortgenommen hat!"

IV 3. f)   Gesta danorum

Viele Flüche bestanden aus nur einem einzigen Satz:

„Möge diese verfluchte Last seinen Träger zerbrechen!"

IV 3. g)   Lachstal-Saga

Als Thorstein in dieser beleidigenden Weise sprach, sprang Halldor so heftig auf, daß die Fibel von seinem Umhang gerissen wurde und er sprach: „Es wird noch etwas anders geschehen, bevor ich sage, was ich will!"
„Und was ist das?" frug Thorstein.
„Die Mordaxt eines der übelsten Männer wird auf Deinem Kopf stecken und Dich auf diese Weise für Deine Unverschämtheit und Ungerechtigkeit niederstrecken!"
Thorkell antwortete: „Das ist eine üble Prophezeiung und ich hoffe, daß sie nicht erfüllt wird."

Eine Mordaxt ist eine kurze und leichte Hellebarde.

IV 4. der nachdrückliche Fluch

Wenn der formlose Fluch in großer Wut ausgesprochen wurde, ist er vermutlich schon wirksamer gewesen als der einfache Ausdruck von Ärger durch eine Fluch-Redewendung.

IV 4. a) Die Saga über Olaf Tryggvason

In dieser Saga verflucht eine Frau einen König, weil er sie beleidigt hat.

Früh im Frühling (des Jahres 988 n.Chr.) zog König Olaf ostwärts nach Konungahella, um dort Königin Sigrid zu treffen. Und als sie sich getroffen hatten, besprachen sie die Angelegenheit, wegen der sie sich schon im vergangenen Winter zusammengesetzt hatten, d.h. sie berieten wegen ihrer Heirat – und es sah so aus, als ob die Angelegenheit bereits beschlossene Sache sei.
Als Olaf jedoch darauf beharrte, daß Sigrid sich taufen ließ, antwortete sie solcherart: „Ich werde nicht von dem Glauben weichen, den ich bisher gehabt habe und auch meine Vorväter vor mir; und ich meinerseits werde keine Einwände dagegen erheben, daß auch Ihr an den Gott glaubt, der Euch am meisten zusagt."
König Olaf geriet in Wut und antwortete aufgebracht: „Warum sollte ich mich darum scheren, Euch zu haben, eine alte, verwelkte Frau und eine Heiden-Mähre?"
Mit diese Worten schlug er sie mit seinen Handschuhen, die er in seinen Händen hielt, ins Gesicht, erhob sich und ging fort.
Sigrid sprach: „Dies könnte eines Tages Dein Tod sein."

Der Ausdruck „Heiden-Mähre", also „Stute der Heiden" bezieht sich wahrscheinlich auf die Vorstellung, daß die Toten bei der Wiederzeugung die Gestalt eines Hengstes und die Jenseitsgöttin die Gestalt einer Stute annahmen.

IV 4. b) Die Saga über Olaf den Ruhmreichen

Diese völlig fehlgeschlagene Brautwerbung wird noch ein zweites mal etwas ausführlicher geschildert:

Sigrid die Stolze war noch immer eine Heidin und ihr gefiel es nicht, daß König

Olaf bei christlichen Symbolen schwor. Daher blickte sie ihn rasch voller Mißtrauen und Ablehnung an.

„Solche Eide gefallen mir nicht, König Olaf," sagte sie, „Es wird erzählt, daß Odin einst auf einen Ring schwor. Wirst Du auf diesen Ring schwören, daß Du treu sein wirst?"

Und sie erhob sich und nahm den Ring, den er als Geschenk gesandt hatte und den zuvor ihre beiden Schmiede repariert hatten.

„Oh, sprich nicht über Odin zu mir!" rief der König aus, „Er ist tot wie die Steine auf der Straße. Ich werde bei keinem anderem Symbol als dem Kreuz schwören! Es tut mir leid zu hören, daß Du, Königin Sigrid, noch immer an die alten, toten Götter glaubst! Da dies so ist, hat es wenig Sinn, wenn ich noch länger an diesem Ort bleibe, denn ich habe beschlossen, daß die Frau, die ich heirate, eine wahre Christin sein muß und nicht eine Verehrerin dieser sinnlosen Götzenbilder, die aus Holz und Stein geschlagen worden sind! Verlaß diese Dinge, nimm das Christentum an und glaube an den einen wahren Gott, der alle Dinge erschaffen hat und der alle Dinge weiß, und dann werde ich Dich heiraten – aber niemals sonst, o Königin!"

Königin Sigrid war erstaunt, daß es irgendein Mann wagte, in dieser Weise zu ihr zu sprechen und blickte König Olaf wütend an.

„Niemals werde ich von dem Glauben abweichen, den ich stets gehabt habe," rief sie aus, „und wenn Du zweimal so viele Schätze hättest wie Du hast, und wenn Du noch ruhmreicher wärest als Du bist, würde ich niemals eine solche Aufforderung folgen! Nein, nein, König Olaf, ich bleibe meinem Glauben und meinen Eiden treu – und ich komme gut ohne Dich und Deinen neuen Glauben aus. Geh' zurück zu Deinen kahlköpfigen Priestern und Deinem Messe-Singen! Ich will nichts davon haben!"

Da erhob sich der König voller Wut und sein Gesicht war dunkelrot angelaufen. Für den Augenblick vergaß er seine Männlichkeit und schlug sie in seiner Wut mit seinem Handschuh auf ihre Wange.

„Warum sollte ich Dich heiraten wollen?!" schrie er, „Du verwelkte alte heidnische Mähre!"

Mir diesen schmähenden Worten auf seinen Lippen wandte er sich ab und schritt aus dem Raum. Doch während noch die hölzerne Treppe unter seinen Schritten quietschte, rief Königin Sigrid ihm voll erbitterter Wut hinterher: „Dann geh', Du stolzer und sturer König! Geh, wohin Du willst! Aber erinnere Dich, daß die Beleidigung, die Du mir gegenüber ausgesprochen hast, und der Schlag, den Du mir versetzt hast, einst Dein Tod sein soll!"

IV 5.   Der einfache formale Fluch

Der formale Fluch wird im Gegensatz zu der Wutanfall-Verfluchung mit Bedacht und in einer traditionell festgelegten Form gesprochen.

Fast alle eher spontan gesprochene Flüche und auch ein Großteil der formalen Flüche enthält keine Anrufung von Göttern und anderen machtvollen Wesen. Die Wirkung dieser Flüche beruht daher nur auf der persönlichen magischen Macht des Fluch-Sprechers.

IV 5. a)   Die Saga über Grettir den Starken

Dieser Fluch des Grettir hat einen formalen Aufbau:

„Er soll Kirchen meiden
und Christen-Volk
und Heiden-Menschen
und Häuser und Höhlen
und jegliches Heim
außer der Halle der Hel!"

IV 5. b)   Die Saga über Grettir den Starken

Doch auch Grettir selber ist verflucht worden – von dem Geist eines Toten.

Doch in Glam war mehr teuflische Kraft als in anderen Geistern und daher sprach er nun die folgenden Worte:
„Du hast Dich sehr angestrengt, mich zu treffen, Grettir, aber man wird dies nicht für ein Wunder halten, denn Du wirst kein gutes Geschick von mir erhalten. Dies sage ich Dir:

Du wirst nur die Hälfte der Kraft und Männlichkeit haben,
die Dein Los gewesen wäre,
wenn wir uns nicht getroffen hätten.
Ich kann Dir nicht die Kraft entreißen,
die Du erlangt hast,

bevor wir uns getroffen haben,
doch ich bestimme Dir,
daß Du niemals mächtiger werden wirst,
als Du es jetzt schon bist.
Und Du bist schon stark genug,
wie noch viele erfahren werden.
Bisher hast Du Dir durch deine Taten Ruhm erworben,
aber von nun an werden Übeltaten und Männermorde Dein Teil sein,
und der größte Teil Deiner Taten
wird sich zu Deinem Leid und Unglück wenden,
Du wirst ein Verbannter werden
und es wird für immer Dein Los sein,
alleine und heimatlos zu leben;
und ich bestimme Dir zum Schicksal,
daß Du in allen Deinen Tagen
immer diese Augen in Deinen Augen sehen wirst
und daß Du es daher schwer finden wirst, alleine zu sein
– und das wird Dich unter die Erde bringen!"

Mit den „Augen" sind die Augen des Geistes gemeint.
Der Fluch ist im Original nicht in Versen verfaßt worden – er steht hier nur deshalb in Versen, weil dadurch seine Intensität deutlicher und leichter erfaßbar wird.

IV 5. c) Die Saga über Thorstein Viking-Sohn

Der folgende Fluch hat zwar schon einen formalen Aufbau, aber er enthält keine Anrufung einer Gottheit. Schon an der Art dieses Fluches ist erkennbar, daß Ogautan zauberkundig ist.

Er bat Ingeborg, seine Frau zu werden, was sie jedoch geradeheraus ablehnte und sagte, sie würde sich lieber selber töten als den Mörder ihres Vaters zu heiraten und zudem solch einen Rüpel wie Ogautan, „denn Du," sprach sie, „bist mehr wie ein Teufel als ein Mann!"
Da wurde Ogautan wütend und sprach:

„Ich werde Dich für Deinen üblen Worte belohnen
und belege Dich hiermit mit dem Fluch,
daß Du dieselbe Gestalt und dasselbe Aussehen

wie meine Schwester Skellinefa erhalten sollst,
soweit das Dir möglich ist;
und in dem Fluch gefangen sollst Du in der Höhle wohnen,
die in der Tiefe des Flusses liegt
und Du sollst niemals diesem verzauberten Zustand entkommen
bis ein Mann von edler Herkunft willens ist,
Dich zur Frau zu nehmen und Dir die Ehe verspricht;
und Du sollst diesem Mann niemals entkommen können,
solange bis ich tot bin!"

Die Höhle auf dem Grund des Flusses ist Hel auf der anderen Seite des Jenseitsflusses – und die verwünschte Ingeborg wird zu Hel selber.

IV 5. d)   Lachstal-Saga

Die Wirkung eines Fluches konnte verschieden groß sein:

Da sagte Hallbjörn: „Es war kein gesegneter Tag, mein Sippenvolk, als wir zu diesem Combeness gekommen sind und Thorliek getroffen haben. Und ich spreche diesen Fluch," sagte er, „daß Thorliek von nun an nur noch wenige glückliche Tage haben soll und daß alle, die an diesem Ort sind, ab nun ein sorgenreiches Leben haben sollen!"
Dieser Fluch, fanden die Männer, hatte eine sehr große Wirkung.

IV 5. e)   Die Saga über Hervor und König Heidrek den Weisen

Der angedrohte Fluch ist offenbar ein beliebtes Mittel in Diskussionen gewesen, die „mit harten Bandagen" geführt worden sind.
Auch die Wikinger-Anführerin Hervor benutzt diese Methode, um von ihrem toten Vater Angantyr die Herausgabe seines magischen Schwertes zu erreichen. Da Angantyr ein Toter in seinem Hügelgrab ist, ist dieser angedrohte Fluch zugleich auch ein Teil einer Totenbeschwörung.

Sie rief aus:
„Ich belege diese toten Krieger hier
mit diesem Fluch:

Daß ihr für ewig
hier in euren Särgen liegen sollt,
untot mit den Toten
in dem feuchten Moder;
gib mir, Angantyr,
aus Deinem Hügelgrab
– es hat keinen Sinn, es zu verbergen
der Zwerge Werkstück."

Das Schwert „Tyrfinger" des Angantyr ist von zwei Zwergen hergestellt worden: „der Zwerge Werkstück".

IV 5. f) Fridthjof der Kühne

Fridthjof und seine Mannschaft werden von zwei Zauberinnen angegriffen, die auf einem Wal reiten.

Es wird gesagt, daß das Schiff Ellide durch einen Zauber die Macht erhalten hatte, die menschliche Sprache zu verstehen.
Da sagte Bjorn: „Nun kann jedermann die Haltung der beiden Brüder uns gegenüber sehen."
Da übernahm Bjorn das Kommando über das Schiff, aber Fridthjof nahm eine Gabelstange, rannte zum Bug und sang diese Strophe:

„Heil, Ellide!
Spring über die Wogen!
Brich den Zauberinnen
die Zähne und die Brauen!
Die Wangen und die Kiefern
dieser verfluchten Frauen!
Einen oder beide Füße
dieser schrecklichen Zauberinnen!"

Dann warf er den Dreizack auf eine der Gestaltwandlerinnen und der Bug der Ellide zerschlug den Rücken der anderen und beider Rücken ward zerbrochen. Der Wal jedoch tauchte hinab und schwamm davon und sie sahen ihn nie wieder.
Da beruhigte sich das Wetter, aber das Schiff war voller Wasser und Fridthjof rief seinen Männer zu, daß sie das Schiff leerschöpfen sollten.

IV 6. Flüche auf Gegenständen

Die meisten Flüche richten sich gegen konkrete Personen, aber einige Flüche liegen auch auf Gegenständen und wirken gegen jeden, der Kontakt zu diesem Gegenstand erhält.

IV 6. a) Die jüngere Version der Huldar-Saga

In dem folgenden Zitat wird ein wesentliches Element eines „richtigen Fluches" deutlich sichtbar: die magische Macht dessen, der den Fluch ausspricht bzw. einer Person, die jemanden anderen dazu ermächtigt, einen wirksamen Fluch auszusprechen.

In dieser Saga wird der Fluch an den Besitz eines Halsbandes gebunden, um den sich zwei Parteien streiten.

Als nun die beiden jungen Leute von Visbur die Brautgabe ihrer Mutter forderten und von ihm mit aller Härte abgewiesen wurden, legten sie, von Huld dazu ermächtigt, auf das Halsband den Fluch, daß es dem besten Manne aus Visburs Geschlecht den Tod bringen solle.

IV 7. b) Skaldskaparmal

Der berühmteste Fluch in der germanischen Überlieferung ist der Fluch, den Andvari über seinen magischen Ring gesprochen hat – er hat den Tod des Siegfried und das im Nibelungen-Lied beschriebene Drama bewirkt.

Der Ursprung des Fluch-belegten Ringes des Andvari ist der Jenseitsreise-Ring Draupnir des Tyr und später des Odin, der ursprünglich ein Symbol der Sonne und der Jenseitsreise gewesen ist. Hier ist wieder einmal ein Hilfsmittel auf der Jenseitsreise zu einer Todesursache umgedeutet worden.

Da verbarg der Zwerg unter seiner Hand einen kleinen Goldring: Loki sah es und gebot ihm, den Ring herzugeben. Der Zwerg bat, ihm den Ring nicht abzunehmen, weil er mit dem Ring, wenn er ihn behielte, sein Gold wieder vermehren könne. Aber Loki sagte, er solle nicht einen Pfennig übrig behalten, nahm ihm den Ring und ging hinaus.

Da sagte der Zwerg, der Ring solle jeden, der ihn besäße, das Leben kosten. Loki versetzte, das sei ihm ganz recht und es solle gehalten werden nach seiner Voraussage; er werde es aber dem schon zu wissen kundtun, der ihn künftig besitzen solle.

IV 7. c)   Das andere Lied über Sigurd Fafnir-Töter

Dieselbe Szene wird auch in diesem Lied beschrieben:

Loki sah all das Gold, das Andwari besaß. Aber als dieser das Gold entrichtet hatte, hielt er einen Ring zurück. Loki nahm ihm auch den hinweg.
Da ging der Zwerg in den Stein und sprach:

"Nun soll das Gold, das Gust hatte,
Zweien Brüdern das Ende bringen
Und der Edelinge acht verderben:
Mein Gold soll keinem zu Gute kommen."

Stein = Hügelgrab
Gust = „Wind, Dampf, Rauch"; vermutlich ein anderer Name des Andwari

IV 7. d)   Völsungen-Saga

Auch in der Völsungen-Saga wird über den Ring-Fluch berichtet:

"Nun gab es da," sprach Regin, "einen Zwerg mit Namen Andvari, der stets in dem Wasserfall lebte, den man Andvari-Fälle nennt. Er hatte die Gestalt eines Hechtes angenommen und beschaffte sich selber Nahrung, denn in dem Wasserfall lebten viele Fische. Und mein Bruder Otter ging stets zu diesen Wasserfällen und brachte Fische an Land und legte sie einen neben den anderen ans Ufer.
Eines Tages kamen Odin, Loki und Hönir an den Andvari-Fällen vorüber, als Otter gerade einen Lachs gefangen hatte und ihn in aller Ruhe am Ufer verspeiste. Da nahm Loki einen Stein und warf mit ihn auf Otter und tötete ihn damit. Die Götter waren zufrieden mit ihrer Beute und häuteten den Otter.
Am Abend kamen sie zu Hreidmars Haus und zeigten ihm ihre Beute. Da ergriffen sie die Götter und verlangten von ihnen als Wergeld, daß sie den Otterbalg mit rotem

Gold füllten und ihn dann ganz mit Gold bedeckten.

Da sandten die Götter den Loki aus, Gold für sie zu sammeln. Da kam er zu der Göttin Ran und erhielt ihr Netz und ging zu den Andvari-Fällen, hielt das Netz vor den Hecht und und der Hecht schwamm in das Netz und wurde darin gefangen.

Da sprach Loki:

'Welcher Fisch unter all den Fischen
schwimmt mit Kraft in den Fluten,
aber hat nicht den Verstand, wachsam zu sein?
Deinen Kopf mußt Du freikaufen,
sonst findest Du Dich bei Hel wieder
und ich werde die Flamme für das bleiche Wasser sein!'

Andvari antwortete:

'Die Menschen nennen mich Andvari,
nennen meinen Vater Oinn,
über viele Wasserfälle bin ich gezogen;
denn eine übelwollende Norne
hat mir dieses Leben bestimmt:
für immer feuchte Wege zu wandern.'

Nachdem er dem Loki das Gold gegeben hatte, hatte er nur einen Ring zurückbehalten, aber auch den nahm Loki von ihm. Da schwamm der Zwerg in eine Höhle in den Felsen und schrie, daß der Goldring und, ja, das ganze Gold das Verhängnis eines jeden Mannes sein solle, der es ab dieser Zeit besitzen wird."

Vermutlich ist der Wasserfall die Wasserunterwelt, da die Bezeichnung „Zwerg" wörtlich „Totengeist" bedeutet. Die Norne war dann diejenige, die einen ehemaligen Menschen oder Gott in den Zwerg Andvari verwandelt hat, d.h. die dem betreffenden Menschen den Tod gebracht hat, sodaß er zu einem Zwerg in einer Höhle in dem Felsen hinter einem Wasserfall wurde. Dieses beliebte Motiv der „Höhle hinter dem Wasserfall" ist wahrscheinlich eine umgedeutete Grabkammer in einem Hügelgrab.

Das Festlegen des Schicksals und insbesondere des Todeszeitpunktes ist in dieser Szene dieselbe wie auch sonst bei den Nornen. Dieser Schicksalsspruch der Nornen wird an dieser Stelle lediglich aus der Sicht eines bereits gestorbenen Menschen, d.h. eines Zwerges beschrieben und nicht wie sonst aus der Sicht eines lebenden Menschen.

Andvaris Ring ist mit Odins Draupnir identisch – beide sind ein Symbol für die Reise ins Jenseits.

Ein Streit im Zusammenhang mit Odin und Loki sowie eine Norne, die jemanden als Zwerg in die Wasserunterwelt verbannt, bei dem auch noch der magische Jenseitsreise-Ring beteiligt ist, hat seinen Ursprung mit recht großer Wahrscheinlichkeit in dem Streit zwischen Tyr und Loki, in dem sie sich abwechselnd töteten, wodurch die Jahreszeiten entstanden. Das Verbannen eines der beiden in die Unterwelt durch eine Norne wird recht sicher die Umdeutung der abwechselnden Wiedergeburt der beiden Götter durch Freya sein.

Da Loki in dieser Szene als er selber auftritt, wird Andvari/Gust der ehemalige Sonnengott-Göttervater Tyr in der Unterwelt sein. Für diese Deutung spricht auch, daß Tyr nach seiner Absetzung in den vielen neuen Mythen, die Umformungen der alten Tyr-Mythen sind, als Verlierer auftritt – schließlich ist er von Thor und Odin um 500 n.Chr. abgesetzt worden.

Diese Szene ist eine der Wurzeln von Tolkiens Trilogie „Der Herr der Ringe".

IV 7. e) Völsungen-Saga

Hier findet sich noch einmal derselbe Fluch des Andvari, der nun nach Loki auch noch von dem Drachen Fafnir bestätigt wird:

„Dann reite," sprach Fafnir, „und Du wirst genug Gold finden, das für den Rest Deiner Lebenstage reicht – aber dieses Gold wird Dein Verderben sein und auch das Verderben aller, die es jemals besitzen werden!"

IV 7. f) Der hürnerne Seyfried

In diesem Lied wird der Fluch nicht mehr direkt berichtet, sondern nur seine Auswirkungen geschildert.

Nun mögt ihr gerne hören / von dem Nibelungenhort,
Man sah bei keinem Kaiser / so reichen Schatz hinfort.
Den fand Siegfried der kühne / bei einer steinen Wand;
Ein Zwerg hielt ihn verschlossen, / der war Niblung genannt.

Da Niblung den Zwergen / im Berg der Tod vertrieb,
Er ließ drei junge Söhne, / denen war der Schatz auch lieb.
Sie saßen in dem Berge / zu hüten Niblungs Hort,
Um den sich bei den Heunen / hub jämmerlicher Mord.

An manchem kühnen Helden; / die wurden da erschlagen
Im Sturm und harten Streiten, / wie ihr noch höret sagen.
Niemand entging lebendig, / das ist uns wohl bekannt,
Als Dieterich von Berne / und der Meister Hildebrand.

„Dieterich von Bern" ist eine der vielen Namensformen von Dietrich, Thidrek, usw. die alle auf den Ostgotenkönig Theoderich zurückgehen, der von 451 oder 456n.Chr. bis 526n.Chr. gelebt hat und dessen großes Reich ein Ideal aller späteren Germanen gewesen zu sein scheint. Sein Name bedeutet „Volksherrscher" – wohl im Sinne von „König über viele Menschen".

Der Name „Hildebrand" bedeutet „Kampf-Schwert". Er war ein Gefolgsmann des Theoderich und ist aus dem um ca. 850n.Chr. verfaßten Hildebrandslied bekannt.

Der Zwerg Niblung ist identisch mit dem Zwerg Andvari, von dem der Drachenhort ursprünglich stammte. „Niblung" bedeutet „Sohn des Nebels" oder „Sohn der Finsternis". Da das im Norden gelegene Niflheim („Nebelheim") ein Bild der Germanen für das Jenseits gewesen ist, ist „Niblung" somit ein Bewohner des Jenseits – was er auch schon als Zwerg („Totengeist") ist.

Für diesen Zwerg gab es in den Sagen drei verschiedene Namen:

Andwari:	„der Vorsichtige" oder „der Antworter" (= „Rächer")
Niblung:	„Sohn des Nebels" oder „Sohn der Finsternis" = „Jenseitsbewohner"
Alberich:	„König der Alben" = „König der Zwerge"

Dieser Zwerg wohnt im Jenseits und ist dort der König und rächt seinen eigenen Tod an Loki. Diese Beschreibung paßt letztlich nur auf den Göttervater Tyr im Jenseits, in dessen Besitz sich auch der magische Ring befand, der ursprünglich ein Symbol dafür gewesen ist, daß sein Träger in einem Ritual in das Jenseits gereist war.

Als „Nibelungen" wurde auch ein Stamm der Franken bezeichnet, die zu den Germanen gehören.

Nach diesem Zwerg oder noch eher nach seinem Hort, der den roten Faden der gesamten Erzählung bildet, wurde die Sage über Sigurd und seine Sippe auch „Nibelungen-Lied" genannt.

IV 7. g)   Die Saga über Thrond von Gate

In dieser Saga findet sich ist ein ähnlicher Ring-Fluch wie im Nibelungen-Lied.

Der König sah, daß Sigmund einen dicken goldenen Ring an seinem Arm trug und sagte: „Laß mich diesen Ring anschauen, Sigmund."
Er nahm den Ring von seinem Arm und reichte ihn den König.
Da sagte der König: „Gibst Du mir diesen Ring?"
„Ich hatte vor, mein Herr," sagte Sigmund, „mich niemals von diesem Ring zu trennen."
„Ich gebe Dir dafür einen anderen," sagte der König, „der nicht kleiner und häßlicher als dieser ist."
„Ich kann mich nicht von ihm trennen," sagte Sigmund, „denn ich habe Jarl Hakon von ganzem Herzen mein Wort gegeben, daß ich das niemals tun werde, und daran muß ich mich halten, denn der Jarl hat mir in vielerlei Hinsicht seinen guten Willen gezeigt und mich in vielerlei Hinsicht gut behandelt."
Da sagte der König: „Denk so gut Du willst über ihn – sowohl über den Ring als auch über den, der ihn Dir gab – aber von diesem Tag an wird Dich Dein Glück verlassen und dieser Ring wird Dein Verhängnis sein!"

IV 7. h)   Saga über Hervor und König Heidrek den Weisen

Nicht nur auf dem Ring des Göttervaters Tyr (bzw. später des Odin) findet sich ein Fluch, sondern auch auf dem Schwert des Tyr:

Es war einmal ein Mann, der wurde Sigrlami genannt und herrschte über Gardariki. Das ist Russland. Seine Tochter war Eyfura, die die Schönste aller Mädchen war.
Eines Tages, als der König zur Jagd ausritt, verlor er seine Männer aus den Augen. Während er einen Hirsch verfolgte, gelangte er immer tiefer in den Wald, aber als die Sonne versank, hatte er ihn noch immer nicht erlegt.

Dieser König ist nur aus der Herverar-Saga bekannt.
Sein Name setzt sich aus „sigr" für „Sieg" und „lami" für „Lahmer" zusammen und bedeutet somit „siegreicher Lahmer" oder „siegreicher Krüppel". Dies ist zunächst einmal ein etwas seltsamer Name, der sich jedoch erklärt, wenn man bedenkt, daß der siegreiche Kriegsgott-Göttervater Tyr in der Unterwelt zu dem Schmied Wieland wurde, dessen Kniesehnen von Loki, der im Wieland-Lied als König Nidud erscheint, durchtrennt wurden.

In dieser Saga wird ein Schwert beschrieben, daß nach dem Gott Tyr benannt ist: „Tyrfing", d.h. „Finger des Tyr". Da „König Sigrlami" der Göttervater Tyr als Schmied in der Unterwelt ist, wird das Schwert „Tyrfing" das Schwert des Göttervaters sein – zumal es auch dessen Namen trägt. König Sigrlami ist somit sehr wahrscheinlich eine Saga-Variante des ehemaligen Göttervaters Tyr in der Unterwelt.

„Gardariki" bedeutet „Reich der befestigten Städte" und bezeichnet die ostslawischen Reiche in Osteuropa, die zwischen dem Schwarzen Meer und der Ostsee lagen. Das Reich wurde später „Rus" genannt (Rußland) – der Name leitet sich von nordisch „rodr" („Ruderer") ab, womit die Wikinger gemeint waren, die diesen Staat gegründet haben.

Das Verirren auf der Hirschjagd ist ein Standardmotiv in den germanischen Sagas, das aus der Umdeutung der Jagd auf einen Hirsch entstanden ist, der als Opfertier bei einer Jenseitsreise gebraucht wurde. Dieses Verirren auf einer Hirschjagd ist daher ein Hinweis auf eine Jenseitsreise des Verirrten. Da dieser fast immer ein König ist, wird es sich ursprünglich um die Jagd auf einen Hirsch und dessen Opferung im Krönungsritual gehandelt haben, dessen wesentlichster Teil die Reise des angehenden Königs bzw. Fürsten in das Jenseits zu dem Götterkönig gewesen ist.

Er war so weit in den Wald hineingeritten, daß er kaum noch wußte, wo er war. Er sah im Licht des Sonnenunterganges einen hohen Stein und neben ihm zwei Zwerge.

Der „Stein" im Zusammenhang mit Zwergen ist so gut wie immer ein Hügelgrab, da „Zwerg" wörtlich „Totengeist" bedeutet.

Zwei Zwerge sind fast immer die beiden Pferdesöhne des ehemaligen Göttervaters Tyr, die zusammen mit ihm starben und im Jenseits zu zwei Zwergen wurden. Sie haben von ihrem Vater, dem Schmied Tyr-Wieland im Jenseits, die Funktion des Schmiedes übernommen.

Er zog sein Messer über ihnen und bannte sie außerhalb des Steines durch die Macht des Eisens, in das magische Zeichen eingraviert waren. Sie flehten um ihr Leben.
Der König frug: „Wie sind eure Namen?"
Einer hieß Dvalin, der andere Dulin.

Dvalin bedeutet „Schläfer" und „Dulin" bedeutet „Höhle". Die Namen der beiden Zwerge ergeben kombiniert „Schläfer in einer Höhle", was bestätigt, daß der „Stein", an dem Sigrlami diese beiden Zwerge traf, ein Hügelgrab und die beiden Zwerge die Totengeister waren, die in diesem Hügelgrab bestattet waren.

Der König sprach: „Da ihr zwei die geschicktesten aller Zwerge seid, sollt ihr mir ein Schwert fertigen – das Beste, das ihr erschaffen könnt. Die Parierstange und der Knauf sollen aus Gold sein und auch der Griff. Es wird Eisen schneiden wie Stoff und nie rosten. Es soll jedem, der es trägt, den Sieg in der Schlacht und im Zweikampf bringen."

Das Schwert des Tyr bestand zumindestens teilweise aus Gold, wie aus dem Beowulf-Epos, durch das Gold-Schwert des Surtur und durch die goldenen Schwerter, mit denen Odins seinen Saal Walhalla erleuchtet, bekannt ist.

Sie stimmten zu. Der König ritt heim. Und als der vereinbarte Tag kam, ritt er zu dem Stein. Die Zwerge standen außen vor dem Stein. Sie rechten ihm das Schwert und es war wirklich prunkvoll. Aber als Dvalin auf der Schwelle ins Innere des Steines stand, sprach er:
„Möge Dein Schwert, Sigrlami, jedesmal, wenn es gezogen wird, das Unglück eines Mannes sein und mögen abscheuliche Taten mit diesem Schwert begangen werden! Es wird außerdem der Tod Deiner Sippe sein!"

Dieser Fluch ist eine Umdeutung der Tatsache sein, daß der Sonnengott-Göttervater Tyr niemals für immer siegte, sondern an jedem Abend und in jedem Herbst sterben mußte – seine durch sein Schwert symbolisierte große Macht war somit mit dem „Fluch" beladen, daß er immer wieder sterben mußte: Jeden Morgen zog Tyr sein Schwert, das dann als die Sonne leuchtete, aber am Abend zerbrach sein Schwert wieder, die Sonne ging unter und Tyr starb …

Der König schwang das Schwert gegen die Zwerge. Sie sprangen in den Stein. Das Schwert steckte fest in dem Stein, sodaß beide Schneiden nicht mehr zu sehen waren, denn die Tür hatte sich hinter den beiden Zwergen geschlossen.
Sigrlami behielt das Schwert und nannte es Tyrfing. Es war das schärfste aller Schwerter und jedesmal, wenn es gezogen wurde, leuchtete es wie ein Sonnenstrahl.

Dieses Leuchten wird auch in der „Vision der Seherin" von dem Schwert des Tyr-Riesen Surt berichtet.

Nie konnte es entblößt werden ohne daß es einen Mann tötete und es wurde stets mit warmem Blut auf ihm wieder in die Scheide gesteckt. Und niemand, weder Mensch noch Tier, lebte noch einen Tag, wenn es eine Wunde von ihm erhalten hatte – egal wie klein sie auch gewesen sein mochte.

Niemand lebte mehr einen Tag lang weiter, der von diesem Schwert verwundet wurde – denn Tyr starb an jedem Abend. Entsprechend rächt Wali, der Sohn des Odin, bereits „im Alter von nur einer Nacht" seinen Bruder Baldur – am Ende der Nacht kehrt Tyr als sein eigener Sohn aus dem Jenseits zurück. Die Angaben „ein Tag" und „eine Nacht" sind also nicht nur eine Form des Betonung, sondern beziehen sich ganz konkret auf den Lauf der Sonne während des Tages und und der Nacht.

Kein Schlag mit ihm verfehlte sein Ziel und es hielt nie an bevor es die Erde traf. Und jeder Mann, der es in der Schlacht trug, erlangte den Sieg. Der König trug es in Schlachten und im Zweikampf und er siegte jedesmal. Dieses Schwert ist berühmt in all den alten Sagen.

Die Formulierung „bevor es die Erde traf" bedeutet, daß das Schwert alles mühelos zerschnitt und es von nichts aufgehalten werden konnte, sodaß jeder Schlag unten auf der Erde endete.
Der ehemalige Göttervater Tyr ist offensichtlich der „Unbesiegbare" gewesen und hieß deshalb auch „Sig-Tyr".

IV 7. i) Die Saga über Sturlaug den Mühen-Beladenen

In der folgenden Szene ist ein Schutz-Fluch zu „Gift und Zauberei" umgedeutet worden.

In Bjarmaland steht ein bestimmter Tempel. Er ist dem Thor und dem Odin, der Frigg und der Freya geweiht und mit viel Geschick aus den wertvollsten Hölzern hergestellt worden. Der Tempel hat eine Tür nach Nordwesten und eine Türe nach Südwesten. Dort innen ist lediglich Thor. Das Auerochsenhorn liegt vor ihm auf einem Altar und sieht schön aus wie Gold.
Es sollte nur Sturlaug hineingehen, denn nur sein Glück reicht dafür aus. Trotzdem darf er das Horn nicht mit seinen bloßen Händen berühren, denn es ist voller Gift und Zauberei.

IV 7. j) Runen-Webebrettchen von Bergen

Auf diesem „Brief" findet sich die folgende Inschrift, die vermutlich ein Fluch ist:

Sigvors Ingimar soll schmerzensvolle Tränen haben! Aallatti!

Ingimar, der Sohn des Sigvor, könnte ein Rivale um die Gunst einer Frau sein.

Das Wort „Aalatti" ist das Zauberwort, das dem Spruch Kraft verleihen soll. Seine Bedeutung ist unbekannt.

IV 7. Schutz-Flüche auf Runensteinen

Viele Runensteine wurden durch eine Fluch vor späterer Zerstörung geschützt.

IV 7. a) Runenstein von Glavendrup

Auf diesem Stein steht am Ende der Inschrift ein Fluch gegen alle Denkmals-Schänder oder Denkmals-Räuber. Dies ist sozusagen ein „Präventiv-Fluch", d.h. ein Schutz-Zauber.

Möge Thor diese Runen weihen!
Möge der, der diesen Stein beschädigt oder ihn fortschafft,
um ihn zu einem Gedenkstein eines anderen zu machen,
ein Reti werden!

Ein „Reti" ist ein Seidr-Brauer, womit Zauberei, aber auch die weibliche Rolle bei der Homosexualität gemeint gewesen ist, die von den Nordgermanen als äußerst erniedrigend angesehen wurde und hier offensichtlich die größtmögliche Drohung darstellt.
Hier werden alle potentiellen Runenstein-Beschädiger durch einen Fluch damit bedroht, homosexuell vergewaltigt zu werden.

IV 7. b) Runenstein von Glemminge

Möge der ein Reti werden,
der dieses Denkmal zerstört!

IV 7. c) Runenstein von Saleby

Möge der ein Reti werden
und eine geile Frau,
der den Stein zerbricht!

IV 7. d)   Runenstein von Skern

Die Inschrift auf diesem Stein ist eine Variante der Verfluchungen mit Vergewaltigung des Gedenkstein-Schänders. Hier wird das Wort „seidr" („Zaubertrank-Braukunst") als Synonym für „Weibischkeit" und für die Frauen-Rolle in der Homosexualität benutzt.

Möge der ein Seidir-Mann werden,
der dieses Denkmal zerstört!

IV 7. e)   Runenstein von Sonder Vinge

Möge der, der diesen Gedenkstein zerstört,
eine geile Frau und ein Seidr-Reti werden!

IV 7. f)   Runenstein von Tryggvoelde

Möge der ein Reti werden,
der diesen Stein beschädigt
oder an einen anderen Ort bringt!

IV 8. g)   Stein von Björketorp

Dieser Schutzzauber ist um ca. 670 n.Chr. in einen Runenstein graviert worden.

Ankündigung von Unglück:
Die leuchtenden Runen
habe ich hier bewahrt –
Runen, Gefäße der Magie:
durch 'Ergi' ruhelos,
unterwegs ein heimtückischer Tod
für den, der diesen Runenstein zerstört!

IV 8. h)   Runensteine von Stentoften und von Blekinge

Auf diesen beiden Runensteinen findet sich derselbe Fluch mit Stabreimen (fett gedruckt) gegen all diejenigen, die diesen Runenstein („dies") beschädigen („brechen"):

häidr **r**uno **r**uno falheka hedra, ginna-**r**una
ärgiu hermalausr **u**zi **ä**er; weladauthe sar that brytr

Eine Reihe strahlender Runen erschaffe ich hier: machtvolle Runen!
Schutzlos vor ihrer magischen Macht: ein heimtückischer Tod für die, die dies
  brechen!

IV 8. i)   Runenstein von Stentoften

Dieser Runenstein wurde um ca. 650 n.Chr. errichtet und trägt eine Inschrift, deren zweiter Teil der Inschrift auf der Südseite des ca. 20-40 Jahre jüngeren Runensteins von Bjöketorp sehr ähnlich ist. Dieser zweite Teil könnte daher eine traditionelle Schutzformel gewesen sein. Dieser zweite Teil der Inschrift ist in der Übersetzung unten durch eine Lücke abgetrennt.

Der Männername „Hathuwolafr" bedeutet „Kampf-Wolf". „Hariwolafr" hat die Bedeutung „Heer-Wolf".
Die Rune „J" steht für „gutes Jahr".
Die Bedeutung des Wortes „maXXu-s" ist unbekannt.
Die Inschrift auf dem Runenstein von Stentoften lautet:

Der neue Sohn/Bauer,
der neue Gast,
Hathuwolafr, gab ein gutes Jahr;
Hariwolafr „maXXus" nun Schatz.

Ich, der Runenmeister,
ritze hier machtvolle Runen:
ohne Nachlassen der Magie
soll der, der ihn (den Runenstein) *bricht* (beschädigt),
einen üblen Tod sterben!

Möglicherweise sollte durch diesen Runenstein der „Schatz", der durch die „gute Ernte" entstanden ist, auf die Folgejahre übertragen werden.

IV 8. j)   Stein von Eggjum

Dieser Stein wurde um ca. 700 n.Chr. mit dem folgenden Runenspruch beschrieben, der im Original eine Fülle von Stabreimen und Wiederholungen enthält:

Nicht wird er (der Stein) *unter der Sonne gefunden!*
Nicht hat das Messer den Stein geritzt!
Nicht kann ein Mann diesen Stein ungestraft nackt machen (die Runen auslöscht)*!*
Nicht kann ein Mann in seiner Übeltat ruhen!

Der (Übeltäter) *wird diesen Stein mit seinem Blut bedecken!*
Dem (Übeltäter) *reibt er* (der Stein) *die Dübel seines hohlen Bären* (Schiff) *ab!*

In welcher Gestalt kommt der Trupp der Asen in das Land der Menschen?
Als Fisch, der draußen in der Schreckens-Woge schwimmt;
als Vogel, der bei den Feinden Zauberlieder singt.

Magie gegen den Verletzer (des Steines)*!*

Das Schiff des Übeltäters soll versinken.
Die Asen sollten dem Stein-Zerstörer Schaden zufügen.
Die „Schreckens-Woge" ist das Meer.
„Zauberlieder singen" hieß auf altnordisch „galande".

IV 8. k)   Beowulf-Epos

In diesem Epos findet sich der Vorläufer der Runenstein-Schutzflüche: der Grabschutz-Fluch.

Deutlich nun war's,   /   daß verderblich geworden
Dem Wurme (Drache) *sein Gold,   /   das er widerrechtlich*
Verwahrt im Berg;   /   daß des Wächters Grimm
Auch Mord verübt   /   an einzelnen Menschen,
War dem Wüt'rich vergolten! –   /   Wunderbar ist es,
Auf welche Weise   /   wackerer Helden
Leben oft endet,   /   die länger im Metsaal
Bei den holden Verwandten   /   nicht hausen dürfen!
So ging's Beowulf auch,   /   als er den Bergwächter

Mit der Waffe angriff: / er wußte noch nicht,
Wie schnell sein Geschick / sich entscheiden würde,
Da hohe Gebieter / den Hort versenkt
Und mit furchtbarem / Fluche belastet
Bis zum Tag des Gerichts, / daß des Todes schuldig
Der Frevler wäre, / gefesselt für immer
An der Unterwelt Reich, / der den Anger beträte.

IV 8. 1) Beowulf-Epos

Die folgende Schilderung zeigt sehr anschaulich, was einen Grabräuber dem Willen der Bestatter zufolge erwartete:

Denn mächtige Fürsten, / die das Gold niederlegten,
mit einem Fluch bis zum Letzten Tag / verbargen es tief,
sodaß der Mann mit Sünde / gekennzeichnet sein würde,
umzingelt von Schrecken, / in Hel-Banden gefesselt,
bedrängt von Seuchen, / der ihren Hort rauben würde.

IV 8.   Flüche, bei denen eine Gottheit angerufen wird

Am mächtigsten sind die Flüche, bei denen eine Gottheit als Rächer angerufen wird – so wie bei dem eben beschrieben Runenstein von Eggjum, der dem Runenstein-Zerstörer damit droht, daß die Asen kommen und ihm Unheil bringen werden.

IV 8. a)   Zweites Lied über Helgi Hunding-Töter

Die folgenden Verse aus dem Helgi-Lied sind ein formaler Fluch, d.h. der Verfluchende bezieht sich auf eine Gottheit – hier auf die Meeresgöttin Ran.

*„Nun möge Dich
jeder Schwur beißen,
den Du mit Helgi
geschworen hast:
bei dem strahlenden Wasser
der Leipt
und dem eiskalten Stein
der Unn."*

Diese Strophe ist ein Fluch gegen einen Eid-Brecher. Der Eid, der bei dem „eiskalten Stein der Unn" geschworen worden ist, erweckt zunächst einmal den Eindruck, als ob Unn eine wichtige Göttin gewesen sei. Sie ist aus einigen Liedern als eine der neun Töchter der Ran und des Ägir bekannt. Ihr Name bedeutet „Woge" und sie wurde zusammen mit ihren acht Schwestern als die Wellen des Meeres angesehen.
Im Grimnir-Lied ist „Leipt" der Name eines Flusses.
Möglicherweise ist „Leipt" der Jenseitsfluß und der „eiskalte Stein der Unn" die Jenseitsinsel, die auch in den Heimdall-Mythen als ein „Sing-Stein" auf einer Schäre erscheint.
Das „Wasser der Leipt" und der „Stein der Unn" werden in dieser Strophe daher wohl einfach eine Ortsbezeichnung im Jenseits sein. Das bedeutet, daß der Schwur, um den es hier geht, „bei dem eigenen Leben" abgelegt worden ist, d.h. daß der, der seinen Eid bricht, damit seinen eigenen Tod herbeiruft.
Der Fluch liegt hier in der Bestätigung dieser Wirkung durch den Sprecher dieser Verse – dieser Fluch ist sozusagen eine Erinnerung an die Götter, dem Eid-Brecher den Tod zu senden.

IV 8. b) Saga über Hervor und König Heidrek den Weisen

In dieser Saga findet sich ein Fluch, der zwar keine Anrufung einer Gottheit, aber einen Bezug auf eine Gottheit sowie eine präzise Beschreibung der beabsichtigten Wirkung des Fluches enthält.

Man könnte sagen, daß die Wirkung eines Fluches in der Zukunft liegt, während hier der Fluch schon aktiv geworden ist.

„Furcht liegt über eurem Heer!
Totgeweiht sind eure Anführer!
Das Schlachten-Banner
weht über euch!
Odin zürnt euch!"

IV 8. c) Styrbjarnar-Thattr

In derselben Nacht ging Erik in den Odinstempel und gab ihm sich selbst für den Sieg, so daß er nach einer Frist von zehn Jahren sterben sollte. Zuvor hatte er viel geopfert, weil er seine Siegeschancen schlechter einschätzte. Wenig später sah er einen großen Mann mit einer langen Kapuze. Dieser gab ihm einen Rohrstengel in die Hand und forderte ihn auf, diesen über Styrbjörns Heer zu werfen. Er sollte dabei sagen: „Dem Odin gehört ihr alle."

Als er den Rohrstengel geworfen hatte, schien er ihm in der Luft zu einem Wurfspeer zu werden. Er flog über Styrbjörns Leute. Das Heer und danach Styrbjörn selbst wurden sofort von Blindheit getroffen. Danach geschah etwas sehr Ungewöhnliches, nämlich daß ein Erdrutsch oben vom Berg herunterkam und sich von oben über Styrbjörns Heer wälzte und seine sämtlichen Leute tötete. Als König Harald das sah, wendeten er und alle Dänen sich zur Flucht. Sie konnten wieder sehen, sobald sie von dem Bereich wegkamen, über den der Speer geflogen war. Sie kamen bis nach Dänemark.

IV 8. d) „Pfurz-Runen"
(Galdrbok, Island, ca. 1600 n.Chr.)

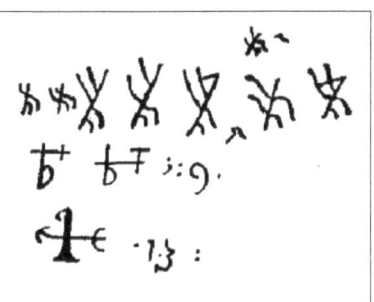

Dieser Text scheint ein Blähungs-Fluch zu sein.

Schreibe diese Stäbe mit Deinem eigenen Blut auf eine weiße Kalbshaut; nimm das Blut von Deinem Schenkel und sprich:

„*Ich schreibe Dir acht Asen-Runen,* („ass"-Rune)
neun Not-Runen, („naudh"-Rune)
dreizehn Riesen-Runen, („thurs"-Rune)
die Deinen Bauch mit üblem Kot und Gas plagen werden,
und sie alle werden Deinen Bauch mit großem Pfurzen plagen!
Mögen sie Dich von Deinem Platz vertreiben
und Deine Eingeweide platzen lassen!
Möge Dein Pfurzen niemals enden,
weder am Tag noch in der Nacht!
Du wirst so schwach wie der Feind Loki sein,
der von allen Göttern zusammen gebunden wurde!
Bei Deinem mächtigsten Namen
Herr, Gott, Geist,
Erschaffer,
Odhinn, Thor,
Erlöser,
Freyr, Freya,
Oper, Satan, Beelzebub,
ihr Helfer,
mächtiger Gott,
die ihr beschützt mit den Gefährten
von Oteos, Mors, Notke, Vitales."

In der Magie wird oft nach dem Prinzip gehandelt, daß man, wenn man alle Wesen ruft, der richtige dabei sein wird und die Wirkung insgesamt am größten sein wird.

IV 9.   Der Nid-Fluch

Das „Nid" ist das „Niedere", d.h. die Unterwelt. Der Nid-Fluch ist daher ein Todesfluch.

IV 9. a)   Saga über Egil Skallagrimsson

Egil sang die folgenden Worte in einem Fluch gegen König Erik Blutaxt, mit dem er im Streit lag:

„Entlohnt ihm, gerechte Götter,
den Raub meiner Schätze!
Jag ihn fort, sei wütend,
hoher Odin, himmlische Mächte!
Feind seines Volkes, niederer König,
Mögen Freyr und Njörd ihn fliehen!
Haßt ihn, Land-Schutzgeister, haßt den,
der heilige Erde besudelt hat!"

Da Freyr und Njörd die Götter des Wohlstandes waren, wünscht Egil dem König mit Zeile 5 und 6 Armut.

Diese Verse zeigen, daß der Schutz der Erde durch die Landgeister als in etwa genauso wichtig angesehen wurde, wie der Schutz der Menschen durch die Götter.

Das altnordische Wort für „Landgeister" lautet „land-vättr". Das Wort „vättr" bedeutet „Wicht, Wesen, Geist, Ding, Sache" und leitet sich von dem germanischen Substantiv „wihtiz" für „Wesen, Ding, Sache" her. Dieser „Geist" ist somit ein sehr unspezifischer Begriff.

Egil wendet sich mit seinem Fluch an die Götter insgesamt sowie speziell an Odin, Freyr und Niörd sowie an die Pukis (Land-Schutzgeister).

IV 9. b)   Saga über Egil Skallagrimsson

Später wiederholt Egil noch einmal seinen Fluch gegen König Erik, wobei er diesmal eine vollständige Nid-Zeremonie durchführt, d.h. den König ins Jenseits wünscht (siehe dazu „Nid" in Band 64).

Und als sie zum Segeln bereit waren, ging Egil hinauf auf die Insel. Er nahm einen Haselstock in seine Hand und ging auf einen felsigen Hügel, der landeinwärts blickte. Dann nahm er einen Pferdekopf und befestigte ihn auf dem Stab. Danach sprach er in der feierlichen Form des Fluches die Worte:

„Hier errichte ich einen Fluch-Stab und diesen Fluch richte ich gegen König Erik und Königin Gunnhilda."

Nun richtete er den Pferdeschädel landeinwärts.

„Diesen Fluch richte ich auch gegen die Schutzgeister, die in diesem Land wohnen, damit sie fortgehen und kein Heim finden und erreichen, bis sie das Land des Königs Erik und der Gunnhilda verlassen haben."

Nachdem er dies gesprochen hatte, steckte er den Stab in einen Spalt in den Felsen und ließ ihn dort stehen. Der Pferdekopf blickte landeinwärts. Auf den Stab jedoch ritzte er Runen, die den gesamten Fluch wiedergaben.

Zu einem Fluch konnte, wie dieser Bericht zeigt, auch ein Ritual gehören. Die Verwendung des Pferdeschädels wird vermutlich aus dem Bestattungsritual stammen, in dem die (männlichen) Toten mit einem männlichen Herdentier identifiziert wurden. Die Verwendung des Pferdeschädels wird daher zumindestens ursprünglich ein Teil eines Todesfluches gewesen sein.

Dies ist eine Form der Analogie-Magie: Durch die (teilweise) Inszenierung der Bestattung des Menschen, der verflucht werden sollte, wurde dieser Mensch auf magische Weise getötet – ein klassischer „Woodoo-Zauber".

IV 9. c) Gesta danorum

Der Mönch Saxo der Schriftkundige berichtet in seiner „Geschichte der Dänen" möglicherweise über denselben Fall:

Da machte er sich bereit, mit einer ausgewählten Gruppe von Zauberern zur Küste zurückzukehren. Da setzte er zunächst den abgeschnittenen Kopf eines Pferdes, das den Göttern geopfert worden war, auf einen Pfahl. Dann setzte er Stöcke in der Weise, daß das Maul wie grinsend geöffnet bleib. Er hoffte, daß er Erik durch den Schrecken dieses wilden Anblicks einschüchtern würde.

Erik war schon unterwegs, um ihm entgegenzutreten und sah schon von Ferne dieses Pferdehaupt und erkannte, welch übles Ding dort stand. Er gebot seinen Männer still zu verharren und vorsichtig zu sein, damit sie nicht durch eine unbedachte Handlung die ganze Zauberei in Gang setzen würden. Er fügte hinzu, daß dann, wenn Sprechen nötig sein sollte, er für alle sprechen werde.

Sie waren durch einen Fluß getrennt. Die Zauberer hatten, um Erik davon abzuhalten, sich der Brücke zu nähern, den Pfosten, auf den sie den Pferdekopf gesteckt hatten, auf ihrer Seite nahe an dem Fluß errichtet.
Trotzdem ging Erik furchtlos auf die Brücke zu und sprach:

„Möge dieses Tieres übles Geschick auf seinen Schöpfer zurückfallen!
Mögen wir das bessere Geschick haben!
Möge Übel über die Übeltäter kommen!
Möge diese verfluchte Last ihren Träger zerbrechen!
Mögen uns starke Omen Sicherheit bringen!"

Und es geschah so, wie er es erbeten hatte. Denn sofort fiel der Kopf herab und der Pfosten fiel auf den Träger.
So wurde dieses Zauberwerk durch einen einzigen Fluch zerstört und unwirksam gemacht.

Hier wurde erfolgreich ein Gegenfluch gegen einen Nid-Zauber angewandt.

IV 10. Der Todesfluch

Der folgende Fluch ist nicht in der Form eines Nid durchgeführt worden, aber ist trotzdem ein Todesfluch – die Germanen hatten also verschiedene Methoden zur Auswahl, wobei der Nid sicherlich die klassische Methode gewesen sein wird.

IV 10. a) Amulett von Högstena

Auf diesem um ca. 1050 n.Chr. hergestellten Amulett befindet sich ein langer und gegen sein Ende hin recht derb formulierter Schutzzauber:

Ich singe Zaubergesänge gegen (ihn)*:*
gegen den Gehenden,
gegen den Reitenden,
gegen den Rennenden,
gegen den Segelnden,
gegen den Reisenden,
gegen den Fliegenden:
Die Votze soll vollständig Todesqualen leiden
und sterben!

Das altnordische Substantiv „futh" ist im Englischen und Deutschen zu einem üblen Schimpfwort geworden, während es im Französischen zwar dieselbe Bedeutung hat, aber nur eine milde Beleidigung ist.
Die Bedeutung ist hier wieder, daß der Mann, der den Amulettträger bedroht, von einem anderen Mann vergewaltigt werden soll (dadurch wird er zur „Votze", d.h. zur Frau) und anschließend sterben soll.

IV 11.   Der ausführliche Fluch

Bei der gründlichsten Form des Fluches wird ein sehr langer Text verwendet, der Stück für Stück das Unglück auf den Verfluchten herabruft und dabei sehr systematisch und gründlich vorgeht. Diese Form des Fluches wird wahrscheinlich den einstigen Ritual-Texten sehr ähnlich sein, mit denen im Tempel eine Gottheit angerufen oder eine Segnung ausgesprochen worden ist.

IV 11. a) Die Saga über Bosi und Herraud

In dieser Saga wird über einen langen, mehrteiligen Fluch berichtet, der zumindestens einen bekannten traditionellen Teil beinhaltete, der allgemein gefürchtet wurde.

Dieser Fluch ähnelt von seinem Stil her sehr der Sturm-Beschwörung des keltischen Barden-Druiden Talisien.

Da solche kultischen oder halb-kultischen Texte in der Regel eine große Beständigkeit haben, könnte es sein, daß dies ein Hinweis darauf ist, daß der „Fluch der Busla" und auch der ihm recht ähnliche „Fluch des Skirnir" auf die religiösen Texte zurückgehen, die in der Zeit vor der Trennung der West-Indogermanen in Kelten, Römer und Germanen, also um ca. 2000 v.Chr. üblich gewesen sind.

Diese Vermutung wird dadurch bestätigt, daß sich die „epische Breite" und die allmähliche Steigerung dieses Fluches auch in hethitischen, indischen und anderen frühen indogermanischen Überlieferungen findet.

Die Hauptfiguren in dieser Saga sind die beiden unzertrennlichen Freunde Herraud, Sohn des Königs Hring, und Bosi, Sohn des Jarl Thvara.

An demselben Abend kam Busla in den Raum, in dem König Hring schlief, und sang das Zauberlied, das seitdem „Buslas Zauberlied" heißt. Es ist seither weithin bekannt geworden und enthält viele üble Worte, die christliche Männer nicht in ihren Mund nehmen sollten.
So beginnt es:

„König Hring liegt hier,
der Herrscher der Gauten,
aller Menschen
eigenwilligster:
Deinen Sohn willst Du

selber morden;
so Unerhörtes
wird allbekannt.

Hör Buslas Fluch!
Er ist bald gesungen,
daß die weite Welt
ihn wohl vernimmt,
niemand nützlich,
der ihn vernimmt,
doch heillos ihm,
dem ich heut ihn singe!

Weichet, Wichte,
Gewaltiges komme,
wanket, Klippen,
Welt erbebe,
Wetter brich an,
Gewaltiges komme,
begnadigst Du, Hring,
den Herraud nicht,
tust Du Böses
dem Bosi an!

Böses wünsch ich
in die Brust Dir,
daß giftige Nattern
nagen Dein Herz,
daß Deine Ohren
für immer ertauben
und deine Augen
sich auswärts drehen,
tust dem Bosi
Du Böses an,
läßt Du den Haß
wider Herraud nicht!

Segelst Du,
versage das Tauwerk,
sollen reißen

*die Ruderangeln,
sei zerfetzt das Segel,
sollen brechen
die Brassen alle,
läßt Du den Haß
wider Herraud nicht,
bietest Du Frieden
Bosi nicht an!*

*Reitest Du,
reiße Dein Zügel,
strauchle Dein Roß,
soll jede Gasse
Grades Weges
in der Trolle Hand
Dich hinführen,
tust dem Bosi
Du Böses an,
läßt Du den Haß
wider Herraud nicht!*

*Im Bett sei Dir
wie in brennendem Stroh,
auf dem Hochsitze
wie in hohen Wellen;
doch Schlimmeres noch
geschehe Dir dann:
willst Du bei Mädchen
Manneslust haben,
komme nie zum Ziel!
Soll ich Dir noch mehr erzählen?"*

Der König antwortete: „Sei still, Frau, und gehe, denn sonst werde ich Dich für Deine Flüche foltern lassen."

„Wir haben uns nun getroffen," sagte Busla, „und wir werden nicht wieder auseinander gehen, bevor ich nicht meinen Teil gesagt habe!"

Der König versuchte auszustehen, doch er war fest an sein Lager gebannt und seine Diener wachten nicht auf.

Da begann Busla mit dem zweiten Teil ihres Fluches, aber ich werde ihn hier nicht niederschreiben, damit ihn niemand wiederholt. Wenn er nicht niedergeschrieben

wird, ist es unwahrscheinlich, daß ihn jemand benutzt.
  Dies ist sein Anfang:

„Trolle und Elfen, und Zauber-Normen
sollen Deine Halle verbrennen!
Heim-Thursen sollen Dich vernichten!
Pferde sollen Dich zertrampeln!
Stroh soll Dich stechen!
Sturm soll Dich schütteln!
Weh Dir,
Wenn Du nicht meinen Willen tust!"

  Als ihr Zauberlied zuende war, sagte der König zu ihr: „Bevor Du mich noch länger verfluchst, will ich dem Herraud sein Leben schenken, aber Bosi muß außer Landes gehen und wenn ich ihn jemals wieder in die Hände bekomme, muß er sterben!"
  „Dann habe ich noch ein besseres Zauberlied für Dich," sprach Busla.
  Da begann Busla mit dem Lied, das „Syrpas Verse" genannt wird und das von der allergrößten Magie erfüllt ist und das man nicht nach Sonnenuntergang singen darf.

  Der Name „Syr" leitet sich von „Syr" für „Sau" ab und bedeutet in etwa „Schmutzige", „Schlampe" u.ä.
  Allerdings trägt auch Freya den Beinamen „Syr", also „Sau", weil sie sich im Jenseits bei der Wiederzeugung mit den Toten, die dort die Gestalt eines Keilers annehmen, in eine Bache verwandelt. Dieses Zauberlied könnte daher von Freya stammen, die bei den Germanen das Urbild aller Zauberinnen gewesen ist.

  Gegen Ende dieses Liedes heißt es:

„Sechs Sprecher werden hier kommen,
sage mir all' ihre Namen!
Jeden einzelnen von ihnen
werde ich Dir hier zeigen! –
Wenn Du ihre Namen nicht so errätst,
daß es mir richtig erscheint,
Dann werden an Dir in der Hel die Hunde nagen
und Deine Seele wird in den Wassern versinken!"

  „Sprecher": eine Heiti (poetische Umschreibung) für „Männer"

„Wasser": Das altnordische „Sökkvi" ist ein Begriff, der sich von einem Verb für „sinken" ableitet und oft für die Wasserunterwelt benutzt wurde.

Am Ende des Manuskript folgen 6 Runenzeichen: Raidho, Ansuz, Thurisaz, Fehu, Algiz und Uruz. Dies werden die „sechs Sprecher" in dem Rätsel am Schluß sein.

Raidho = Ritt, Fahrt, Reise
Ansuz = Ase = Odin oder Tyr
Thurisaz = Thurse (Tyr) und Dorn = Schwert (Tyrs Schwert) = Tyr
Fehu = Vieh, Besitz
Algiz = Elch
Uruz = Wasser, Stier

Wenn man diese sechs Runen kombiniert, kommt man auf die Jenseitsreise (Raidho) des Tyr (Ansuz Thurisaz) zusammen mit seinen beiden Alcis-Söhnen (Algiz), bei der sich Tyr in einen Stier (Fehu Uruz) verwandelt. Ob diese Deutung so zutrifft, ist allerdings unsicher, da die Runen allgemein viele Elemente aus den Tyr-Mythen enthalten.

Leider wird in der Saga weder das gesamte Lied bzw. Rätsel noch dessen Lösung mitgeteilt. Der Grund dafür ist etwas früher in dieser Saga mitgeteilt worden: *An demselben Abend kam Busla in den Raum, in dem König Hring schlief und sang das Zauberlied, das seitdem „Buslas Zauberlied" heißt. Es ist seither weithin bekannt geworden und enthält viele üble Worte, die christliche Männer nicht in ihren Mund nehmen sollten.*

Es wäre gut denkbar, daß auch „Syrpas Zauberlied" solche „üblen Worte" enthalten hat.

Der Bischof Adam von Bremen sagte um ca. 1075 n.Chr. über die Kult-Lieder der Germanen, daß sie Worte und Sätze enthalten, die ein Christ nicht aussprechen sollte.

Aus dem Rätsel läßt sich nur entnehmen, daß es um sechs Männer geht, die offenbar keiner gerne sieht – schließlich wird mit ihrem Anblick gedroht. Die Strafe für das Nicht-Erraten ist die Verbannung in die Hel bzw. das Versinken in den „Sökkvi"-Wassern der Ran, d.h. der Tod.

Die Zeit nach Sonnenuntergang ist die Nacht, die auch die Zeit des Jenseits und der Totengeistern war – vermutlich konnte man in der Nacht diese sechs Männer-Totengeister am leichtesten herbeirufen.

Diese sechs Männer stehen offenbar mit dem Jenseits im Zusammenhang und können den Tod bringen. Sie scheinen normalerweise „gebunden" zu sein und Busla droht damit, sie auf den König, wenn er ihr Rätsel nicht richtig löst oder nicht das tut, was sie von ihm verlangt, loszulassen.

Dieses Rätsel, das zunächst recht ähnlich klingt wie die Rätsel, die Gestumblindi/Odin dem König Heidrek stellt, scheint somit also eher ein angedrohter Fluch zu sein – ähnlich dem des Freyr-Priesters Skirnir, mit dem er die Gerdr dazu „überredet", Freyr zu heiraten.

Löse dieses Rätsel auf die richtige Weise oder alles Übel, das ich gerufen habe, wird sich ereignen, wenn Du mir nicht zu Willen bist!"
Als Busla ihr Lied beendet hatte, wußte der König genau, wie er antworten mußte. „Was ist Dein Wille?" sagte der König.
„Sende die beiden Söhne," sagte die alte Frau, „auf eine gefährliche Suche – was auch immer – und mache sie für sich selber verantwortlich."
Der König gebot ihr, nun zu gehen, aber sie weigerte sich, das zu tun, bevor der König nicht einen Eid geschworen hatte, daß er das Versprechen, das er ihr gegeben hatte, halten würde, damit ihm Buslas Fluch keinen Schaden zufügen würde.
Dann verschwand die alte Frau.

An diesem Fluch ist interessant, daß er drei Teile hat, da die „3" eine in den Mythen und in der Magie sehr häufige Zahl ist:

1. Buslas Zauberlied, Teil 1
2. Buslas Zauberlied, Teil 2
3. „Syrpas Verse" („Freyas Verse")

Dieser lange, mehrteilige Fluch der Busla läßt sich zumindestens von seiner Struktur her in etwa rekonstruieren. Der erste Teil umfaßt 7 Strophen, der letzte Teil vermutlich 9 Strophen, weshalb der zweite Teil ca. 8 Strophen gehabt haben könnte.

Aufbau von Buslas Fluch		
Buslas Fluch	1. Teil: individuelle Flüche für die Freilassung von Bosi und Herraud	1. Strophe: *„Hier liegt König Hring ... "*
		2. Strophe: *„Höre Buslas Fluch! ... "*
		3. Strophe: *„Dämonen werden umherziehen ... "*
		4. Strophe: *„Böses wünsche ich Dir ... "*
		5. Strophe: *„Wenn Du segelst, ... "*
		6. Strophe: *„Wenn Du reitest ... "*
		7. Strophe: *„Mögest Du ruhen ... "*

		Aufbau von Buslas Fluch
Buslas Fluch	2. Teil: Steigerung des ersten Teils; ebenfalls individuelle Flüche (?)	1. Strophe: „Trolle und Elfen ..."
		2. Strophe
		3. Strophe
		4. Strophe
		5. Strophe
		6. Strophe
		7. Strophe
		8. Strophe
	3. Teil: „Syrpas Verse"	1. Strophe: Einleitung, Rätsel-Ankündigung, Drohung
		2. Strophe: Schilderung des 1. „schrecklichen „Mannes"
		3. Strophe: Schilderung des 2. „schrecklichen „Mannes"
		4. Strophe: Schilderung des 3. „schrecklichen „Mannes"
		5. Strophe: Schilderung des 4. „schrecklichen „Mannes"
		6. Strophe: Schilderung des 5. „schrecklichen „Mannes"
		7. Strophe: Schilderung des 6. „schrecklichen „Mannes"
		8. Strophe: „Sechs Männer kamen hierher ..."
		9. Strophe: „Sonst werden Dich Hunde ..."

IV 11. b) Skirnir-Lied

In diesem Lied findet sich die zweite lange Verfluchung, die von den Germanen erhalten geblieben ist.

Freyr, der Sohn Niörds, hatte sich einst auf Hlidskialf gesetzt und überschaute die Welten alle.

Der Hochsitz („Thron") der Odin ist ein Seherstuhl wie ihn die Seherinnen und die Nornen haben. Es ist ungewöhnlich, daß sich jemand anderes auf Odins Hochsitz niederlassen darf. Entweder hat Freyr selber die Sehergabe besessen oder diese Szene soll lediglich erklären, warum Freyr bis in das Jenseits blicken konnte. Die Formulierung „alle Welten" ist so gut wie immer eine rationalisierende Umdeutung von „Jenseits".

Da sah er nach Jötunheim und sah eine schöne Jungfrau aus ihres Vaters Haus in ihre Frauenkammer gehen. Daraus erwuchs ihm große Gemütskrankheit.

Die Riesinnen sind bei den Germanen so gut wie immer die Jenseitsgöttin – entweder die wunderschöne Göttin der Wiederzeugung (und bei der Wiedergeburt) oder die schreckliche, häßliche und gefürchtete Todesbringerin Hel.

Skirnir hieß Freyrs Diener.

Skirnir wird hier als „Diener" bezeichnet, wobei er ursprünglich auch etwas anderes gewesen sein könnte, da „Diener" eine sehr weit verbreitete Bezeichnung für „Priester" gewesen ist.
Sein Name bedeutet „der Helle" und entspricht somit den „Alben" („Weiße, Strahlende") und den „Wanen" („Glänzende"). Es liegt daher nahe, Skirnir entweder als einen der Alben aufzufassen oder in zumindestens als eng mit ihnen verbunden anzusehen.
Auch Thialfi, der Diener-Priester des Thor, wird als „Alf" bezeichnet, sodaß es die Verbindung zwischen dem „Diener der Götter" und den Alfen wohl kein Zufall ist.

Niordr bat ihn, Freyr zum Reden zu bringen.

Niörd ist Freyrs Vater, der sich offenbar Sorgen um seinen Sohn wegen dessen Liebeskummer macht.

Da sprach Skadi:

„Erhebe Dich, Skirnir, und schau, ob Du unsern Sohn
zum Reden bewegen kannst
Um zu erkunden, wem der Kluge wohl
So bitterböse sein mag."

Auch Skadi, Niörds Frau, sorgt sich um Freyr – sie wird hier als seine Mutter dargestellt.
Beide beauftragen Skirnir, mit Freyr zu reden. Skirnir scheint wohl auch so etwas wie eine Vertrauter des Freyr gewesen zu sein, da Niörd ihm mehr als sich selber zutraut, Freyr zum Reden zu bewegen.

Dies würde gut zu der Deutung des Skirnir als ehemaligem Priester des Freyr passen – und außerdem ein gewisses Selbstbewußtsein der Freyr-Priester verraten, was ihren Zugang zu ihrem Gott betrifft.

Skirnir (zu Skadi):
„Eine üble Antwort werde ich von eurem Sohn erhalten,
Wenn ich ihn anspreche
Um zu erfahren, wem der Kluge wohl
So bitterböse ist."

Skirnir (zu Freyr):
„Sage mir, Freyr, volkwaltender Gott,
Was ich zu wissen wünsche:
Warum weilst Du allein im weiten Saal,
Herr, den ganzen Tag?"

Freyr:
„Wie soll ich sagen Dir jungem Gesellen
Der Seele großen Gram?
Die Alfenbestrahlerin leuchtet alle Tage,
Doch nicht zu meiner Liebeslust."

Die „Alfenbestrahlerin" ist die Sonne. Da Freyrs Halle den Namen „Alfheim" trägt, ist die Wahl der Kenning „Alfenbestrahlerin" an dieser Stelle vielleicht nicht nur irgendein Name, sondern Absicht. Das Muspelheim-Jenseits im südlichen Himmel ist zudem mit dem Sonnengott-Schwertgott-Göttervater Tyr verbunden, der zur Zeit der Edda bereits zu Surtur, dem Riesenkönig mit dem flammenden Sonnenschwert geworden ist – auch auf diese Weise sind die Alfen mit der Sonne assoziiert. Auch die Assoziation des Göttervaters in den Liedern mit dem „Süden" läßt eine enge Verbindung zwischen der Sonne und Muspelheim sowie den dort wohnenden Alfen vermuten.

Diese Verbindungen sprechen zusammengenommen dafür, daß sich auch Freyr in dem südlichen Muspelheim-Himmelsjenseits des ehemaligen Göttervaters Tyr befindet.

Skirnir (zu Freyr):
„Dein Gram kann so groß nicht sein,
Daß Du ihn mir nicht erzählen könntest.
Teilten wir doch die Tage der Jugend:
So mögen wir zwei uns Vertrauen schenken."

Freyr:
"Aus Gymirs Haus sah ich heraustreten
Die mir liebe Maid.
Ihre Arme leuchteten, und von ihrem Schein
leuchtete all das Meer und der Himmel.

Der Riese Gymir ist der Vater der Riesin Gerdr. „Gymirs Haus" ist, da es in Utgard liegt, auch eine Umschreibung für das Jenseits, für das „Heim der Hel".

Offenbar wird hier der Sonnenaufgang beschrieben: Wenn Gerdr das Tor der Unterwelt öffnet, leuchten ihre Arme und dieses Leuchten erhellt das Meer und den Himmel – Gerdr hält die aus der Wasserunterwelt zurückkehrende Sonne in ihren Armen. Man kann Gerdr daher als die Wiederzeugungs-Geliebte und die Wiedergeburts-Mutter des Sonnengott-Göttervaters Tyr auffassen, der hier schon (wie so oft) zu ihrem Vater umgedeutet worden ist.

Mehr lieb ich die Maid als ein Jüngling mag
Im Lenz seines Lebens.
Von Asen und Alfen will es nicht einer,
Daß wir beisammen seien."

Skirnir (zu Freyr):
„Gib mir Dein rasches Roß, das mich sicher
Durch die flackernde Flamme führt;
Gib mir das Schwert, das sich von selber schwingt
Gegen der Reifriesen Brut."

Die „flackernde Flamme" ist die Waberlohe, die die Grenze zwischen Diesseits und Jenseits markiert. Dieses Motiv ist durch den Brauch der Brandbestattung entstanden, bei der die Flammen das Tor zwischen Diesseits und dem Jenseits sind.

Das Schwert des Freyr ist offenbar ein magisches Schwert, da es von selber kämpfen kann. Eigentlich sollte man solch ein Schwert bei dem Schwertgott Tyr vermuten und nicht bei dem friedfertigen Freyr, der anschließend an diese Szene auch schwertlos ist – vermutlich ist dieses Schwert nach der Absetzung des Tyr durch Thor und Odin um 500 n.Chr. als Teil der „Mythen-Beute" an Freyr geraten, der zusammen mit Thor und Odin die Götterdreiheit in dem schwedischen Haupttempel in Uppsala gebildet hat.

Im Zusammenhang mit Tyr gab es das Motiv des abendlichen Zerbrechens des Schwertes bzw. des Versinkens des Schwertes in den tiefen Wassern des Jenseits. In der Nacht wurde dann das Schwert neugeschmiedet bzw. aus den tiefen Wassern zurückgeholt, sodaß der Sonnengott-Göttervater am Morgen im Sonnenaufgang mit seinem Schwert wieder in das Diesseits zurückkehren konnte.

Zu dieser Deutung paßt auch gut, daß Freyr sein Schwert verliert, als er die von ihm geliebte Frau (Riesin) Gerdr im Jenseits erlangen will, denn in der ehemaligen Tyr-Mythe folgt auf den Verlust des Schwertes bei dem Tod des Tyr die Vereinigung des Tyr mit der Jenseitsgöttin.

Freyr:
„Nimm denn mein rasches Roß, das Dich sicher
Durch das Dunkel und die flackernde Flamme führt;
Nimm mein Schwert, das von selber
In der Hand des Mutigen schwingt."

Skirnir (zu Freyrs Roß):
„Dunkel ist's draußen: wohl dünkt es mich Zeit
Über feuchte Berge zu fahren.
Wir beide vollführen's, fängt uns nicht beide
Jener kraftreiche Riese."

Die „feuchten Berge" sind vermutlich ein weiteres Motiv für die Jenseitsgrenze. Der „kraftreiche Riese" wird wohl Gymir, der Vater der Gerdr sein – er ist eine der drei Varianten des Tyr in der Wasserunterwelt: Gymir, Ägir und Hler.

Skirnir fuhr gen Jötunheim zu Gymirs Wohnung. Da waren wütige Hunde an die Türe des hölzernen Zaunes gebunden, der Gerds Saal umschloß.
Er ritt dahin, wo der Viehhirte am Hügel saß und sprach zu ihm:

„Sag mir, Hirte, der am Hügel sitzt
Und die Wege bewacht,
Wie kann ich schauen die schöne Maid
Die von Gymirs Grauhunden bewacht wird?"

Der Hirte scheint hier die Funktion des Schamanen/Jenseitsfährmannes zu haben, der den Jenseitsreisenden über die Grenze zwischen Diesseits und Jenseits geleitet und sich mit den Gegebenheiten an diesem speziellen Ort auskennt.

Hirte:
„Bist Du dem Tode nahe oder bereits tot,
Mann auf dem Rücken der Mähre?
Mit Gymirs göttlicher Tochter zu sprechen
bleibt Dir immerdar unvergönnt."

Die Anspielung auf den Tod bestätigt, daß es sich bei Skirnirs Fahrt um eine Reise in das Jenseits handelt – was gut zu der Deutung des Skirnir als dem Schamanen-Priester des Freyr paßt.

Die Umschreibung „göttliche Tochter" könnte einfach eine Hervorhebung ihres hohen Standes und ihrer Unerreichbarkeit sein – vielleicht ist diese Benennung aber auch eine Erinnerung daran, daß diese Riesin ursprünglich einmal die Jenseitsgöttin gewesen ist.

Skirnir (zu dem Hirten):
„Kühnheit steht dem besser als Klagen,
Der zur Fahrt bereit ist.
Bis auf den Tag genau ist mein Alter bestimmt
Und meines Lebens Länge."

Die beiden letzten Verse beziehen sich darauf, daß die Nornen bei der Geburt den Todestag eines Menschen festlegen, den er nicht ändern kann.

Gerda (zu ihrer Magd):
„Welch ein Getöse hör ich ertönen
Hier in unsern Hallen?
Die Erde bebt davon und alle Wohnungen
In Gymirsgard erzittern."

Magd (zu Gerda):
„Ein Mann ist hier außen von der Mähre gestiegen
Und läßt im Grase sie grasen."

Gerda (zur Magd):
„Bitte ihn einzutreten in unsern Saal
Und den milden Met zu trinken,
Obwohl mir ahnt, daß hier außen sei
Meines Bruders Mörder."

Gerda (zu Skirnir):
„Wer bist Du von den Alfen oder Asensöhnen
Oder weisen Wanen?
Was fuhrst Du durch flackernde Flamme allein
Unsere Säle zu schauen?"

Skirnir:
„Ich bin keiner der Alfen noch der Asensöhne,
Noch der weisen Wanen.
Doch fuhr ich alleine durch die flackernde Flamme,
Um eure Säle zu sehen.

Elf allgoldene Äpfel habe ich:
Die will ich Dir, Gerda, geben,
Um Deine Liebe zu erkaufen, damit Du Freyr bekennst,
Daß Dir niemand lieber ist als er."

Skirnir sagt hier über sich, daß er ein Mensch ist – auch wenn er einen Alben/Wanen-Namen trägt. Dies würde zu seiner Deutung als Priester des Freyr passen, da diese Schamanen-Priester durch ihren Beruf eng mit den Ahnen verbunden gewesen sind und somit durchaus einen Alben-Namen tragen konnten.

Diese bereits bei ihrem Beginn eher rustikale Werbung nach dem Prinzip „Gold für Liebe" ist nicht ganz so plump, wie es vielleicht wirkt, weil der Apfel ein Symbol der Wiedergeburt und der Seele ist: Die Äpfel der Idun gaben den Göttern ihre ewige Jugend und in der Völsungen-Saga wird berichtet, wie Odin und Frigg dem kinderlosen König Rerir (Sigurds/Siegfrieds Urgroßvater) und seiner Frau auf deren Bitte hin durch eine Walküre einen magischen Apfel senden, durch dessen Verspeisen die Königin dann schwanger wird.

Die elf goldenen Äpfel könnten somit auch als eine Bitte an Gerda, dem Freyr eine Wiedergeburt zu schenken, aufgefaßt werden. Allerdings ist dieses Motiv hier schon zu einer normalen Brautwerbung umgedeutet worden.

Gerda:
„Die elf Äpfel nehme ich nicht an
für die Minne eines Mannes!
Freyr und ich sollen, solange wir beide atmen,
Niemals zusammen sein!"

Solche schwierigen Brautwerbungen finden sich des öfteren einmal in den Mythen und Sagas, wenn es sich um umgedeutete Jenseitsreisen und Wiedergeburten handelt. Auch Odin muß in der Erzählung in der „Gesta danorum" („Geschichte der Dänen") zu vielen Listen und Gestaltwandlungen greifen, bis er sich endlich mit der Riesin/Königstochter Rindr vereinen kann, damit sie den Baldur-Rächer Vali gebären kann. Auch Odins Vereinigung mit Gunnlöd bei Odins Raub des Göttermets gelang nur durch eine List.

Diese Schwierigkeiten bei der Brautwerbung werden ursprünglich die Schwierigkeiten und Hindernisse auf dem Weg in das Jenseits gewesen sein. Die möglichen Probleme bei dieser so wesentlichen Wiederzeugung sollten u.a. durch die Opferung eines männlichen Herdentieres bei der Bestattung beseitigt werden werden, durch die die Zeugungskraft des Tieres auf den Toten im Jenseits übertragen wurde.

Skirnir:
„Ich gebe Dir den Ring, der mit Odins jungem Erben
In der Glut lag –
Acht ebensoschwere Ringe enttträufeln ihm
In jeder neunten Nacht."

Als nächstes bietet Skirnir der Gerdr Odins Ring Draupnir an, der das wichtigste Symbol der Jenseitsreise gewesen ist und ursprünglich vermutlich ein Symbol der Sonne gewesen ist, die am Abend stirbt und am Morgen wiedergeboren wird. Durch dieses Angebot wird es offensichtlich, daß es sich bei Skirnirs Brautwerbung um eine Jenseitsreise handelt – genauso wie bei Odins Reise zu Rindr oder Swipdags Reise zu Menglöd.
Die Glut, in der der Ring gelegen hat, ist Baldurs Bestattungsfeuer gewesen.

Gerda:
„Nach dem Ring, der mit Odins jungem Erben
in der Lohe lag, verlangt mich nicht.
In Gymirsgard bedarf ich des Goldes nicht:
Mein Vater hat genügend Schätze für mich."

Skirnir:
„Siehst Du, Mädchen, das scharfe Zauber-Schwert,
Das ich in der Hand halte?
Das Haupt hau ich Dir ab von Deinem Hals,
Wenn Du Dich Freyr verweigern willst."

Hier beginnt Freyr die unwillige Gerdr mit genauso gewaltsamen Methoden zu „überreden" wie Odin die Rindr in der Gesta danorum. Auch im Edda-Lied über Wieland den Schmied, der der ehemalige Sonnengott-Göttervater Tyr als Schmied seines zerbrochenen magischen Schwertes in der Unterwelt ist, gibt es Hinweise darauf, daß er bei seiner Vereinigung mit Bödwild Zwang angewendet hat.
Die friedlichen Varianten der Wieland-Mythe sowie die friedliche Swipdag/Menglöd-Mythe zeigen, daß die Anwendung von Gewalt bei der Brautwerbung, also dem Streben der Wiederzeugung eine recht späte Entwicklung gewesen ist, in der das Vertrauen in die Götter bereits unter dem Einfluß des Christentums zu schwinden begann

und daher die Furcht vor dem Tod schließlich die Oberhand erhielt. Und Angst führt oft zu Gewalt ... auch in den Mythen ...

Gerda:
„Ich werde niemals Zwang erdulden
wegen der Minne eines Mannes!
Aber wenn Dich Gymir sieht, dann bin ich sicher,
Daß ihr Kühnen einen Kampf beginnen werdet."

Nach dieser standhaften Gegenwehr der Gerda beginnt Skirnir nun mit einer langen Litanei von Drohungen, die von Texten inspiriert sein könnten, die die germanischen Priestern bei Bestattungen gesprochen haben, da sie auf magische Weise der Jenseitsgöttin drohen, wenn sie den Toten nicht zu seiner Wiederzeugung empfangen sollte.
Falls diese Deutung zutreffend ist, werden diese Texte aber wohl erst in einer sehr späten Phase der germanischen Religion solche Drohungen enthalten haben, da solch eine angstgeleitete Haltung gegenüber den Göttern fast immer ein Zeichen dafür ist, daß sich die Religion bereits in der Auflösung befindet.

Skirnir:
„Siehst Du, Mädchen, das scharfe Zauber-Schwert,
Das ich in der Hand halte?
Seine Schneide wird den alten Riesen erschlagen,
wird Deinen Vater töten!

Ich werde Dich, Maid, mit der Zauberrute
Zu meinem Willen zwingen!
Du wirst dorthin kommen, wo Dich die Kinder der Menschen
Nicht mehr sehen werden!"

Die Zauberrute ist der Zauberstab der Seher und Seherinnen, der ihre Verbindung zu den Göttern symbolisiert und den Weltenbaum verkörpert. Die Drohung mit einem Zauberstab bestätigt die Vermutung, daß Skirnir ein Freyr-Priester ist.
Die beiden letzten Verse klingen danach, als ob Gerdr durch den Zauberstab getötet werden sollte, denn der Ort, an dem sie die „Kinder der Menschen nicht mehr sehen", ist die Unterwelt. Skirnir droht Gerda anscheinend damit, sie durch Hypnose willenlos zu machen und schließlich durch Magie bzw. durch eine Verfluchung zu töten.
Skirnir droht damit, Tyr-Gymir mit dessen eigenem Schwert zu erschlagen, das durch die Absetzung des Tyr zu Freyr gelangt ist und das dieser an Skirnir weitergegeben hat. Es hat die Vorstellung gegeben, daß Tyr nur durch sein eigenes Schwert getötet werden konnte.

Skirnir:
„Auf dem Felsen des Adlers sollst Du in der Frühe sitzen:
Von der Welt fortgewandt zu Hel!
Die Speisen sollen Dir widerwärtiger sein als irgendeinem
Auf der Erde der von den Menschen verabscheute Midgardswurm!"

Der Adler ist der Seelenvogel des Göttervaters. Der am Morgen auf einem Felsen sitzende Adler ist ein Bild für die wiedergeborene Sonne. Die Drohung an Gerda, daß sie am Morgen auf diesem Felsen sitzen, aber nicht in das Diesseits, sondern zu Hel blicken soll, bedeutet, daß sie die Unterwelt nicht mehr mit der Morgensonne verlassen darf – es ist ein ziemlich heftiger Fluch, mit dem Skirnir hier droht.

Skirnir:
„Ein scheußliches Wunderwesen wirst Du draußen werden,
Hrimnir wird Dich angaffen, alle werden Dich anstarren!
Du wirst weiter bekannt werden als der Wächter der Götter:
Dann kannst Du hinter Gitter hervorgaffen!"

Die Gefangenschaft in der Hel wird hier als eine Besonderheit beschrieben, die alle auf sie blicken lassen wird.

Der Name des oft erwähnten Riesen „Hrimnir" bedeutet „Rußiger" und entspricht somit dem Namen „Surtur". Er könnte somit der am Morgen aus der Unterwelt zurückkehrende Sonnengott-Göttervater Tyr sein. Hrimnir wäre dann mit dem „Adler auf dem Felsen am Morgen" aus der vorigen Strophe identisch, was hier durchaus einen Sinn ergäbe.

Der „Wächter der Götter" ist Heimdall, der allen wohlbekannt ist, weil er für alle gut sichtbar auf der Regenbogenbrücke steht, die hinauf nach Asgard führt.

Das Gitter, durch das Gerda in die Welt blicken wird, ist das Gitter „Walgrind" („Toten-Gitter") vor dem Tor zur Hel.

Diesen Flüchen scheint die Vorstellung zugrunde zu liegen, daß man die Unterwelt normalerweise am Morgen wieder verlassen kann – vermutlich zusammen mit der Sonne.

Skirnir:
„Einsamkeit und Abscheu, Zwang und Ungeduld
Werden Dir Trübsinn und Tränen bringen!
Setze Dich nieder, denn ich werde Dir nun
den anschwellenden Strom Deines Leides verkünden,
Deinen zweischneidigen Schmerz!

*Trolle sollen Dich ängstigen den ganzen den Tag
Hier im Gehege der Joten!
Du sollst Dich krümmen den ganzen Tag
Hier vor den Hallen der Hrimthursen:*

*Der Speise beraubt,
Um Speise verzweifelt!
Leid statt Lust wird Dein Lohn sein
und Du wirst Dein Unglück mit Tränen tragen!*

*Mit einem dreiköpfigen Thursen wirst Du Dein Leben teilen
Oder unvermählt altern!
Die Sehnsucht wird Dich
Von Morgen zu Morgen scheuchen!
Wie die Distel wirst Du verdorren, die sich
In die Öffnung des Ofens gedrängt hat!"*

Der „dreiköpfige Riese" erinnert an den Riesen Trivaldi („dreifacher Herrscher") und an die dreiköpfige Frau auf dem kleineren der beiden Goldhörner von Gallehus. Auch dieser Riese könnte somit ursprünglich der Sonnengott-Göttervater in der Unterwelt gewesen sein und dem Surtur und dem Hrimnir entsprechen. Für diese Deutung spricht auch, daß die „3" wie ein Adjektiv für „zur Sonne gehörend" und für „zyklisch" benutzt worden ist.

Die Flüche des Skirnir beziehen sich offenbar zu einem großen Teil auf den Sonnenaufgang, der der Gerda verwehrt werden soll – die eigentlich die Wiedergeburts-Mutter der Sonne, d.h. des Tyr gewesen ist.

Skirnir:
*„Ich ging zum Hügel in den tiefen Wald,
Um Zauberstäbe zu finden:
Und Zauberstäbe habe ich gefunden!"*

Diese Zauberstäbe sind entweder Seher(innen)-Stäbe oder Stäbe, auf die man bei Verfluchungen, Segnungen u.ä, Runen ritzte. Der Umstand, daß Skirnir erst bei dieser Gelegenheit nach solchen Stäben gesucht hat, spricht dafür, daß es Runen-Stäbe sind, denn den Seher(innen)-Stab erwirbt man sich nach seiner Ausbildung zur Seherin bzw. zum Seher.

Der „Hügel" wird ein Hügelgrab sein, was die Auffassung dieser Flüche als umgedeutete Jenseitsreise-Texte bestätigt.

Skirnir:
„Odin ist Dir gram! Der Asenfürst grollt Dir!
Und Freyr verflucht Dich!
Fliehe, üble Maid, bevor Dich
Der Zauberzorn der Götter vernichtet!

Hört es, ihr Joten! Hört es, ihr Reifriesen!
Hört es, Suttungs Söhne! Hört es, ihr Asen selber!
Wie ich der Maid verbiete, wie von der Maid verbanne
die Gesellschaft mit Männern!
Die Gemeinschaft mit Männern!"

Hier verflucht Skirnir die Gerda, daß sie nie mit einem anderen Mann zusammen sein wird, wenn sie sich dem Freyr verweigert. Dies kann man nur noch eine Brachial-Brautwerbung nennen.

Auch Busla hat dem König Hring mit Impotenz gedroht – die Zauberer und Zauberinnen wußten, welche Drohungen am besten wirken …

Skirnir:
„Hrimgrimnir heißt der Riese, der Dich haben soll
In den Tiefen hinter dem Tor der Hel!
Zu der Frostriesen Halle sollst Du jeden Tag fahren,
vergebens kriechen und betteln.

Dort werden üble Knechte an der Wurzel des Baumes
Dir Hörner mit Schmutz gefüllt reichen
Besserer Trank wird Dir nicht eingeschenkt!
Maid, nach Deinem Willen!
Maid, nach meinem Willen!"

Der „Baum" ist der Weltenbaum, der auch ein Weg zwischen Diesseits und Jenseits ist und somit auch das Tor darstellt, durch das die Sonne am Abend und am Morgen zwischen den beiden Welten wechselt.

„Eine Thurs-Rune schneid ich Dir in drei Stäbe:
Ohnmacht, Unmut, Ungeduld.
Ich werde sie abschneiden, so wie ich sie eingeschnitten habe,
Wenn ich es tun muß!"

Die drei Runen, die Skirnir in die drei Stäbe geritzt hat, sind mit allen seinen

Flüchen aufgeladen worden. Wenn Skirnir nun die Runen wieder von den Stäben abschneidet, sind sie „aktiviert" worden und das Schicksal wird seinen Lauf nehmen. Offenbar war es notwendig die Runen durch das Abschneiden zu „töten", d.h. ins Jenseits zu senden, damit sie von dort aus durch die magische Kraft der Götter zu Wirklichkeit werden.

Skirnir stellt Gerda nun vor die Wahl, entweder Freyr als Mann anzunehmen oder mit dem Fluch belegt zu werden.

Diese „Fluch-Litaneien" scheinen bei den westlichen Indogermanen die übliche Methode gewesen zu sein, denn auch von den Kelten sind sehr lange und kunstvoll ausgearbeitete Flüche bekannt, für die der Sturmzauber des Taliesin aus dem „Book of Taliesin" ein sehr anschauliches Beispiel ist.

Gerda:
„Nun sei Dir Heil, Held – nimm den Eiskelch
voller firnen Metes.
Ich hätte nie gedacht, daß ich einen
Von dem Stamm der Wanen wählen würde."

„Firn" ist der Schnee vom Vorjahr oben auf einem Gletscher, der im Laufe eines Jahres zu einer eisähnlichen Masse zusammengedrückt worden ist. Das Adjektiv „firn" bedeutet „eiskalt" oder „eisgekühlt". Vornehmen Gästen servierte man den Met offenbar „on the rocks".

Skirnir:
„Meiner Werbung Erfolg wüßte ich gerne gesichert,
bevor ich von hier gehe.
Wann meinst Du in Minne dem mannhaften Sohn
Des Niörd zu nahen?"

Gerda:
„Barri heißt der Wald mit den stillen Wegen,
den wir beide kennen:
Nach neun Nächten soll Niörds Sohn dort
Gerd Freude gönnen."

„Barri" bedeutet „Nadelwald" – kein besonders spezifischer Name eines Waldes. Da sich Freyr und Gerdr dort treffen und der Hintergrund dieser Mythe die Wiederzeugung im Jenseits ist, wird dieser Wald mit „Myrkwid" („Düsterwald") identisch sein, der auf dem Weg ins Jenseits liegt und manchmal auch das Jenseits selber zu verkörpern scheint.

Die „neun Nächte" sind wieder ein Hinweis auf die Jenseitsreise, da die „9" die Zahl des Jenseits ist.

Da ritt Skirnir heim. Freyr stand draußen, grüßte ihn und frug ihn, was er zu berichten habe:

„Sage mir, Skirnir, eh Du den Sattel abwirfst
Oder vorrückst den Fuß,
Was Du ausgerichtet hast in Riesenheim
Nach meiner Meinung und nach Deiner!"

Skirnir:
„Barri heißt der Wald mit den stillen Wegen,
den wir beide kennen:
Nach neun Nächten will Gerda dort
Niörds Sohn Freude gönnen."

Freyr:
„Lang ist eine Nacht, länger sind zwei:
Wie kann ich drei ertragen?
Oft scheint ein Monat mir minder lang
Als eine halbe Nacht des Harrens."

Vermutlich hat in der letzten Strophe einst „9" und nicht „3" gestanden, da Skirnir gesagt hat, daß sich Freyr und Gerdr nach drei Nächten treffen werden. Die „3" könnte jedoch auch ein Hinweis auf die Sonnensymbolik in diesem Lied sein – allerdings sollte dann auch Gerdr nicht von „9", sondern von „3" Nächten sprechen. Vielleicht wurden hier auch einfach beide Symboliken vermischt …

Dieses Lied beschreibt die Vorbereitung der Jenseitsreise des Freyr zu Gerda durch den Schamanen und Freyr-Priester Skirnir. Dies wird die Jenseitsreise nach dem Tod des Freyr sein, nach der er der Urahn der Menschen wurde und zudem das Vorbild für eine erfolgreiche Wiederzeugung und Wiedergeburt.

Die häufigen Anspielungen auf den am Morgen wiedergeborenen Sonnengott-Göttervater („Tyr") lassen zudem vermuten, daß Freyr hier die Tyr-Symbolik der am Morgen wiedergeborenen Sonne übernommen hat.

Dieser Fluch ist für Gerdr eine ernsthafte Gefahr gewesen, weil Skirnir als Runen- und Magie-kundiger Freyr-Priester das Wissen und die magische Macht besaß, um einen solchen Fluch wirksam auszusprechen. Die Grundlage seiner magischen Macht ist seine Verbindung zu dem Gott Freyr – die Wirkung eines Fluches kommt letztlich stets aus dem Jenseits von den Göttern und seltener von den Ahnen.

IV 11. c) Gesta danorum

In dieser „Geschichte der Dänen" des Saxo grammaticus wird in dem Bericht über König Hadding ein weiterer Fluch sehr genau wiedergegeben:

Als er sich seiner Tat brüstete, traf ihn eine Frau und sprach ihn mit folgenden Worten an:

„*Ob Du zu Fuß über die Felder schreitest*
oder ob Du das Segeltuch über der See spannst:
Du wirst den Haß der Götter erleiden
und in der gesamten Welt wirst Du erleben,
wie die Elemente Deinem Willen widerstreben!
Auf dem Fels sollst Du fallen,
auf der See sollst Du umhergeworfen werden,
ein ewiger Sturm soll die Schritte Deiner Wanderung begleiten!
Niemals soll die Frost-Steife Deine Segel verlassen,
niemals soll Dein Dach-Baum Dir Schutz geben
– und wenn Du nach ihm suchst,
soll es vom Sturm zerschmettert werden!
Deine Herde soll in bitterer Kälte umkommen,
alle Deine Dinge sollen verderben
und sie sollen Dein Los beklagen!
Du sollst ausgestoßen werden wie ein Pest-Krüppel
und keine Krankheit soll schlimmer sein als Du!
Diese Strafe hat die Macht des Himmels über Dich verhängt,
denn wahrlich,
Deine frevlerischen Hände haben einen von den Bewohnern der oberen Welt getötet,
als er sich in einer Gestalt verborgen hatte, die nicht seine eigene war:
Hier stehst Du, der Mörder des wohltätigen Gottes!
Wenn Dich jedoch die See empfängt,
wird der Zorn des Kerkers des Windgottes auf Dein Haupt losgelassen werden!
Der Westwind und der wütende Nordwind
und der Südwind sollen Dich niederschlagen,
sie sollen sich vereinen und ihre Böen einander übertreffend aussenden,
bis Du mit guten Gebeten die Härte des Himmels erweicht hast,
und mit Besänftigungen die verdiente Strafe aufgehoben hast!"

Der Windgott wird von Saxo mit dem Namen des griechischen Windgottes „Eolus" benannt – es wird aber wohl der germanische Windgott Kari gemeint sein.

IV 12.   Flüche von Magiern und Zauberinnen

Wie die beiden Flüche der Busla und des Skirnir zeigen, haben „professionelle Flüche" von Priester-Zauberern und Priesterin-Zauberinnen eine sehr gediegene Form und sehr wahrscheinlich auch eine große Wirkung.

Es sind noch einige weitere derartiger Flüche von „Fachleuten" überliefert worden.

IV 12. a)   Die Saga über Sturlaug den Mühen-Beladenen

Dies war der ganze Rat der Vefreya, denn Mjoll war so zauberkundig, daß sie Sturlaug und Vefreya mit einem magischen Bann belegt hätte, wenn sie dies im Voraus gewußt hätte.

Der Frauenname „Vefreya" bedeutet „Freya-Geweihte" d.h. „Freya-Priesterin". Da sie zauberkundig gewesen ist, wird sie sehr wahrscheinlich nicht nur den Namen „Freya-Priesterin" getragen haben, sondern auch eine Freya-Priesterin gewesen sein – „nomen est omen" …

Ein „Bann" ist eigentlich eine „Verbannung, Ausstoßung, Vogelfrei-Erklärung". Dieser Begriff wird jedoch des öfteren im Zusammenhang mit der Zauberei benutzt und bedeutet dort recht ungenau „Zauberspruch-Wirkung, Beeinflussung, Verfluchung, Beeinflussung, Hypnose".

IV 12. b)   Heimskringla

Vanlande, Swedges Sohn, folgte auf seinen Vater und herrschte über den Uppsala-Bereich. Er war ein großer Krieger und zog in den verschiedensten Ländern weit umher.

Einst nahm er in Finnland bei Snae dem Alten Winterquartier und erhielt dessen Tochter Driva zur Frau. Im Frühjahr ließ er Driva jedoch zurück und obwohl er versprach, innerhalb von drei Jahren zurückzukehren, kam er nicht in zehn Jahren zurück.

Da sandte Driva der Zauberin Huld eine Botschaft und sandte ihren Sohn Visbur, den sie von Vanlande empfangen hatte, nach Schweden. Driva belohnte die Zauber-Frau Huld dafür, daß sie entweder Vanlande nach Finnland holen oder ihn töten sollte.

Als diese Zauberei vonstatten ging, war Vanlande in Uppsala und es überkam ihn ein großes Verlangen, nach Finnland zu gehen, doch seine Freunde und Ratgeber rieten ihm davon ab und sagten, daß sich in seinem Bedürfnis, nach Finnland zu gehen, nur die Zauberkunst der Finnen offenbare.

Da wurde er sehr müde und legte sich zum Schlafen nieder, aber nachdem er ein wenig geschlafen hatte, schrie er auf und sagte, daß die Mara auf ihm herumtrampeln würde. Seine Männer eilten zu ihm, um ihm zu helfen, aber wenn sie seinen Kopf hielten, trampelte sie auf seinen Beinen, und wenn sie seine Beine hielten, drückte sie auf seinen Kopf – und das war sein Tod.

Die Schweden nahmen seinen Leib und verbrannten ihn an einem Fluß, der Skytaa genannt wurde, und errichteten dort einen stehenden Stein über ihm.

So sang Thjodolfr:

Und Vanlande wurde in seiner Todesstunde
von der Macht der Tochter der Grimhild,
von dieser Zauber-Frau zu dem Ort gezerrt,
an dem die Männer Odin von Angesicht zu Angesicht begegnen.
Den zu Tode getrampelten Leib
trug sein treues Gefolge zum Ufer der Skytaa
und verbrannten ihn dort mit schweren Herzen,
den guten Anführer, der von Zauberkünsten getötet worden war.

Der „Nachtmahr", also das „Nachtpferd" ist möglicherweise eine Erinnerung an die Hinrichtung-Weise des Zertrampelns durch Pferde.

Die Zauberin Huld, die den eidbrüchigen König Vanlande durch solch ein „Traumpferd" getötet hat, hat vermutlich denselben Fluch benutzt wie den, die die Zauberin Busla ihrem König angedroht hat.

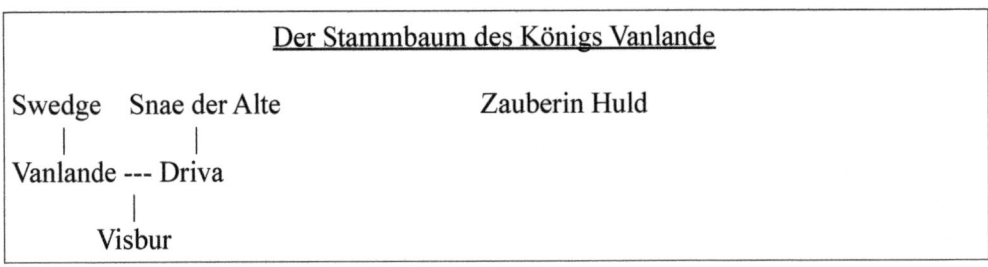

IV 12. c) Heimskringla

Hier findet sich eine recht ähnliche Geschichte – manchmal lernen die Söhne nicht aus den Fehlern ihrer Väter …

Visbur folgte auf seinen Vater Vanlande. Er heiratete die Tochter Aude des Reichen und gab ihr als Mitgift drei große Bauernhöfe und einen Goldreif. Sie hatten zwei Söhne, Gisle und Ond. Visbur verließ sie jedoch und nahm sich eine andere Frau, woraufhin sie mit ihren beiden Söhnen heim zu ihrem Vater ging.

Visbur hatte einen Sohn, der Domald genannt wurde und seine Stiefmutter benutzte Zauberei, um ihm Unglück zu bringen.

Als der eine von Visburs Söhnen zwölf und der andere dreizehn Jahre alt geworden waren, gingen sie zu dem Ort, an dem ihr Vater wohnte und verlangten die Mitgift ihrer Mutter, aber er händigte sie ihnen nicht aus.

Da sagten sie, daß der Goldreif der Tod des besten Mannes seiner Sippe werden solle, und kehrten heim.

Dann begannen sie mit den Zaubergesängen und der Magie und versuchten, ihren Vater zu vernichten.

Die Zauberin Huld sagte, daß sie es durch Magie erreichen könne, daß es in der Sippe der Ynglinge niemals an einem Mörder an einem eigenen Verwandten fehlen werde – und sie stimmten zu, daß dies so sein solle.

Danach versammelten sie Männer und kamen unerwartet zu Visbur und verbrannten ihn in seinem eigenen Haus.

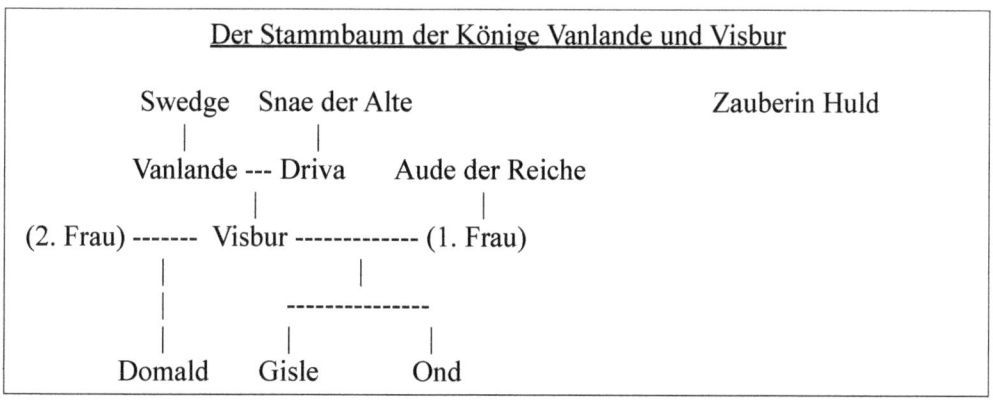

IV 12. d) Illugi-Saga

Manchmal artete auch ein Streit in gegenseitige Verwünschungen aus.

Einst lebte ein König mit dem Namen Ali, der über Alfheim herrschte. Er hatte eine Königin mit dem Namen Alfrun. Sie hatten eine Tochter, die Signy genannt wurde und die geschickt in allen Dingen war.

Sobald Signy alt genug war, wurde sie mit einem König mit dem Namen Eirek vermählt. Er fiel auf einem Raubzug in den Westen.

Sie hatten eine Tochter mit dem Namen Hild und sie war die allerschönste Maid. Da zog Signy zu ihrem Vater und blieb bei ihm.

Die Königin wurde alt und starb und der König war voller Kummer darüber. Signy blieb in ihrem Frauenhaus und ihr taten ihr Vater und ihre Mutter sehr leid.

Dann heiratete der König eine Frau mit dem Namen Grimhild. Sie war von schönem Äußerem, aber insgeheim war sie die größte Zauberin. Der König liebte sie sehr.

Sie hatte ihre eigenen Töchter, die alle ihrer Mutter glichen und die größten Zauberinnen waren.

In dem Königreich gingen bei der Ankunft der Grimhild viele Gerüchte um und als eines Nachts ein Mann verschwand, glaubten alle, daß Grimhild dafür verantwortlich sei.

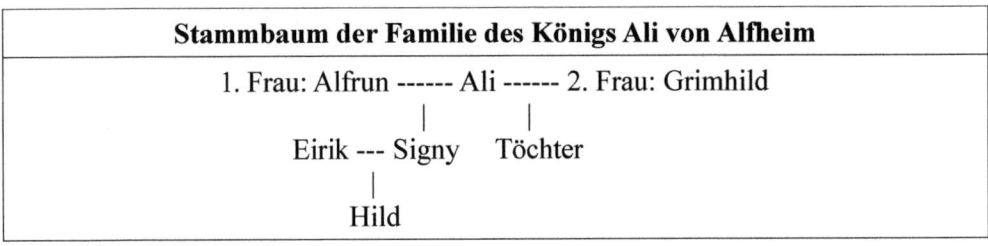

Der König begann alt zu werden und schlug der Königin vor, sich einen Nebenmann zu suchen, wenn sie dies wünschte.

Sie beschloß jedoch, den König zu vergiften und selber zu herrschen solange sie noch jung war. Sie gab ihm Gift zu trinken – das war sein Tod. Sie bestattete ihn in einem Hügelgrab.

Grimhild handelte nun so voller Bosheit, daß es in dem Königreich schon bald keine Menschen und keine Schätze mehr gab.

Danach beschloß Grimhild dorthin zu gehen, wo Signy mit ihrer Tochter saß. Und als sie dorthin gelangt war, sprach sie zu ihr solcherart:

„Du, Signy," sprach sie, *„hast lange genug in Glück dagesessen,*
und nun werde ich Dir dies alles nehmen
und ich bestimme Dir, daß Du schon bald in die Verbannung gehen
und die schlimmste Hexe werden sollst!
Du sollst Grid genannt werden.
Deine Tochter soll mit Dir gehen
und alle Männer, die sie sehen,
sollen in Liebe zu ihr entbrennen.
Du sollst sie alle in ihrem Bett ermorden.
Die sieben Schwestern sollen jede Nacht mit Dir kämpfen.
Sie werden Dich auseinanderreißen
und Dich zerhacken und Dich verstümmeln,
aber Du sollst alt werden, bevor Du stirbst,
und Du sollst alt werden, bevor Du von diesem Zauberbann befreit wirst,
sofern Du keinen Mann findest,
der sich nicht vor Deinem fürchterlichen Messer fürchtet,
wenn Du es erhebst –
und diejenigen, die fliehen,
wenn Du diese fürchterliche Klinge zeigst,
dürfen nicht am Leben bleiben."

Signy konnte vor lauter Kummer und Weinen nicht sprechen.
Da sprach Hild:

„Ich hoffe, Grimhild, daß ich mich vor Deinen Verwünschungen verbergen kann und daß andere Dich und Deine Untaten ertragen müssen – aber andere, die in der Halle des Königs sind!

Sklaven sollen dort ein Feuer zwischen Deinen Füßen entfachen!
Dieses Feuer soll sowohl am Tag als auch in der Nacht brennen
und Du sollst an der einen Seite brennen
und an der anderen Seite frieren
und das Feuer wird Dir niemals Ruhe geben!
Und wenn wir beide entkommen,
dann wirst Du sterben und in das Feuer stürzen!"

Dann sprach wieder Grimhild: „Sehr närrisch ist Deine Rede und ich hoffe, daß keiner von beiden daran gebunden ist!"
Dann gingen Mutter und Tochter fort, um in dieser Höhle zu leben. Ich bin diese Signy und das hier ist meine Tochter Hild und ich gebe sie Dir nun zur Frau, denn Du

hast mich von dem Zauberbann befreit."

IV 12. e)   Hrolf Kraki und seine Berserker

Das Schlagen mit dem Handschuh einer Priesterin-Zauberin könnte ein wesentliches Element von Flüchen gewesen sein, da das Schlagen mit den Handschuhen sich im Laufe der Zeit zu der üblichen Herausforderung zu einem Duell entwickelt hat.

Königin Hvit schlug ihn nun mit einen Wolfsfell-Handschuh und sagte, daß er nun zu einem schrecklichen und furchtbaren Höhlenbären werden solle, „und Du wirst Dich von nichts anderem als von Deines Vaters Vieh ernähren! Du wirst es in unfaßbaren Mengen töten und Du wirst niemals mehr diesen Bann loswerden!"

Der Fluch ging in Erfüllung ...

IV 12. f)   Hexenprozeß von Bergen im Jahre 1324

In diesem Prozeß wird die Formel zitiert, die die Zauberin Ragnhild Tregagas bei der Trennung von ihrem früheren Geliebten benutzt hat:

Ich sende von mir den Geist der (Walküre) *Göndul aus:*
Möge sie Dich als erstes in den Rücken beißen!
Möge sie Dich als zweites in die Brust beißen!
Möge sie Dir zum dritten Haß und Eifersucht senden!

Das Aussenden der Walküre Göndul aus sich selber heraus klingt, als ob dies eine Astralreise der Zauberin Ragnhild sei, bei der sie ihren Astralkörper „Göndul" nennt. Vielleicht ist „Göndul" auch ein Name für den Zauber selber oder Ragnhild hat de Walküre Göndul ausgesandt, um ihrem Ex-Geliebten zu schaden. Auf jeden Fall geht die Wirkung des Zaubers nicht von Ragnhild, sondern von der Walküre Göndul aus, die Ragnhild um Hilfe gebeten hat.

IV 12. g)   Die Saga über Grettir den Starken

Der folgende Auszug aus der Grettir-Saga ist der detaillierteste Bericht über eine Zauberin und ihre Magie, ihr Vorgehen dabei und die Folgen dieser Tat, die es in der germanischen Überlieferung gibt. Das wesentlichste Elemente dieser Magie ist der Fluch, den eine Zauberin ausspricht.

Der Auszug aus der Grettir-Saga beginnt an der Stelle, an der sich der verbannte Grettir und sein Bruder auf einer kleinen Insel verschanzt haben.

Thorbjorn Angelhaken hatte eine Ziehmutter mit dem Namen Thurid. Sie war sehr alt und von wenig Nutzen für die Menschen, aber sie war sehr geschickt in Zauberei und Magie gewesen, als sie noch jung und die Menschen Heiden gewesen waren. Nun schien sie das alles verloren zu haben.

Doch obwohl das Land nun christlich war, waren noch viele Funken des Heidentums übriggeblieben. Es war durch das Gesetz des Landes nicht verboten, privat heidnische Ritualen durchzuführen; nur diejenigen, die dies öffentlich taten, wurden mit der kleineren Verbannung belegt.

Nun erging es vielen so wie man sagt: Die Hand neigt zu der gewohnten Tätigkeit – und das, was wir in der Jugend erlernt haben, ist uns immer das Vertrauteste.

Daher wandte sich Thorbjörn Angelhaken, dessen Pläne alle vereitelt worden waren, dorthin um Hilfe, wo die meisten Leute sie am wenigsten gesucht hätten – und zwar bei seiner Ziehmutter und frug sie, was sie für ihn tun könnte.

Sie antwortete: „Nun scheint es mit, daß es so gekommen ist, wie man sagt: Viele gehen in den Ziegenstall, um Wolle zu holen. Ich würde nichts weniger tun, als mich den anderen Männern des Landes überlegen fühlen – wäre ich nicht wie ein Nichts, wenn man es erproben würde? Ich sehe nicht, daß es mir übler ergeht wie Dir, obwohl ich mich kaum von meinem Bett erheben kann. Wenn Du meinen Rat haben willst, dann mußt Du in allen Dingen tun, was ich will."

Er stimmte zu und sagte, daß ihr Rat schon seit langem stets gut für ihn gewesen sei.

Der 'Doppelmonat' des Sommer nahte sich nun.

Eines schönen Tages sagte die alte Frau zu Angelhaken: „Das Wetter ist nun windstill und sonnig. Ich will, daß Du nach Drangey gehst und einen Streit mit Grettir beginnst. Ich werde mit Dir gehen und schauen, auf welche Art er antwortet. Ich werde wissen, wie es mit ihnen steht, wenn ich sehe, wie sie sich verhalten – und dann werde ich solche Worte gegen sie sprechen, wie mir beliebt."

Fischerhaken sagte: „Laß uns nicht nach Drangey gehen. Mir geht es stets schlechter, wenn ich von dort fortgehe als wenn ich dort hingehe."

Die Frau sagte: „Ich werde Dir nicht helfen, wenn Du nicht tust, was ich Dir sage."

„*Das sei fern von mir, meine Ziehmutter. Ich habe gesagt, daß ich ein drittes mal dorthingehen werde und daß dann dabei etwas für uns herausspringen wird.*"

„*Du kannst es wagen,*" sagte sie, „*es wird für Dich viel Arbeit geben, bevor Grettir in die Erde gelegt wird. Dein Los wird oft ungewiß sein und es wird hart für Dich werden, bevor es zu Ende ist. Doch es ist Dir bestimmt, daß Du irgendwie aus der Sache wieder herauskommen wirst.*"

Da ließ Thorbjörn Angelhaken ein Zehnruderer-Boot bemannen und ging mit elf Mann an Bord. Die Frau war bei ihnen und sie ruderten hinaus nach Drangey.

Als die Brüder sie kommen sahen, gingen sie nach vorne zur Leiter und begannen aufs neue über ihren Fall zu sprechen.

Thorbjörn sagte, daß er noch einmal gekommen sei, um ihre Antwort zu hören – ob Grettir den Ort verlassen werde. Er sagte, daß er die Zerstörung seines Eigentums und Grettirs Aufenthalt dort nicht weiter übel nehmen werde, wenn sie sich in Frieden trennen würden.

Grettir sagte, daß er nicht vorhabe, zu irgendeiner Übereinkunft wegen seines Fortgehens zu kommen, „*ich habe Dir oft gesagt,*" sagte er, „*daß es keinen Sinn hat, mit mir darüber zu reden. Tue, was Dir gefällt – ich habe vor, hier zu bleiben und zu schauen, was geschieht.*"

Thorbjörn sah, daß dieses Ergebnis auch dieses mal nicht erreicht werden würde und sprach: „*Ich habe genau gewußt, mit welchen Hel-Männern ich hier zu tun habe. Es ist sehr wahrscheinlich, daß etliche Tage vergehen werden, bevor ich hierhin zurückkehre.*"

„*Es würde mich nicht schmerzen, wenn Du garnicht mehr wiederkommen würdest,*" sagte Grettir.

Die Frau lag in den Tüchern am Heck und war mit Kleidern bedeckt. Sie begann sich nun zu regen und sagte: „*Dies sind tapfere und glücklose Männer. Zwischen euch ist ein großer Unterschied: Ihr bietet ihnen Gutes an und sie lehnen alles ab. Es gibt nur wenige noch sicherere Anzeichen für Böses als nicht zu wissen, wie man Gutes annehmen soll. Nun sage ich Dir dies, Grettir: Du sollst Deine Gesundheit verlieren und Dein gutes Geschick und Dein Glück, allen Schutz und allen Rat – umso mehr je länger Du lebst! Ich wünsche Dir, daß Deine Tage in Zukunft weniger glücklich sind als in der Vergangenheit!*"

Es ist beachtenswert, daß die Zauberin Thurid zuerst einmal Grettir und seinen Bruder persönlich sehen und prüfen will, bevor sie beschließt, sie zu verfluchen.

Als Grettir dies hörte, machte er eine heftige Bewegung und sagte: „*Welcher Feind ist dort in dem Schiff bei ihnen?*"

Illugi sprach: „*Ich glaube, das muß die alte Frau sein, Thorbjörns Ziehmutter.*"

„*Verfluchte Hexe!*" sagte er, „*Ich hätte mir nichts Schlimmeres ausdenken können!*

Nichts, was jemals gesagt worden ist, erschrickt mich mehr als ihre Worte, denn ich weiß, daß mich irgendein Übel durch sie und ihre Worte überkommen wird. Sie soll etwas haben, was sie an ihren Besuch hier erinnert!"

Da nahm er einen riesigen Stein und warf ihn in das Boot. Er fiel in den Kleiderhaufen. Thorbjörn hatte nicht gedacht, daß irgendein Mann so weit werfen könnte. Ein lauter Schrei war zu hören, denn der Stein hatte ihren Oberschenkel getroffen und ihn zerbrochen.

Illugi sprach: „Ich wünschte, Du hättest das nicht getan."

„Tadle mich nicht dafür!" sprach Grettir, „Ich fürchte eher, daß das noch zu wenig gewesen ist! Eine alte Frau wäre kein zu großer Preis für uns beide."

„Wie soll sie für uns beide zahlen? Das wäre eine kleine Summe für uns beide."

Thorbjörn kehrte heim. Es gab keine Grüße, als er fortging.

Er sprach zu der alten Frau und sagte: „Es ist gekommen, wie ich es erwartet habe. Die Reise zu der Insel hat Dir wenig Nutzen gebracht. Du bist für den Rest Deines Lebens verletzt worden und wir haben nicht mehr Ehre als zuvor. Wir müssen eine Verletzung nach der anderen unvergolten ertragen."

Sie antwortete: „Das ist der Anfang ihrer Vernichtung. Ich sage, daß es mit ihnen von dieser Zeit an abwärts gehen wird. Mir ist es gleich, ob ich lebe oder nicht, wenn ich keine Rache für die Verletzung bekomme, die ich von ihnen erhalten habe."

Das Prinzip der Erhaltung der Ehre und das damit eng verknüpfte Prinzip der Rache galt auch für Frauen.

„Du scheinst guter Dinge zu sein, Ziehmutter," sagte er.

Sie kamen daheim an. Die Frau lag für fast einen Monat im Bett, bevor ihr Bein geheilt war und sie wieder gehen konnte. Die Männer lachten über die Fahrt des Thorbjörn und der alten Frau. Sie hatten wenig Glück mit den Treffen mit Grettir: zuerst bei dem Friedensschluß auf dem Thing, dann als Haering getötet worden war, und dann beim dritten mal, als der Oberschenkel der Frau gebrochen wurde – während nichts Gutes für sie herausgekommen war. Thorbjörn Angelhaken litt sehr unter ihrem Gerede.

Der Herbst ging vorüber und es waren nur noch drei Wochen bis zum Winter. Die alte Frau bat, zu der Meeresküste gebracht zu werden. Thorbjörn frug sie, was sie tun wolle.

„Nur eine Kleinigkeit," sagte sie, „aber vielleicht ein Zeichen für größere Dinge, die noch kommen werden."

Da wurde es so getan, wie sie es befohlen hatte, und als sie hinab zum Strand kam, humpelte sie so am Meer entlang als ob sie zu einem entwurzelten Baum geführt werden würde, der so groß war, daß ihn ein Mann gerade noch auf seiner Schulter tragen konnte.

Die Zauberin Thurid ist offenbar auch eine gute Seherin, die erkennen kann, wann und wo sie das finden kann, was sie braucht.

Sie blickte auf den Baum und befahl ihnen, ihn vor ihren Augen umzuwenden und auf einer Seite sah er aus, als ob er versengt und gescheuert worden wäre.
Da ließ sie dort, wo er gescheuert worden war, ein kleine freie Fläche schneiden. Da nahm sie ihr Messer und schnitt Runen in die Wurzel und färbte sie mit ihrem Blut rot und sang viele mächtige Zauber-Worte über ihnen. Dann ging sie rückwärts und gegen den Sonnenlauf um den Baum herum und belegte ihn mit vielen starken Zaubersprüchen.

Das Gehen mit dem Sonnenlauf ist ein Ausdruck des Einklanges mit der Welt und somit des Gedeihens, während das Gehen gegen den Sonnenlauf ein Ausdruck des Widerspruches zur Welt und somit der Zerstörung ist. Diese naheliegende Symbolik findet sich bei sehr vielen Völkern.
Dasselbe gilt für das Vorwärts- und Rückwärtsgehen.

Danach ließ sie den Baum in das Meer hinausstoßen und sprach über ihn, daß er nach Drangey treiben solle und daß Grettir von ihm Schaden erleiden solle.
Dann kehrte sie nach Vidvik zurück.
Thorbjörn sagte, daß er nicht wüßte, wozu das führen solle.
Die Frau sagte, daß er es eines Tages besser verstehen werde.
Der Wind stand zu dem Fjord hin, aber der Baumstamm der Frau trieb gegen den Wind und keineswegs so langsam, wie man hätte erwarten sollen.

Es ist zumindestens denkbar, daß die „vielen mächtigen Zauberworte" der Thurid auch eine Anrufung des Ägir oder der Ran enthalten haben könnten, in der Thurid sie gebeten hat, den Baumstamm zu Grettirs Insel zu bringen.

Grettir saß mit seinen Begleitern auf Drangey sehr behaglich, wie bereits erzählt worden ist.
An dem Tag nach dem, an dem die alte Frau ihre Zaubersprüche über dem Baum gesprochen hatte, gingen sie von dem Hügel hinab, um nach Feuerholz zu suchen. Als sie an die Westseite der Insel kamen, fanden sie einen großen Baumstamm, der dort angeschwemmt worden war.
„Das ist ein guter Stamm für Brennholz," rief Illugi aus, „laß ihn uns heimtragen."
Grettir trat mit seinem Fuß gegen ihn und sprach: „Ein übler Baum, der mit üblen Absichten gesandt worden ist. Wir müssen anderes Feuerholz suchen."
Er stieß ihn zurück ins Meer und ermahnte Illugi, daß er darauf achte, ihn nicht heimzutragen, da er zu ihrer Vernichtung gesandt worden war.

Auch Grettir war zumindestens ein wenig ein Zauberer, da er die Magie an dem Baumstamm wahrnehmen konnte – aber vielleicht hatte er auch die Runen entdeckt.

Offenbar war es für die Wirkung der Magie notwendig, daß Grettir „den Köder schluckte", d.h. daß der Baumstamm zu ihm oder zu seinem Wohnort kam, d.h. daß er sich in irgendeiner Weise mit ihm verband.

Sie kehrten heim und sagten nichts über den Baumstamm zu dem Sklaven.

Am nächsten Tag fanden sie den Baumstamm aufs neue und näher bei der Leiter als am Tag zuvor. Grettir stieß ihn wieder ins Meer und sagte, daß er ihn niemals heimtragen würde.

Die Nacht ging vorüber und es kam schlechtes Wetter mit Regen, sodaß sie nicht hinausgingen und Glaum sandten, um Feuerholz zu sammeln. Er knurrte viel vor sich hin und sagte, daß es grausam sei, ihn sich in jedem Wetter zu Tode plagen zu lassen. Er stieg die Leiter hinab und fand dort den Baumstamm der Frau. Er fand, daß er großes Glück gehabt habe, schleppte ihn heim zu der Hütte und ließ ihn dort mit großem Lärm fallen, den Grettir hörte.

„Glaum hat etwas gefunden. Ich muß hinausgehen und schauen, was es ist," sagte er und ging hinaus und nahm seine Holzaxt mit sich.

„Möge Dein Holzhacken nun nicht schlechter sein als mein Heimschleppen des Holzes!" sagte Glaum.

Grettir war wütend über den Knecht. Er nahm seine Axt mit beiden Händen und bemerkte nicht, welcher Baumstamm das war. Als die Axt den Baumstamm berührte, knickte die Klinge zur Seite, glitt von dem Baumstamm ab und in Grettirs rechtes Bein. Sie drang oberhalb seines rechten Knies ein und verletzte den Knochen und machte ein üble Wunde.

Grettir wandte sich zu dem Baumstamm und sprach: „Der, der mir Böses wollte, hat Erfolg gehabt. Dies ist genau der Baumstamm, den ich zweimal zurück ins Meer gestoßen habe. Zwei Unglücke hast Du uns nun gebracht, Glaum: Zuerst hast Du unser Feuer ausgehen lassen und nun hast Du uns diesen Unglücksbaum gebracht. Ein dritter Fehler wird der Tod von Dir und von uns allen sein."

Da verband Illugi die Wunde. Sie blutete nur wenig. Grettir schlief gut in der Nacht und drei Tage vergingen, ohne daß die Wunde ihn plagte. Als sie den Verband öffneten, war das Fleisch zusammengewachsen und die Wunde war fast verheilt.

Illugi sprach: „Ich glaube nicht, daß Du lange unter dieser Wunde leiden wirst."

„Das wäre gut," sprach Grettir, „es ist auf seltsame Weise zustande gekommen, egal wie es endet – aber mein Geist sagt mir, daß es nicht so gut werden wird."

Eines Abends gingen sie alle zu Bett und um Mitternacht herum begann sich Grettir auf seinem Lager umherzuwälzen.

Illugi frug ihn, warum er so ruhelos sei.

Grettir sagte, daß ihn sein Bein schmerze und daß er glaube, daß sich sein Aus-

sehen verändert haben müsse. Sie holten ein Licht, banden die Wunde auf und sahen, daß sie angeschwollen und blauschwarz wie Kohlen war. Sie hatte sich wieder geöffnet und sah schlimmer aus als am Anfang. Er hatte danach große Schmerzen und konnte nicht still liegen und es kam kein Schlaf über seine Augen.

Grettir sagte: „Wir müssen vorsichtig sein. Diese Krankheit, die ich da habe, kommt nicht von ungefähr – da ist Zauberei am Werk. Die alte Frau wollte mich für den Stein, den ich auf sie geworfen habe, strafen."

Es ist beachtenswert, daß die Zauberin Thurid Grettir an genauderselben Stelle eine Wunde zufügt, an der auch sie von ihm verwundet worden ist: am Oberschenkel.

Diese Art der Wunde ist geradezu eine „Unterschrift" der Thurid, die Grettir nicht mißverstehen konnte.

Illugi sagte: „Ich habe Dir gesagt, daß nicht Gutes von dieser alten Frau kommen wird."

„Am Ende wird es alles auf dasselbe hinauslaufen," sagte Grettir und sprach diese Verse:

„Oft haben Männer mein Leben bedroht
und ich habe gewußt, wie ich es gegen Feinde verteidigen muß;
doch nun ist es eine Frau, die meinen Tod will.
Wahrlich, die Zaubersprüche der Üblen sind mächtig."

„Nun müssen wir auf der Hut sein, denn Thorbjorn Angelhaken wird es nicht dabei belassen. Du, Glaum, mußt in Zukunft jeden Tag die Leiter bewachen und sie am Abend heraufziehen. Tu dies verläßlich, denn vieles hängt davon ab! Wenn Du das nicht getreu durchführst, wir Dein Tod nicht lange auf sich warten lassen!"

Glaum versprach, sorgfältig darauf zu achten.

Das Wetter wurde nun sehr heftig. Ein Nordostwind kam und es wurde sehr kalt. Jeden Abend frug Grettir, ob die Leiter heraufgezogen worden sei.

„Erwarten wir nun Männer?" frug Glaum, „Ist es irgendeinem Menschen so wichtig, Dir Dein Leben zu nehmen, daß er dafür sein eigenes zu verlieren bereit ist? Dieses Wetter ist noch viel schlimmer als nur für Schiffe unmöglich. Deine kriegerische Haltung muß Dich ganz verlassen haben, wenn Du glaubst, daß Dich alle nur töten wollen!"

„Deine Haltung ist stets schlechter als die von uns beiden," sagte Grettir, „egal, was geschieht. Doch nun mußt Du Dich um die Leiter kümmern, wie unwillig Du dazu auch sein magst."

Sie schickten ihn zu seinem großen Ärger jeden Morgen hinaus.

Der Schmerz der Wunde nahm zu und das ganze Bein war geschwollen und der

Oberschenkel begann sowohl oberhalb als auch unterhalb der Wunde zu eitern, was sich immer mehr ausbreitete, sodaß Grettir glaubte, daß er sterben müsse. Illugi saß Tag und Nacht bei ihm und achtete auf nichts anderes. Dies war nun die zweite Woche seiner Krankheit.

Thorbjörn Angelhaken war zu der Zeit daheim in Vidvik und sehr mißmutig darüber, daß er Grettir nicht hatte überwinden können. Als ungefähr eine Woche vergangen war seitdem sie den Baumstamm verzaubert hatte, kam sie zu Thorbjörn und frug ihn, ob er nicht Grettir besuchen wolle. Er sagte, daß es nichts gäbe, wozu er mehr entschlossen sei.

„*Aber willst Du ihn auch treffen, Ziehmutter?" frug er.*

„*Ich habe nicht die Absicht, ihn zu treffen," sagte sie, „ich habe ihm meine Grüße gesandt, die er jetzt, glaube ich, erhalten haben wird. Aber Dir rate ich, sofort aufzubrechen und ihn schnell aufzusuchen, da Du ihn sonst nicht überwältigen wirst."*

Er antwortete: „Ich habe so viele unrühmliche Fahrten dorthin gemacht, daß ich nicht nochmal dorthin fahren werde. Das Wetter ist Grund genug dafür – die Fahrt wäre einfach unmöglich, wie dringend sie auch immer wäre."

„*Dir ist wirklich nicht zu helfen, wenn Du diese Listen nicht durchschaust. Nun werde ich Dir raten: Geh zuerst und hole Männer zusammen; reite dann zu Deinem Schwager Halldor in Hof und hol Dir Hilfe von ihm. Ist es für Dich eine zu fernliegende Vorstellung, daß ich etwas mit dem Sturm, der jetzt bläst, zu tun haben könnte?"*

Die Zauberin Thurid hat offensichtlich eine gute Ausbildung genossen, da sie auch in der Lage ist, eine tagelangen Sturm herbeizurufen.

Es schien Thorbjörn, daß die Frau weiter sehen konnte, als er gedacht hatte. Daher rief er aus dem Land ringsum Männer zusammen. Er erhielt schon bald die Antwort, daß niemand von denen, die ihren Anteil aufgegeben hatten, etwas für ihn tun wollte. Sie sagten, daß sowohl die Insel als auch Grettir Thorbjörns Angelegenheit wären. Zungen-Stein sandte ihm zwei Männer und sein Bruder Hjalti drei, Eirik aus Guddal sandte ihm einen. Er selber hatte sechs Männer. Diese Zwölf ritten von Vidvik nach Hof, wo Halldor sie zu bleiben einlud und nach den Neuigkeiten frug.

Thorbjörn berichtete ihm alles ausführlich. Halldor frug, wer dies alles getan habe. Er sagte, daß seine Ziehmutter ihn zu dem allen angetrieben habe.

„*Das wird zu nichts Gutem führen. Sie ist eine Zauberin und Zauberei ist nun verboten."*

„*Ich kann nicht auf alles Rücksicht nehmen," sagte Thorbjörn, „ich bin dazu entschlossen, daß es nun auf irgendeine Weise ein Ende finden soll. Aber wie soll ich es anstellen, daß ich auf die Insel komme?"*

„*Mir scheint, daß Du Dich auf etwas verläßt, aber ich weiß nicht, ob das etwas*

Gutes ist. Wenn Du irgendetwas erreichen willst, dann geh zu meinem Freund Björn in Hagenens in Fljot. Er hat ein gutes Schiff, bitte ihn, es Dir zu leihen, dann wirst Du in der Lage sein, nach Drangey zu segeln. Ich glaube, wenn Du Grettir gesund und munter vorfindest, wird Deine Fahrt umsonst sein. Eine Sache merke Dir: Töte ihn nicht in offenem Kampf, denn es gibt genügend Männer, die ihn rächen werden. Töte Illugi nicht, wenn Du es irgendwie vermeiden kannst. Ich fürchte, meine Ratschläge sind nicht besonders christlich."

Halldor gab ihm sechs Männer, einer von ihnen war Kar, ein anderer Thorleif, ein dritter Brand. Die Namen der anderen sind nicht überliefert worden.

Diese achtzehn Männer gingen nach Fljot und erreichten schließlich Haganes und überbrachten Halldors Botschaft an Hjörn. Er sagte, daß er es Halldor zuliebe tun müsse, daß er aber nicht dem Thorbjörn verpflichtet sei.

Er sagte, daß das eine wahnsinnge Fahrt sei und versuchte sie davon abzuhalten. Sie antworteten ihm, daß sie nicht mehr umkehren könnten, und gingen hinab zum Meer und wasserten das Schiff, das fahrtbereit mit allem Gerät im Bootshaus stand. Dann machten sie sich zum Segeln bereit. Alle, die am Strand standen, dachten, daß es unmöglich sei, das Meer zu überqueren. Sie hißten das Segel und schon bald war das Boot weit draußen im Fjord unterwegs. Als sie hinaus auf das offene Meer kamen, beruhigte sich das Wetter und war nicht mehr ganz so stürmisch. Am Abend als es dunkel wurde, erreichten sie Drangey.

Thurid konnte offensichtlich nicht nur einen Sturm herbeibeschwören, sondern auch noch gleichzeitig ihren Ziehsohn Thorbjörn unter einen Schutz vor diesem Sturm stellen bzw. einen „differenzierenden Sturm" herbeirufen.

Es ist schon erzählt worden, daß Grettir so krank geworden war, daß er nicht mehr auf seinen Füßen stehen konnte, daß Illugi bei ihm saß und Glaum Wache hielt. Er redete noch immer dagegen an und sagte, daß sie fürchteten, daß ihr Leben aus ihnen herausfallen würde, aber daß es dafür keinerlei Anlaß gäbe. Er ging hinaus, aber sehr unwillig. Als er zu der Leiter kam, sagte er zu sich selber, daß es keinen Grund gäbe, sie hochzuziehen.

Es fragt sich, ob dieses Verhalten des Knechtes Glaum auch noch durch den Zauber der Thurid bewirkt worden ist – das wäre dann eine wirklich sehr niveauvolle Magie.

Er fühlte sich sehr müde und schlief den ganzen Tag und erwachte nicht, bis Thorbjörn die Insel erreichte. Da sah dieser, daß die Leiter nicht hinaufgezogen worden war.

Thorbjörn sprach: „Die Lage hat sich verändert und ist nicht mehr dieselbe wie zuvor. Es gehen keine Männer dort oben mehr umher und die Leiter ist an ihrem

Platz. Es könnte sein, daß aus unserer Reise mehr wird, als wonach es am Anfang ausgesehen hat. Laßt uns nun zu der Hütte gehen und laßt uns unseren Mut nicht schwinden. Wenn es ihnen gut geht, ist es gewiß, daß jeder von uns sein Bestes geben muß."

Sie stiegen die Leiter hinauf, blickten sich um und sahen nah bei dem Aufstieg einen Mann liegen und schnarchen. Thorbjörn erkannte Glaum, ging zu dem Lump und sagte ihm, er solle aufwachen, schlug ihn mit dem Griff seines Schwertes gegen sein Ohr und sagte: "Wahrlich, derjenige, dessen Leben Dir anvertraut ist, ist in einer üblen Lage!"

Glaum blickte auf uns sprach: "Es ist alles wie üblich. Glaubt ihr, meine Freiheit ist so viel wert, wenn ich hier im Kalten liege?"

Angelhaken sagte: "Hast Du Deinen Verstand verloren? Siehst Du nicht, daß Deine Feinde hier sind und sie euch jetzt alle töten werden?"

Glaum sagte nichts, aber als er die Männer erkannte, schrie er so laut er konnte.

"Tu jetzt eines von diesen beiden Dingen," sagte Angelhaken, "schweige augenblicklich und sage mir alles über euren Haushalt oder stirb!"

Glaum war so still als ob er unter Wasser getaucht worden wäre.

Thorbjörn sagte: "Sind die Brüder in der Hütte? Warum sind sie nicht hier draußen?"

"Daß würde ihnen nicht so leicht fallen," sagte Glaum, "Denn Grettir ist krank und dem Tod nahe und Illugi sitzt bei ihm."

Thorbjörn frug, wie sein Zustand sei und was geschehen sei. Da berichtete ihm Galum alles über Grettirs Wunde.

Angelhaken lachte und sagte: "Es ist wahr, wie das alte Sprichwort sagt 'Alte Freunde sind das letzte, was fortbricht.' und auch 'Es ist übel, einen Sklaven zum Freund zu haben.' – so einen wie Dich, Glaum! Du hast schändlich Deinen Herrn verraten, auch wenn in ihm nicht viel Gutes ist!"

Da schmähten die anderen ihn für seine Untreue und schlugen ihn fast reglos und ließen ihn dann liegen. Dann gingen sie zu der Hütte und schlugen heftig an die Tür.

Illugi sagte: "Graubauch schlägt an die Tür, Bruder."

"Er schlägt ziemlich laut," sagte Grettir, "sehr rücksichtslos."

Dann brach die Tür in Stücke. Illugi sprang zu seinen Waffen und verteidigte die Tür, sodaß sie nicht hereinkommen konnten. Sie griffen ihn lange an, aber sie konnten nur mit ihren Speerspitzen hereingelangen, die Illugi allesamt von ihren Schäften abhieb.

Als sie sahen, daß sie so nichts erreichten, steigen sie auf das Dach und begannen es einzuschlagen. Da stand Grettir auf, nahm einen Speer und stieß ihn zwischen die Dachbalken. Er traf Kar, Halldors Mann von Hof und drang ganz durch ihn hindurch. Angelhaken sagte ihnen, daß sie vorsichtig zu Werke gehen und auf sich selber aufpassen sollten, "wir werden sie nur überwältigen," sagte er, "wenn wir vorsichtig vorgehen."

Da legten sie das Ende eines der Dachbalken frei und schlugen auf ihn ein bis er zerbrach. Grettir konnte nicht von seinem Knien aufstehen, aber er ergriff sein Schwert Karsnaut in dem Augenblick, als sie alle durch das Dach hereinsprangen. Da begann ein gewaltiger Kampf. Grettir schlug mit seinem Schwert nach Vikar, einen Mann des Hjalti Thord-Sohn und traf seine linke Schulter, als er von dem Dach aus hereinsprang. Das Schwert hieb durch seine Schulter und unter seinem rechten Arm wieder hinaus und schlug ihn in zwei Teile. Sein Leib fiel in zwei Teile und stürzte auf Grettir und hinderte ihn daran, sein Schwert so schnell wieder frei zu bekommen, wie er es gewollt hatte, sodaß es Thorbjörn Angelhaken gelang, ihn ernsthaft zwischen seinen Schultern zu verletzen.

Grettir sprach: „Nackt ist der Rücken dessen, der keinen Bruder hat."

Illugi hielt seinen Schild vor Grettir und verteidigte ihn so heftig, daß alle Männer seine Stärke lobten.

Grettir sagte zu Angelhaken: „Wer hat euch den Weg zu der Insel gezeigt?"

„Christus hat uns den Weg gezeigt," sagte er.

„Ich glaube," sagte Grettir, „daß es die boshafte alte Frau gewesen ist, Deine Ziehmutter, die Dir den Weg gezeigt hat – auf ihre Ratschläge hast Du vertraut!"

„Das ist nun für Dich völlig egal," sagte Angelhaken, „wem ich vertraut habe."

Dann griffen sie wieder an. Illugi verteidigte sich und Grettir tapfer, aber Grettir konnte nicht mehr kämpfen, zum Teil wegen seiner Wunden und zum Teil wegen seiner Krankheit. Angelhaken befahl, Illugi mit ihren Schilden niederzudrücken und sagte, daß er niemals einem wie ihm unter den älteren Männern begegnet sei.

Das taten sie und umringten ihn mit einer Mauer von Rüstung, gegen die er sich nicht wehren konnte. Sie nahmen ihn gefangen und bewachten ihn. Er hatte die meisten von denen, die ihn angegriffen hatten, verwundet und drei von ihnen getötet.

Sie gingen zu Grettir, der vornüber auf sein Gesicht gefallen war. Er leistete keinerlei Widerstand, der er war bereits an seiner Beinwunde gestorben. Sein Oberschenkel war bis zu seinem Schritt hinauf abgestorben. Sie hatten ihm noch viele andere Wunden geschlagen, aber es floß wenig oder kein Blut.

Als sie sich sicher waren, daß er ganz tot war, ergriff Angelhaken Grettirs Schwert, aber seine Finger waren so fest um den Griff geschlossen, daß er sie nicht lösen konnte. Viele versuchten es, nacheinander acht von ihnen, aber sie alle scheiterten.

Angelhaken sprach: Warum sollten wir einen Wald-Mann schonen? Legt seine Hand auf diesen Balken."

Ein Wald-Mann ist ein von der Thing-Versammlung verbannter Mann, der vogelfrei war.

Die taten sie und er hieb die Hand am Handgelenk ab. Da streckten sich die Finger und lösten sich von dem Griff. Angelhaken nahm sein Schwert in beide Hände und hieb auf Grettirs Kopf. Sein Schlag war so heftig, daß das Schwert dem nicht standhielt und ein Stück aus der Schneide herausbrach.

Als sie ihn frugen, warum er ein gutes Schwert verderbe, antwortete er: „Dann wird es umso leichter zu erkennen sei, falls das jemals die Frage sein sollte."

Sie sagte, daß das unnötig sei, da er schon vorher ein toter Mann gewesen sei.

„Ich werde noch mehr tun," sagte er und schlug zwei- oder dreimal auf Grettirs Nacken bevor er sein Kopf abgetrennt hatte.

Dann sagte er: „Nun bin ich mir sicher, daß Grettir tot ist. Einen großen Krieger haben wir auf die Erde gelegt. Wir werden den Kopf mit uns nehmen, denn ich will mir nicht das Geld entgehen lassen, daß auf seinen Kopf ausgesetzt worden ist. Niemand soll daran zweifeln können, daß ich Grettir getötet habe."

Sie sagten, daß er tun solle, wie es ihm gefiel, aber sie waren angeekelt und fanden dieses Verhalten abscheulich.

Dann sprach Angelhaken zu Illugi: „Es ist eine Schande, daß ein so kühner Mann wie Du eine solche Torheit begangen hat, sein Los mit diesem Verbannten zu verbinden und ihm auf seinen üblen Pfaden zu folgen und schließlich ohne Wergeld zu sterben."

Illugi antwortete: „Wenn das All-Thing im nächsten Sommer vorüber ist, wirst Du sehen, wer verbannt worden ist. Weder Du noch die Ziehmutter werden über diesen Fall urteilen, denn es waren Deine Zaubersprüche und Deine Magie, die Grettir getötet haben, auch wenn ihr eiserne Waffen gegen ihn erhoben habt, als er bereits am Totentor stand. Viele üble Taten vollbrachtet ihr zusätzlich zu eurer Zauberei!"

Angelhaken sagte: „Du spricht kühn, aber so wird es nicht kommen. Ich werde zeigen, daß ich Dich schätze, indem ich Dein Leben schone, wenn Du schwörst, daß Du an niemandem, der bei diesen Ereignissen hier dabei war, Rache nehmen wirst."

„Das hätte ich vielleicht in Betracht gezogen," sagte er, „wenn sich Grettir hätte verteidigen können oder wenn Du ihn in einem ehrenhaften Kampf getötet hättest. Aber nun brauchst Du nicht zu hoffen, daß ich meine Leben rette, in dem ich genauso ein Feigling werde wie Du. Ich sage Dir jetzt, daß ich, wenn ich weiterhin leben sollte, für Dich niemand eine solche Last werden wird wie ich. Es wird lange dauern, bevor ich vergesse, wie Du mit Grettir umgegangen bist – viel eher werde ich den Tod wählen."

Da beriet sich Thorbjörn mit seinen Gefährten, ob sie Illugi zu leben erlauben sollten. Sie sagten, daß er ihr Vorgehen selber entscheiden solle, da er der Anführer dieser Fahrt sei. Angelhaken sagte, daß er keinen Mann haben wolle, der seinen Kopf bedrohe, wenn er nicht Frieden schwören würden.

Als Illugi hörte, daß sie ihn töten wollten, lachte er und sagte: „Nun habt ihr das beschlossen, was meinem Herzen am nächsten ist."

Als der Tag anbrach, führten sie ihn zu der Ostseite der Insel und töteten ihn dort.

Alle priesen seinen Mut und sagten, daß es zu seiner Lebenszeit keinen anderen Mann wie ihn gegeben habe.

Sie bestatteten die beiden Brüder auf der Insel, aber nahmen Grettirs Kopf und alle Waffen und Kleider, die noch einen Wert hatten, mit ihnen. Thorbjörn nahm jedoch Grettirs gutes Schwert für sich und schloß es von der Beute, die verteilt werden sollte, aus.

Sie nahmen Glaum, der noch immer jammerte und Widerstand leistete, mit sich.

Das Wetter hatte sich während der Nacht beruhigt und am Morgen ruderten sie zum Festland. Angelhaken segelte zu dem günstigsten Platz und sandte das Schiff weiter zu Björn.

Als sie in die Nähe von Osland kamen, wurde Glaum so aufsässig, daß sie sich weigerten, ihn noch weiter mitzutragen, und ihn dort, wo sie gerade waren, töteten, während er weiterschrie, bis er getötet worden war.

Angelhaken ging heim nach Vidvik und fand, daß seine Fahrt ein Erfolg gewesen sei. Sie legten Grettirs Kopf in Salz und legte ihn den Winter über in ein Vorhaus, das in Vidvik nun 'Grettir-Lager' genannt wurde.

Angelhaken wurde für diese Angelegenheit viel geschmäht, als bekannt wurde, daß er Grettir durch Magie überwältigt hatte.

Er blieb bis nach Jul ruhig daheim. Dann ging er zu Thorir in Gard und erzählte ihm von den Tötungen und fügte hinzu, daß er ein Recht auf das Geld habe, daß auf Grettirs Kopf ausgesetzt worden sei.

Thorir sagte, daß er nicht bestreiten würde, daß er Grettirs Urteil vollstreckt habe, „und ich habe oft Unrecht von ihm erlitten, aber ich habe nicht gewollt, daß sein Leben von einem Übeltäter, wie Du einer geworden bist, genommen wird. Ich werde Dir das Geld nicht zahlen, denn Du scheinst mir einer zu sein, der wegen Magie und Zauberei zum Tode verurteilt werden wird."

Angelhaken sagte: „Ich finde, daß es sehr viel mehr Habsucht und Gemeinheit auf Deiner Seite sind als Bedenken wegen der Art, auf die ich Grettir getötet habe!"

Thorir sagte, daß es einen einfachen Weg gäbe, diese Angelegenheit zwischen ihnen zu klären; sie brächten nur auf das All-Thing zu warten und anzunehmen, was der Gesetzes-Mann entschied.

Dann trennten sie sich und es war nichts als Abneigung zwischen Thorir und Thorbjörn.

Die Verwandten von Grettir und Illugi waren sehr unzufrieden, als sie von diesen Tötungen hörten, und sie sahen diese Angelegenheit so, daß sie der Meinung waren, daß Angelhaken eine schändliche Tat getan hatte, als er einen Mann tötete, der bereits am Totentor stand, und daß er sich dazu noch der Zauberei schuldig gemacht hätte. Sie suchten den Rat der weisesten Männer und alle sprachen übel über Angelhakens Tat.

Er selber ritt nach Mittelfjord, als es noch vier Wochen bis bis zum Sommer war.

Als seine Fahrt bekannt wurde, versammelte Asdis Männer um sich und es kamen viele ihrer Freunde: ihre beiden Schwäger Gamli und Glum mit ihren Söhnen, Skeggi, den man Kurzhand nannte, und Uspak, über den schon berichtet wurde. Asdis war so gut mit vielen befreundet, daß die ganzen Mittelfjord-Leute ihr zu Hilfe kamen, ja selbst die, die zuvor Grettirs Feinde gewesen waren; der erste Mann dort war Thorod Mord-Stumpf und der größte Teil der Widderfjord-Leute.

Da kam Angelhaken mit zwanzig Mann nach Biarg und hatte Grettirs Kopf bei sich, aber es waren noch nicht alle gekommen, die Asdis zu helfen versprochen hatten. Daher gingen Angelhaken und seine Leute mit dem Kopf in die Halle und setzten ihn auf dem Fußboden nieder. Die Hausherrin war dort in der Halle und viele Männer mit ihr.

Die Hausherrin Asdis ist Grettirs Mutter.

Es wurden von keiner Seite Grüße ausgesprochen, aber Angelhaken sang diese Verse:

*„Einen gierigen Kopf bringe ich mit
von den Stränden des Meeres;
Nun mögen die Nadel-Halterinnen
den Ausgestoßenen, der schlafend daliegt, beweinen;
Gold-Trägerin, richte Deine Augen nach unten
und sieh auf den Fußboden,
wo der Friedens-zerstörende Kopf liegt,
den es ohne die Hilfe des Salzes schon nicht mehr geben würde!"*

Nadel-Halterin = (stickende) Frau
Gold-Trägerin = (geschmückte) Frau

Die Hausfrau saß schweigend, während er diese Verse sang, aber danach sang sie selber:

*„O Du gemeiner Schuft:
So wie Schafe auf das Eis fliehen, wenn sie Wölfe sehen,
so wärst Du in den Wogen ertrunken,
Du wärst in Schande und Furcht gestorben,
wenn Du den Stahl-Gott heil auf der Insel gefunden hättest,
Nun liegt schwere Schande, sieh sie Dir an!,
auf den Nord-Landen
und ich verberge nicht meine Abscheu vor Dir!"*

Stahl-Gott = (bewaffneter) Mann

Da sagten viele, daß an Angelhakens Tat nichts Gutes sei; auch nicht daran, daß er solches Leid in die Mitte der tapferen Asdis und ihrer ebensotapferen Söhne gebracht habe.

Uspak war draußen und sprach mit den Männern des Angelhaken, die nicht mit hineingegangen waren, über die Tötungen. Alle Männer priesen Illugis Verteidigung und sie erzählten, wie fest Grettir sein Kurzschwert gehalten hatte, nachdem er schon tot war, was allen Männern ein Wunder zu sein schien.

Inmitten dieser Ereignisse sahen sie viele Männer von Westen her herbeireiten – von dort kamen viele Freunde der Hausfrau zusammen mit Gamli und Skeggi westlich von Meals.

Angelhaken hatte beabsichtigt, allen Besitz des Illugi für sich zu beanspruchen, da sie ihn hingerichtet hatten, aber als diese Schar herbeikam, sah Angelhaken, daß er dies jetzt nicht erreichen konnte. Gamli und Uspak waren die Kampf-begierigsten und wollten Angelhaken angreifen, aber die, die die weisesten von ihnen waren, baten sie, auf die Worte ihres Verwandten Thorwald und auf die anderen Anführer zu hören. Sie sagten, daß Angelhakens Fall umso schlechter dastehen würde, je mehr weise Männer über ihn entscheiden würden.

In diesem Waffenstillstand ritt Angelhaken fort und nahm Grettirs Kopf mit sich, denn er beabsichtigte, ihn zum All-Thing mitzunehmen.

So ritt er heim und fand, daß die Dinge schwierig genug aussahen, denn fast alle Anführer des Landes waren mit Grettir oder mit Illugi verwandt oder mit ihnen oder ihren Verwandten durch Heirat verbunden. Außerdem hatte Skeggi Kurzhand die Tochter des Thorod Kampf-Stumpf zur Frau genommen, wodurch in dieser Angelegenheit auch Thorod zu Grettirs Sippe hinzukam.

Schließlich ritten die Männer zum All-Thing und Angelhaken hatte weniger Unterstützer als er erwartet hatte, denn über seinen Fall wurde weit und breit übel gesprochen.

Da frug Halldor, ob sie Grettirs Kopf mit zu dem All-Thing nehmen würden.

Angelhaken antwortete, daß sie ihn mitnehmen würden.

„Das ist ein schlechter Rat," sagte Halldor, „denn Du wirst schon genug Feinde haben, auch ohne daß Du die Erinnerungen der Männer wachrufst und ihre Trauer weckst."

Da waren sie schon ein gutes Stück ihren Weg voran gekommen und hatten gerade vor, nach Süden hin über den 'Sand' zu reiten. Da nahm Angelhaken den Kopf und begrub ihn in einem Sandhügel, der von da an Grettir-Hügel genannt wurde.

Das All-Thing war gedrängt voll und Angelhaken trug seinen Fall vor und pries seine Taten gar sehr – daß er den größten Verbannten des Landes getötet hatte – und er verlangte das Geld, das auf Grettirs Kopf ausgesetzt worden war, für sich.

Doch Thorir gab ihm dieselbe Antwort wie zuvor.

Dann wurde der Gesetzes-Mann um ein Urteil gebeten und er sagte, daß er gerne hören würde, ob es irgendwelche Anschuldigungen gäbe, durch die Angelhaken seinen Anspruch auf das Blutgeld verlieren würde – sonst müßte Angelhaken alles erhalten, was auf Grettirs Kopf ausgesetzt worden war.

Da rief Thorvald Asgeir-Sohn Skeggi Kurzhand hervor, damit er seinen Fall vortrage, und dieser klagte Thorbjörn Angelhaken der Magie und der Zauberei an, mit deren Hilfe er Grettir den Tod gebracht habe, und er klagte ihn weiterhin an, weil er seine Waffen gegen einen halbtoten Mann erhoben habe – und dafür forderte er als Bestrafung die Verbannung.

Nun begannen sich viele Männer auf die eine oder andere Seite zu stellen, aber nur wenige unterstützten Thorbjörn; und die Sache entwickelte sich anderes, als er es sich vorgestellt hatte, denn Thorvald und sein Schwiegersohn Isleif fanden, daß es eine Tat sei, die den Tod verdiene, wenn jemand einem anderen durch üble Magie den Tod bringe.

Durch die Entscheidung der weisen Männer war das Ende dieses Falles, daß Thorbjörn in diesem Sommer fortsegeln sollte und niemals nach Island zurückkehren solle – so wie dies auch bei dem Urteil über die Blut-Taten des Grettir und des Illugi das Urteil gewesen war.

Dann wurde es weiterhin zu einem Gesetz gemacht, daß alle, die die alten Künste benutzten, zu Ausgestoßenen werden sollten.

Als Angelhaken erkannte, was sein Los sein würde, sah er zu, daß er von dem Thing fortkam, denn es hätte gut geschehen können, daß Grettirs Sippe ihn verfolgen würde, denn Stein der Gesetzes-Mann wollte nicht, daß für diese Tat ein Wergeld gezahlt werden konnte.

Für keinen der Männer von Thorbjörns Gemeinschaft, die in Drangey gefallen waren, wurde ein Wergeld gezahlt, denn sie wurden dem Töten des Illugi gleichgesetzt – ihre Verwandten waren damit jedoch sehr unzufrieden.

Dann ritten die Männer von dem Thing heim und alle Bluts-Anklagen der Männer gegen Grettir waren beendet.

Merkwürdigerweise wird in dieser Saga nichts darüber berichtet, was aus der Zauberin Thurid geworden ist oder ob auch sie verurteilt worden ist.

IV 13. Flüche von Gottheiten

In den Mythen und in den Sagas, die aus umgedeutete Mythen entstanden sind, treten auch Götter und Göttinnen auf, die Flüche aussprechen.

IV 13. a) Menja und Fenja

Der folgende Fluch der beiden Göttinnen Frigg (<u>Fen</u>ja = <u>Fen</u>salir) und Freya (<u>Men</u>ja = <u>Men</u>glöd, Brisinga<u>men</u>) hat die lange, traditionelle Form, die einer ausführlichen Erzählung und Schilderung gleicht.

Skiöld hieß ein Sohn Odins, von dem die Skiöldunge stammen. Er hatte Sitz und Herrschaft in den Landen, die nun Dänemark heißen; aber damals hießen sie Gotland. Skiöld hatte einen Sohn, Fridleif genannt, der nach ihm die Lande beherrschte. Fridleifs Sohn hieß Frodi, der nach seinem Vater das Königtum übernahm.

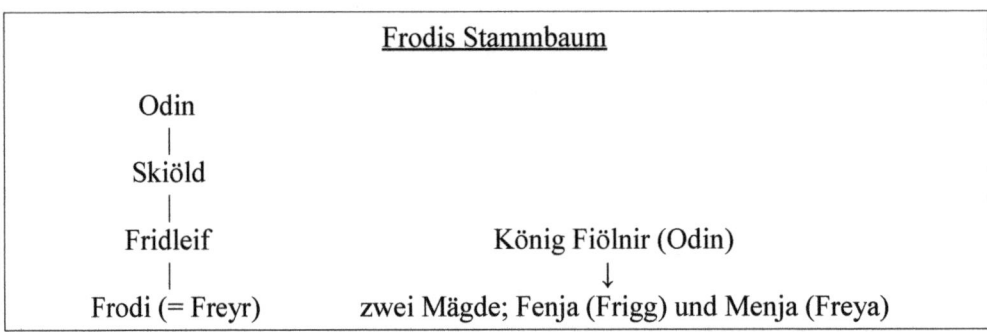

Das war in der Zeit, da Kaiser Augustus in der ganzen Welt Frieden stiftete und Christus geboren ward, und weil Frodi der mächtigste aller Könige in den Nordlanden war, ward ihm dieser Friede in der dänischen Zunge beigelegt und die Nordmänner nannten ihn Frodis Frieden. Niemand schädigte da den anderen, wenn er auch seines Vaters oder Bruders Mörder getroffen hätte, los oder gebunden. Da war auch kein Dieb oder Räuber, so daß ein Goldring lange Zeit unberührt auf der Jalangersheide lag.

König Frodi sandte Boten nach Swithiod (Schweden) zu dem König, der Fiölnir hieß, und ließ da zwei Mägde kaufen, die Fenja und Menja hießen und sehr groß und stark waren. In dieser Zeit gab es in Dänemark zwei so große Mühlsteine, daß niemand stark genug war, sie umzudrehen. Diese Mühlsteine hatten die Eigenschaft, daß sie mahlten, was der Müller wollte. Die Mühle hieß Grotti, der Mann aber, der dem König Frodi die Mühle gab, wurde Hengikiöpt genannt.

König Frodi ließ die Mägde in die Mühle führen und gebot ihnen, ihm Gold, Frieden und Frodis Glück zu mahlen. Er gestattete ihnen nicht länger Ruhe, als der Kuckuck schwieg oder ein Lied gesungen werden mochte. Da sollen sie das Lied gesungen haben, das Grottenlied heißt, und ehe sie von dem Gesang ließen, mahlten sie dem König ein Heer, so daß in der Nacht ein Seekönig kam, Mysing genannt, welcher den Frodi tötete und große Beute machte.

Damit war Frodis Frieden zu Ende. Mysing nahm die Mühle mit sich und auch Fenja und Menja, und befahl ihnen, Salz zu mahlen. Und um Mitternacht frugen sie Mysing, ob er Salz genug habe, aber er gebot ihnen weiterzumahlen. Sie mahlten noch eine kurze Frist, da sank das Schiff unter. Im Meer aber entstand nun ein Schlund, da wo die See durch das Mühlsteinloch fällt. Auch ist seitdem die See gesalzen.

Diese Sage/Mythe ist ursprünglich ein Lied gewesen:

Nun kamen wir her zu des Königs Haus
Vorwissende Frauen, Fenja und Menja.
Bei Frodi werden, bei Fridleifs Sohn,
Die mächtigen Maide als Mägde gehalten.

Man führte zur Mühle die Frauen alsbald,
Die Schrotsteine sollten sie rühren.
Er ließ ihnen nicht länger Ruhe
Als er hörte die Mägde singen hörte.

Da ließen sie knattern die knarrende Mühle:
„Umschwingen wir Starken den leichten Stein."
Nur mehr zu mahlen bat er die Mägde.

Sie sangen und schwangen den schnaubenden Stein
Bis Frodis Volk in Schlaf verfiel.
Da sang Menja, die mahlen sollte:

„Wir mahlen dem Frodi Macht und Reichtum
Und goldenes Gut auf des Glückes Mühle.
Er sitz ihm im Schoß und schläft auf Daunen
Nach Wunsch erwachend: das ist wohl gemahlen.

Nie soll hier einer dem andern schaden,
Hinterhalt legen, Unheil ersinnen,
Mit scharfem Schwerte nicht Wunden schlagen,
Und fänd er gebunden des Bruders Mörder."

Dies ist der Segen, der „Frodis Frieden" (Freyrs Frieden) hat entstehen lassen.

Da war es das erste Wort, das er sprach:
„Haltet nicht länger ein als der Hauskuckuck schläft,
Oder während ich eine Weise singe."

„Nicht warst Du, Frodi, vorsichtig genug,
Den Mannen holdselig, als Du Mägde kauftest:
Auf Stärke sahst Du und schönes Antlitz;
Achtetest ihrer Abkunft nicht.

Hart war Hrungnir und hart sein Vater,
Doch stärker als sie scheint mir Thiazi.
Idi und Örnir sind unsere Väter,
Der Bergriesen Brüder, die uns beide zeugten.

Hrungnir und Thiazi sind Tyr als Jenseitsriese; Idi und Örnir (Aurnir) sind seine Brüder. Frigg und Freya werden hier schon als deren Töchter angesehen.

Nicht wär Grotti gekommen aus grauem Felsen,
Nicht der schwere Schrotstein aus dem Schoß der Erde,
Nicht rührte die Mandel des Bergriesen Tochter,
Wäre das jemandem der Menschen bewußt.

Die magische Mühle stammt möglicherweise aus einem Hügelgrab („Felsen"). Die „Mandel" ist der Reibstein.

Wir waren Gespielen neun Winter lang,
Da unter der Erde man uns erzog:
Da übten wir Mägde schon manche Großtat,
Faßten Felsen, um sie fort zu rücken.

Die Formulierungen „unter der Erde" und „neun Winter lang" weisen beide auf das Jenseits hin und bestätigen somit die Annahme, daß die Mühle aus einem Hgelgrab stammt.

Wir wälzten die Steine zu den Riesenwohnungen:
Die Erde begann im Grunde zu zittern.
Wir stießen und stürzten den Stein, daß er ächzte,
Die ragende Felswand ward Menschen erreichbar.

Eine Riesenwohnung ist eine aus Felsplatten errichtete Grabkammer in einem Hügelgrab.

Seitdem geschah es, daß in Schweden wir
Vorwissende Frauen die Heerschar führten,
Nach Bären pirschten, Schilde brachen,
Entgegen gingen dem grau geschienten Heer.

Wir stürzten Stammesfürsten, stützten andere:
Gutthorm dem Guten gaben wir Beistand,
Feierten nicht früher bis Knut fiel.

Frigg und Freya haben hier die Funktion von Walküren.

Solcherlei schufen wir Sommer und Winter
Bis wir als Kämpen wurden bekannt.
Mit scharfen Speeren schlugen wir Wunden
In Fleisch und Gebein und färbten die Klingen.

Nun sind wir gekommen zu des Königs Haus
Und werden unmenschlich als Mägde behandelt:
Grus frißt die Sohlen und Kälte die Glieder;
Wir malen dem Feinde: schlimm ist's bei Frodi.

„Grus" ist Kies oder kleine Steinsplitter.

Ruhet nun, Hände, raste nun, Stein,
Genug habe ich nun gemahlen.
Doch haben die Hände hier nicht Ruhe
Bis Frodi meint genug sei gemahlen.

So greifet nun, Helden, zu harten Geeren,
Zu triefenden Waffen. Erwache, Frodi!
Erwache, Frodi! Willst Du lauschen
Unserm Singen und alten Sagen.

Feuer seh ich brennen östlich der Burg,
Kriegsbotschaft kommt, das verkündet die Glut.
Ein Heer ist im Anzug, eindringt es hier,
Und verbrennt alsbald die Burg dem Fürsten.

Nicht magst Du mehr halten den Stuhl in Hledra
Mit roten Spangen und spähem Gestein.
Mächtiger mahlen wir Mägde noch.
Noch weilst Du, Walmaid, dem Walfeld fern.

   Eine „Walmaid" ist eine Walküre. Das „Walfeld" ist das Schlachtfeld.

Tapfer mahlt meines Vaters Tochter,
Denn vieler Fürsten Fall sieht sie nahn.
Schwere Stücke springen von der Mühle,
Eisen beschlagene: Doch ich mahle weiter!

Nur immer gemahlen! Yrsas Sohn,
Halfdans Enkel wird Frodi rächen.
Er wird von ihr geheißen werden
Sohn und Bruder; wir beide wissen es!"

Die Mägde mahlten aus aller Macht:
Die Jungen waren in Jotenzorn.
Die Malstange brach, die Mühle riß,
Der mächtige Mühlstein fuhr mitten entzwei.

   „Jotenzorn" bedeutet Riesenzorn.

Die Bergriesen-Bräute sprachen:
„Nun finden wir, Frodi, wohl Feierabend:
Genug gemahlen haben wir Mägde."

   Da dieser Fluch mit einer Handlung verbunden ist (mit dem Mahlen), könnte man ihn auch zu den Schadenszaubern zählen.

IV 13. b) Hyndla-Lied

Freya (zu Hel-Hyndla):
*"Die Riesin werde ich in Flammen aufsteigen lassen,
sodaß Du fortan nicht unverbrannt reisen wirst."*

Diese Flammen werden die Waberlohe sein, die das Diesseits vom Jenseits trennt. Dieses Motiv wird durch den Brandbestattungen entstanden sein. Aufgrund dieses Brauches heißt Hel-Hyndla auch „Hyrrokkin", d.h. „die Rußgeschwärzte".

Hyndla:
*"Ich sehe Flammen lodern, die Erde steht in Flammen,
und jeder muß um seines Lebens willen geben, was verlangt wird,
also bring dem Ottar den Bier-Trank –
voller Gift für ein böses Schicksal!"*

Freya:
*"Deine bösen Worte sollen nichts schlimmes bewirken,
auch wenn Deine schlimmen Drohungen bitter sind;
einen vollen guten Trunk soll Ottar finden,
wenn ich die Hilfe aller Götter erlange."*

IV 13. c) Hyndla-Lied

Bei der Wiederzeugung verwandelte sich die Jenseitsgöttin in ein weibliches Herdentier von der Art, in das sich der Tote verwandelt hatte. Da der Tote sich durch das für ihn geopferte Tier oft in einen Keiler bzw. Eber verwandelten, wurde die Göttin Freya bei der Wiederzeugung zur Bache oder zu Sau – daher ist „Syr" („Sau") einer der Beinamen der Freya.

Entsprechend der Ziegenbock-Gestalt der Toten konnte Freya auch die Gestalt einer Ziege annehmen:

Hyndla (zu Freya):
*"So sollst Du von dannen ziehen, denn gerne würde ich schlafen,
Von mir sollst Du wenig Gutes erhalten;
Meine Edle, hinaus in die Nacht wirst Du springen
so wie Heidrun zwischen den Böcken!*

Heidrun ist die Ziege, die von den Blättern des Weltenbaumes frißt und die statt Milch den Asen den Göttermet gibt. Da dieser Ziegen-Met mit dem Wasser/Met aus Mimirs Quelle identisch ist, ist es wahrscheinlich, daß mit dem „Erinnerungs-Bier" der Göttermet gemeint ist.

Hyndla scheint nicht bereit zu sein, dem Ottar den Göttermet zu reichen, der, wie im Wegtam-Lied berichtet wird, bei Hel für Baldur bereitsteht. Hel scheint die Hüterin des Mets zu sein.

Zu Odr sollst Du rennen, der Dich immer geliebt hat,
und zu den vielen anderen, die schon unter Deine Schürze gekrochen sind;
Meine Edle, hinaus in die Nacht wirst Du springen
so wie Heidrun zwischen den Böcken."

Hier ist die Wiederzeugung der Toten mit Freya schon zu einem unmoralischen Lebenswandel umgedeutet worden.

Hyndla verflucht hier Freya dazu, sich wie eine lüsterne Ziege unter lauter Böcken zu verhalten.

IV 13. d)   Gesta danorum

Im Zusammenhang mit dem Bericht über König Hadding wird der lange Fluch eines Toten gegen die Riesin Hardgrep ausführlich geschildert.

Diese Riesin ist eine Umdeutung der Jenseitsgöttin als der Wiederzeugungs-Geliebten der Toten (Freya) zu einer Sagen-Gestalt.

Durch solche Ausführungen erlangte sie schließlich die Umarmungen des Hadding und ihre Liebe für den Jüngling brannte so heiß, daß sie, als sie sah, daß er sich danach sehnte, sein eigenes Land wiederzusehen, nicht zögerte, sich als Mann zu verkleiden und es als eine Freude empfand, seine Entbehrungen und Gefahren mit ihm zu teilen.

Während sie auf der Reise waren, die sie unternommen hatten, geschah es, daß sie zusammen mit Hadding für eine Übernachtung in einem Haus waren, in dem der verstorbene Hausherr mit traurigen Ritualen vor seiner Bestattung begleitet wurde.

Da verlangte es sie danach, mit einem magischen Hilfsmittel die Absichten des Himmels zu erkunden. Sie ritzte schreckliche Zaubersprüche in ein Stück Holz und ließ es Hadding unter die Zunge des toten Mannes legen – so zwang sie ihn, mit der Stimme, die ihm auf diese Weise verliehen worden war, die folgenden schrecklichen Worte zu sprechen:

"Verderben soll die,
die mich von denen dort unten
wieder heraufgezerrt hat,
sie soll dafür bestraft werden,
daß sie einen Geist
aus den Qualen heraufgerufen hat!

Während Totenbeschwörungen bei den Germanen die übliche Methode war, um zu an Rat und Hilfe zu gelangen, waren solche Beschwörungen bei den Christen gar nicht gerne gesehen. Dies lag vor allem daran, daß aus christlicher Sicht Gott Vater und nicht der eigene leibliche verstorbene Vater die einzige Autorität im Jenseits ist.

Als Kompromiß, der den Ahnenkult beseitigen sollte, wurden die Bitten an die Heiligen eingeführt, also der Kontakt zu den Verstorbenen, die sich vollkommen dem christlichen Weg hingegeben hatten. Die alte Methode der Totenbeschwörungen, bei der die Toten tatsächlich immerhin so deutlich erschienen, daß die Lebenden sie sehen und mit ihnen sprechen konnten („utiseta"), ließ sich jedoch nicht ganz ausmerzen. In der Kombination mit dem Christentum entstanden aus dieser Methode die Erscheinungen der Heiligen, die von der Kirche z.T. mißtrauisch betrachtet und abgelehnt, z.T. aber auch als echt anerkannt wurden.

Der, der mich gerufen hat,
mich, der ich leblos und tot bin,
der mich aus dem Ort dort unten
heraus in die Luft hier oben geholt hat,
soll die ganze Buße zahlen:
mit seinem eigenen Tod
in den schrecklichen Schatten
unter dem fürchterlichen Styx!

Der Styx ist der Jenseitsfluß bei den Griechen. Er hieß bei den Germanen Gjallar oder Wimur. Jenseits von ihm lag das Reich der Hel. Aus dieser Riesin wurde durch die christliche Umdeutung „des Teufels Großmutter".

Siehe, gegen meinen Willen und meine Absicht
muß ich eine bittere Botschaften verkünden:
Wenn ihr von diesem Haus fortgeht
werdet ihr auf einen schmalen Waldweg gelangen
und werdet dort das Opfer der Dämonen rings um euch werden.
Dann wird die, die mich Toten aus der Leere zurückgeholt hat
und mir noch einmal den Anblick dieses Lichtes gegeben hat,

*die durch ihre Zaubersprüche auf seltsame Weise
diesen Geist heraufbefohlen hat,
ihre rasch beschlossene Tat bitter beklagen!*

Es lag nahe, die Strafe der Tat entsprechen zu lassen: ein Totenbeschwörer wurde durch Dämonen aus dem Jenseits getötet. Dies ist zumindestens aus der christlichen Sicht des Mönches Saxo grammatikus, der diese Geschichte niedergeschrieben hat, sehr plausibel.

*Verderben soll die,
die mich von denen dort unten
wieder heraufgezerrt hat,
sie soll dafür bestraft werden,
daß sie einen Geist
aus den Qualen heraufgerufen hat!*

Die folgende Formel ist der eigentlicher Fluch des Totengeistes:

*Denn wenn die schwarze Pest des Sturmes
die Ungeheuer erzeugt hat,
die innersten Eingeweide mit festem Entschluß
herausgerissen hat,
und wenn ihre Hand die Lebenden
mit grausamen Nägeln fortgezerrt hat
und Glied für Glied fortgerissen hat
und die Leiber zerstückelt hat,
dann, Hadding, wird Dein Leben weiterbestehen
und die niederen Reiche
werden Deine Seele nicht holen kommen
und es wird auch nicht Dein Geist
trostlos zu den Wassern des Styx wandern;
aber die Frau, die den armseligen Geist
herbeibefohlen hat,
wird durch ihre eigenen Schuld vernichtet,
wird unseren Staub sühnen,
wird selber Staub werden!*

*Verderben soll die,
die mich von denen dort unten
wieder heraufgezerrt hat,*

sie soll dafür bestraft werden,
daß sie einen Geist
aus den Qualen heraufgerufen hat!"

Als sie in dem vorherbestimmten Wald unter einem Schutz aus Zweigen, den sie errichtet hatten, übernachteten, sahen sie eine übermenschlich große Hand über das Innere der Behausung tasten. Entsetzt über dieses Geschehen, bat Hadding um die Hilfe seiner Amme.
Da streckte Hardgrep ihre Glieder aus und schwoll zu gewaltiger Größe an, ergriff schnell die Hand und hielt sie ihrem Ziehsohn hin, damit er sie abschlug. Aber das, was aus den lauten Wunden floß, die er schlug, war nicht so sehr Blut, sondern eine eklige Substanz.
Aber sie zahlte die Strafe für diese Tat und wurde von ihren Verwandten, die von ihrer Art waren, in Stücke gerissen – und ihre körperliche Verfassung oder ihre Größe halfen ihr nicht gegen die Angriffe der Krallen ihrer Feinde.

Der Fluch des Toten ist in Erfüllung gegangen ...

IV 13. e) Gautrek-Saga

In dieser Saga haben die Asen die Schicksalsspruch-Funktion der Nornen übernommen.

Fünfzehn Jahre nachdem Vikar und Starkad ihre Freiheit erlangt hatten, hielten ungünstige Winde Vikars Schiffe an dem Strand einer Gruppe von kleinen Inseln fest.
Durch ein Orakel fanden sie heraus, daß sie ein Menschenopfer durchführen mußten. Daher zog jeder Mann in dem Heer ein Los, aber das bestimmte Opfer war der König selber. Sie zogen wieder und wieder Lose, aber jedesmal war Vikar der Erwählte.
Sie beschlossen, am nächsten Tag zu einer Versammlung zusammenzukommen um herauszufinden, ob sie es vermeiden könnten, ihren König zu töten.
In dieser Nacht, ungefähr um Mitternacht, weckte Starkads Ziehvater den Helden auf und bat ihn, ihm zu folgen. Sie ließen ein Boot zu Wasser und ruderten zu einer der anderen Inseln. Grani führte den Helden in einen Wald und zu einer Lichtung, auf der elf Männer auf zwölf Stühlen saßen. Während Starkad in der Mitte der Versammlung stand, setzte sich Grani auf den zwölften Stuhl. Starkad hörte, wie die anderen Männer Grani mit dem Namen Odin begrüßten. Sie waren Starkads zwölf Richter, die sein Schicksal bestimmen sollten.

Der achtarmige Riese Starkad aus anderen Überlieferungen ist ein Tyr-Riese, d.h. der ehemalige Göttervater im Jenseits. Dies Thing, bei dem von Grani-Odin und den anderen Göttern über das Schicksal des Starkad bestimmt wird, könnte daher ein Motiv sein, daß einst die Absetzung des Tyr durch Thor und Odin um 500 n.Chr. beschrieben hat.

Da Tyr in den neueren, Odin-zentrierten Mythen der Sohn des Odin ist und Grani in dieser Saga der Ziehvater des Starkad ist, sprechen auch diese beiden Verwandtschaftsverhältnisse für die Auffassung des Starkad als einer Saga-Variante des ehemaligen Göttervaters Tyr.

Thor begann, indem er sagte, daß Starkad keine eigenen Kinder haben solle, weil Starkads Großmutter Alfhild Starkads Großvater (Starkad Ala-Krieger) *ihm* (Thor) *vorgezogen habe.*

Odin entgegnete Thor, indem er sagte, daß der Held drei Lebensspannen leben solle - woraufhin Thor den Starkad damit verfluchte, daß er in jeder seiner drei Lebenszeiten eine furchtbare Tat begehen solle.

Odin bestimmte, daß Starkad die feinsten Kleider und Waffen haben sollte – aber Thor setzte dem entgegen, daß er weder Land noch Hof besitzen solle.

Der einäugige Gott sagte, daß Starkad Reichtümer besitzen werde – aber Thor verkündete, daß er niemals mit dem, was er habe, zufrieden sein werde.

Er wird in jeder Schlacht siegen – aber er wird auch in jedem Kampf schwer verwundet werden.

Er wird für seine Skaldenkunst berühmt werden – aber er wird sich nie dessen erinnern können, was er gedichtet hat.

Die Edlen werden Starkad bewundern und achten – aber die normalen Leute werden ihn verabscheuen.

Diese sechs Segnungen durch Odin und diese sieben Flüche des Thor beschreiben Eigenschaften des ehemaligen Sonnengott-Göttervaters Tyr. So ist z.B. die dreifache Lebenszeit einst eine Umschreibung für die zyklische Wiedergeburt des Sonnengott-Göttervaters Tyr gewesen, da die „3" bei den (Indo-)Germanen die Symbolik „Sonne" und „Zyklus" gehabt hat.

Siehe auch „Starkad" in Band 39.

Nach den Segnungen und Flüchen durch die beiden Götter stimmten alle zwölf Richter zu, daß alles so geschehen solle, wie es über Starkads Schicksal verkündet worden war.

Mit diesen Worten verschwanden die Richter und ließen Starkad alleine mit Grani Pferdehaar zurück. Grani gab seinem Ziehsohn einen Speer, der jedoch wie ein Schilfstengel aussah. Sie kehrten am Morgen zu dem Heer zurück.

IV 13. f)   Heimskringla: Saga über König Harald Hart-Rat

 In dieser Saga werden drei Träume berichtet, bei denen man kaum unterscheiden kann, ob sie das Vorhersehen der Zukunft sind oder das Miterleben des Fluches einer „Zauber-Frau" in einem Traum. Diese Frau ist an ihrem Wolfs-Reittier als Hel erkennbar und bezeichnet sich selber auch als die Göttin Skadi.
 Möglicherweise bestand für die damaligen Menschen zwischen dem Vorhersehen in einem Traum und dem Fluch der Hel auch kein großer Unterschied – man sah im Traum den Fluch der Hel und wußte daher, was in der nahen Zukunft geschehen würde.
 So wie ein Fluch meistens durch die Einbeziehung einer Gottheit wirksam wurde, so ist auch das selbständige Handeln der Götter wirksam – beides konnte den Menschen Schaden bringen.

 Während sie in Solund vor Anker lagen, hatte Gyrd, ein Mann an Bord des Königs-Schiffes, einen Traum.
 Er träumte, daß er auf dem Königs-Schiff stand und eine große Zauber-Frau mit einer Mistgabel in der einen Hand und einem Kübel in der anderen auf der Insel stehen sah.
 Er träumte auch, daß er über die ganze Flotte hinweg blickte und daß ein Vogel am Heck eines jeden Schiffes saß und daß all diese Vögel Raben oder Adler waren.

 Raben und Adler fraßen die Leichen nach einer Schlacht. Diese Vögel verkünden daher den Tod der Schiffsbesatzungen.

 Und die Zauber-Frau sang dieses Lied:

„ Vom Osten hole ich den König,
nach Westen bringe ich den König,
Viele edle Knochen werden dort liegen ...
Raben über Giukis Schiff –
Die Beute zu beäugen, paßt ihnen gut!
Auf dem Bugbalken reise ich mit ihnen!
Auf dem Bugbalken reise ich mit ihnen!"

 Mit ihnen war auch ein Mann mit Namen Thord in einem Schiff, das nicht fern von dem des Königs lag. Er träumte eines Nachts, daß König Haralds Flotte Land erreichte und er wußte, daß dies England war. Er sah ein großes Heer-Aufgebot an Land und er träumte, daß beide Seiten miteinander zu kämpfen begannen und daß er viele Banner im Wind flattern sah.

Und vor dem Heer der Leute dieses Landes ritt eine große Zauber-Frau auf einem Wolf; und der Wolf hatte die Leiche eines Mannes in seinem Maul und Blut tropfte von seinen Lefzen herab. Und als er den einen Leib in seinem Maul aufgefressen hatte, warf sie einen weiteren in sein Maul und immer wieder einen neuen und er verschlang sie alle.

Und sie sang dies:

*„Skades Adler-Augen
erblicken des Königs Unglück:
Obwohl glänzende Schilde
das grüne Feld bedecken,
erblickt sie des Königs Unglück.
Um das Schicksal dieses großen Königs zu verkünden,
werfe ich das Fleisch blutender Männer
in das haarige Maul und in den hungrigen Schlund!
In das haarige Maul und in den hungrigen Schlund!"*

Auch König Harald träumte in einer Nacht, daß er in Nidaros wäre und dort seinen Bruder König Olaf traf, der ihm diese Verse sang:

*„In vielen Kämpfen
erstrahlte mein Name;
Männer weinten und berichteten,
wie Olaf fiel.
Dein Tod ist nah;
Deine Leiche wird, fürchte ich,
die Krähen füttern
und der Trollfrau Pferd."*

Viele andere Träume und Vorherahnungen wurden erzählt und die meisten von ihnen waren düster.

Die Trollfrau ist Hel und ihr Pferd ist ihr Bruder, der Fenris-Wolf.

IV 13. g) Hrolf Kraki und seine Berserker

In dieser Saga erscheint eine Frau, die von ihrer Stiefmutter mit einem Fluch in eine häßliche Frau verwandelt worden ist und die dadurch von diesem Fluch erlöst worden ist, daß ein König sie bei sich auf seinem Lager übernachten läßt. Dies ist offensichtlich eine Umdeutung der Wiederzeugung im Hügelgrab, bei der die gefürchtete Jenseitsgöttin Hel/Ran als die ersehnte Wiederzeugungs-Geliebte Freya/Menglöd erscheint.

Später spricht diese Frau noch einen Fluch über die Nachkommen des Königs aus, da dieser das Kind, das aus seiner Vereinigung mit dieser Frau entstanden ist, nicht holen kommt. Dieses Kind ist ursprünglich der wiedergeborene König gewesen.

Dieser Fluch entspricht somit dem Fluch auf dem Ring im Nibelungenlied und dem Fluch auf dem Schwert Tyrfing in der Heidrek-Saga. Die Frau, der Ring und das Schwert sind ursprünglich alle drei Hilfen auf der Jenseitsreise gewesen, die dann zu Fluch-beladenen Todesursachen umgedeutet worden sind.

Der goldene Sonnen-Ring und das Schwert gehörten bis zu seiner Absetzung um 500 n.Chr. dem Sonnengott-Göttervater Tyr, der in dieser Saga als König Helgi erscheint.

In einer Julnacht kommt eine furchtbar häßliche Frau mitten in der Nacht zu König Helgi und bittet um ein Nachtlager. Sie bittet weiter, daß er sie mit auf seinem Lager schlafen läßt. Als er sich in der Nacht umdreht, sieht er, daß eine wunderschöne Frau in seinem Bett liegt.

Sie sprach: „Ich möchte nun gehen," sagte sie, „Du hast mich von einem fürchterlichen Fluch befreit, mit dem mich meine Stiefmutter belegt hat."

Helgi überredet sie, da zu bleiben und mit ihm zu schlafen. Am Morgen verläßt sie ihn und sagt ihm, daß sie ein gemeinsames Kind haben werden und daß er in der nächsten Julnacht zu seinen Bootshütten kommen soll, um sie zu treffen. Doch Helgi vergißt diese Abmachung. Die Julnacht ist der Zeitpunkt der Wiedergeburt der Sonne bzw. des Tyr (=Helgi).

Drei Jahre später, so wird erzählt, kamen drei Reiter zu dem Haus, in dem König Helgi schlief. Es war Mitternacht. Sie kamen mit einem kleinen Mädchen und setzten sie neben dem Gebäude nieder.
Die Frau, die dieses Kind brachte, sprach die folgenden Worte: „Wisse dies, o König," sagte sie, „Deine Sippe wird dafür bezahlen, daß Du nicht getan hast, wie ich es Dir befohlen habe! Aber ich halte es Dir zugute, daß ich es Dir verdanke, daß ich von dem Fluch erlöst worden bin und deshalb wisse dies: Das Mädchen heißt Skuld und sie ist unsere Tochter."

Der Fluch, von dem die Frau erlöst worden war, war die Häßlichkeit dieser Frau.
Der Name Skuld ist vor allem als der Name einer der drei Nornen sowie einer

Walküre bekannt.

Danach ritten sie fort. Es war eine Alfen-Frau gewesen. Der König hörte nie wieder von ihr.

Skuld wuchs heran und sie war boshaft von Herzen.

IV 13. h)　Huldar-Saga

In dieser Geschichte findet sich eine ganz ähnliche Fluch-Szene wie in der eben geschilderten Saga über Hrolf Kraki.

Die Frau mit dem Namen „Glöd" wird Freya-Menglöd sein, da ihre Tochter die Göttin Huldar ist.

Haddbroddr verirrte sich einmal auf der Jagd und kam an einen Hof, in welchen er Einlaß fand, und ward hier von einem wunderschönen Weibe begrüßt, welches ihn bewirtete und durch Gespräch und Harfenspiel trefflich unterhielt. Dies war Glöd, die Herrin des Hauses. Drei Nächte teilte er mit ihr das Lager und erzeugte mit ihr die Huld, an der sich Odins und der Stammmutter Huld Weissagung erfüllen sollte.

Glöd gibt dem Haddbroddr hierüber Bescheid und verkündet ihm zugleich seines Vaters Tod, indem sie ihn sogleich heimkehren heißt, aber ihn auch für den Fall schwer bedroht, daß er die Tochter nicht gut aufnehme, die sie ihm schicken werde, sowie sie ihr drittes Jahr erreicht habe.

Da ging Haddbroddr heim und übernahm die Regierung seines Reiches. Er heiratete und gewann mit seiner Frau einen Sohn, welcher Heimgestr Huldar-Bruder genannt wurde. Nach einigen Jahren brachte ihm ein bejahrtes Weib die dreijährige Huld als sein Kind. Da er sie aber nicht annahm, trug das Weib sie wieder fort.

Da brachte Glöd die Huld nach Finnland zu Snär dem Alten zur Erziehung. Kurz darauf erscheint sie aber dem Haddbrodd im Traum und verheißt ihm zur Vergeltung seiner Schuld eigenes Unglück und seinem Hause den Verlust seines Reiches auf volle 700 Jahre.

Nicht lange darauf stürzte er auch wirklich auf der Jagd mit seinem Pferde, trug eine Lähmung davon und starb nach kurzer Frist.

IV 14.   Der rituelle Fluch (Schadenszauber)

Bei einem rituellen Fluch werden neben den Fluch-Texten auch Gesten, Gegenstände und ähnliches benutzt. In diesem Sinne macht die Verwendung von „Stäben" durch Skirnir dessen angedrohte Verfluchung der Gerdr auch zu einem rituellen Fluch. Dasselbe gilt auch für den „Mühlenzauber" der Frigg-Fenja und der Freya-Menja.

IV 14. a)   Färöische Heldenlieder: Högni-Lied

Hier hetzt Gudrun dem Högni „Gespensterpferde" hinterher. Leider werden die dazugehörigen Zaubersprüche, d.h. Flüche nicht berichtet.

Högni greift so zu den Worten, und spricht für sich:
„Das ist Gudruns Zauberei, die sie ritzt gegen mich.
Das sind keine Hengste, gar keine wirkliche Rosse:
Das ist Gudruns Zauberei, die sie ritzt gegen uns."

IV 14. b)   Fridthjof der Kühne

Dann ließen sie zwei Zauberinnen, Heid und Hamglom, herbeirufen und gaben ihnen Lohn dafür, daß sie über Fridthjof und seine Männer einen so gewaltigen Sturm herbeiriefen, daß er sie alle vernichten würde.
Da sangen die Zauberinnen ihre Zauberlieder und stiegen auf das Magie-Gerüst mit Zauberei und Anrufungen hinauf.
Als Fridthjof und seine Männer jedoch aus dem Sogn-Fjord hinausgefahren waren, brach ein heftiger Sturm und ein großes Gewitter über sie herein und die See wogte gewaltig. Das Schiff fuhr schnell voran, denn es glitt schnell über das Wasser und hatte eine vorzügliche Form, um das Meer zu durchpflügen.

Diese Magie-Empore wird des öfteren beschrieben. Leider sind auch in dieser Saga die Flüche selber nicht überliefert worden. Die „Anrufungen" zeigen, daß die beiden Zauberinnen Gottheiten um Hilfe für ihre Flüche gebeten haben.

IV 14. c) Lachstal-Saga

Auch in dieser Saga wird ein hölzernes Gerüst beschrieben, auf dem Schadens-Magie, d.h. ein Fluch, ausgeübt wird. Es ist leider nicht bekannt, wie hoch dieses Holzgestell gewesen ist, aber allzuhoch kann das Gerüst nicht gewesen sein, da mit seiner Errichtung erst begonnen wurde, als ein Schiff gerade die Küste verlassen, und es benutzt wurde, solange das Schiff noch in Sichtweite war.

Es ist auffällig, daß auch dieses Magie-Gestell für einen Wind-Zauber benutzt worden ist und daß sich auch auf diesem Gestell mehrere Personen befanden.

Thord hatte alles bewegliche Gut, das seine Mutter dort besessen hatte, an Bord seines Schiffes gebracht und ließ das Vieh um die Spitze der Landzunge treiben.

Sie waren zu zwölft zusammen mit Ingun und einer weiteren Frau in dem Schiff. Thord und zehn weitere Männer gingen zu dem Ort, an dem Kotkell wohnte. Die Söhne des Kotkell waren nicht daheim. Da klagte er Kotkell und Grima wegen Diebstahl und Zauberei an und verlangte, daß sie dafür ausgestoßen werden. Er brachte den Fall vor das Allthing und kehrte dann zu seinem Schiff zurück.

Hallbjorn und Stigandi kamen heim, als Thord erst ein kleines Stück vom Land entfernt war und Kotkell berichtete ihnen sofort, was geschehen war.

Die beiden Brüder waren darüber voller Wut und sagten, daß die Leute bisher immer darauf geachtet hätten, die sie ihnen nicht in solch unverhüllter Feindschaft begegnet wären.

Da ließ Kotkell ein großes Gerüst für das Sprechen von Zaubersprüchen errichten. Sie stiegen alle hinauf und sie sangen sehr üble Lieder, die Zauberlieder waren. Da erhob sich ein großer Sturm.

Thord Ingud-Sohn und seine Gefährten waren draußen auf der See und erkannten schon bald, daß dieser Sturm gegen sie heraufbeschworen worden war.

Da wurde das Schiff nach Westen bis hinter Skalmness getrieben und Thord zeigte großen Mut in seiner Seefahrer-Kunst. Die Männer an Land sahen, daß er alles über Bord werfen ließ, was an Ladung in dem Schiff war, um die Menschen zu retten. Die Menschen an Land dachten, daß es Thord gelingen würde, an die Küste zu gelangen, denn sie hatten den felsigsten Teil schon durchquert, aber da erhob sich ein Brecher vor einem Felsen kurz vor der Küste, an dem noch niemals jemand gesehen hatte, daß sich dort ein Brecher aufbäumte, und traf das Schiff so heftig, daß es sich kieloben drehte.

Dort ertrank Thord und alle seine Begleiter und das Schiff wurde in Stücke zerschlagen und der Kiel an einem Ort angespült, der seitdem Kiel-Insel heißt. Thords Schild wurde an einer Insel angespült, die seitdem Schild-Insel heißt. Die Leichen des Thord und aller seiner Begleiter wurden an einer Stelle ans Ufer geschwemmt, die nun Hügelgrab-Bucht heißt.

IV 15. Flüche allgemein

Wie fast zu allen mythologischen Themen hat Jakob Grimm auch zu den Flüchen vieles zusammengestellt.

IV 15. a) Jakob Grimm: Deutsche Mythologie

Besondere gewalt wohnt aber den flüchen und verwünschungen bei. unsere mittelhochdeutschen dichter sagen ›tiefe fluochen‹; ›swinde fluochen‹; zornvluoch. bedeutsam heißt es: ›ich brach des vluoches herten kiesel‹, seine wirkung ist kieselhart, und kann nicht leicht gebrochen werden.
Waltharius:

zwêne herzelîche flüeche kan ich ouch,
die fluochent nâch dem willen mîn.
hiure müezens beide esel und der gouch
gehœren ê si enbizzen sîn.
wê in denne, den vil armen!

Der nüchtern vernommne fluch wirkt desto heftiger. Nach irischem volksglauben muß jeder ausgesprochne fluch auf irgend etwas niederfallen: er schwebt sieben jahre in der luft und kann jeden augenblick auf den, wider den er gethan wurde, sich herabsenken; verläßt diesen sein schutzengel, so nimmt alsbald der fluch die gestalt eines unglücks, einer krankheit oder versuchung an und stürzt auf den verfluchten.
Auch wird gesagt, daß der fluch flügel gewinne und gen himmel steige: mesero le' mardettiune dessa vecchia l'ascelle, che saglietero subeto' n cielo.
einem verwünschten pferd soll das haar leuchten: a cavallo iastemmiato luce lo pilo.
... ...
In einem minnelied heißt es: ›der nîder schar, daz die vor kilchen lægen!‹ auf ungeweihtem boden begraben, ›der bluomen schîn sol iemer sîn von ir gewalt gescheiden‹.
Die runen auf gräbern fügen zuweilen am schluß einen fluch gegen den bei, der den stein abwälze oder forttrage: at ryði sa verði sa stain þansi velti, er werde zu rost, unheil treffe ihn!
So endigen auch die lateinischen urkunden des mittelalters mit verwünschungen des übertreters, aber biblischen, kirchlichen.

Ein mittelhochdeutsches gedicht hat diese flüche:

daz dîn wîp got von dir lœse!
vische, vogele, würme, tier mit liuten dîner vröuden burc erstürme!
gnâde in allen landen sol dir sîn gehaz!
dich mîde gruoz von allen guoten vrouwen,
dîn sâme und ouch dîn sât verdorre unsüeze,
sô Gelboê der berc von allen touwen verteilet ist,
der vluoch dir haften müeze!

got müeze im êre meren.
zuo flieze im aller sælden fluz,
niht wildes mîde sînen schuz,
sîns hundes louf, sîns hornes duz
erhelle im und erschelle im wol nâch êren.

... ...

Die flüche sind viel häufiger und manichfaltiger. mîne vlüeche sint niht smal.
Sie wirken rasch: ein swinder fluoch. mit snellem fluoche.
Dazu schon bei Wolkenstein: ein wilder fluoch.
Der fluch faßt den menschen wie eine zange: uns twinget noch des fluoches zange.
Die flüche haften, treffen ein, kleben. solten alle vlüeche kleben, ez müeste lützel liutes leben. der fluoch bekleip. dem muoz der fluoch beklîben. der fluoch klebet.
Der fluch verbrennt.
Flüche fliegen aus und kehren wieder heim, wie der vogel ins nest. die flüche flohen um die wette.
Mächtig ist besonders der fluch des sterbenden. þat var trûa þeirra î forneskju, at orð feigs manns mætti mikit, ef han bölvaði ôvin sînum með nafni. daher verhehlte man den namen. der todwunde Sigfrit schilt.
Des vaters segen baut ein haus, der mutter fluch reißts wieder aus.
Der fluch der mutter ist unabwendbar.
Wirksam ist auch der fluch der pilgrime, des priesters. der fluch sehr alter leute, die da gott fürchten, thut gottlosen schaden.
Als zum fluchen geneigt gelten besonders fuhrleute, auch officiere.
... ...
Die wildheit und stärke des fluchens wird durch verschiedene derbe wendungen ausgedrückt. er fluchte, daß es grausam war. er hub ein gefluch und schelten an, daß kein wunder, das schloß wäre versunken. daz se dâ fluochten niemen unde daz Hagenen kint bleip unbescholten. er fahet an zeflŷchen und zeschweren, daß das erdtreich

möcht undergon. fluchen, daß es steine gen himmel sprengt. er schwur, daß sich der himmel möchte bücken. fluchen, daß es donneren möcht. fluchen, daß die balken krachen. er flucht alle zeichen, daß der boden kracht. alle zeichen fluchen. schwören, daß die kröten hüpfen. er flucht dem teufel ein bein aus dem ars und das link horn vom kopf. er flucht ihm die nase aus dem gesicht.

Die flüche, die gott als fluchenden, verderbenden anrufen, sind die feierlichsten. daz ez got verwâze! sô sî ich verwâzen vor gotes ougen! daz in got von himele immer gehoene! daß dich gottes kraft schände!. got du sende an mînen leiden man den tôt daz ich von den ülven werde enbunden. swer des schuldig sî, den velle got und nem im al sîn êre. erschlage ihn gott! nu over in duvels ere! over ins duvels name! nu over ins duvels geleide! nu over in der duvele hant! der tievel var ime in den munt! daß dir der henker in den rachen führe! daß dich der teufel hole!. daß dich das wetter verborne! ir letz die slach der schauer und kratz der wilde ber. versigelen müez er ûf daz mer von wîbe und von kinde! geh zu den wölfen. daß dich die wölfe fressen. so ezzen si die wilden krân! dat uch de raven schinnen! des müezen si die wolve nagen! ir herzen müezen krânvuoz nagen! den vermîden rôsen und alle zîtelôsen und aller vogellîne sanc! ich schaffe daz ir aller frôiden strûzen ie widerspenic müezen wesen. marke du versink!

Häufig werden tod, krankheit und schmerzen angeflucht. nu iz dir den grimmen tôt! des ertrenke iuch ein wolkenbrust! wolde got waere dîn houpt fûl! daz dich aezen die maden! daz diu ougen im erglasen!

... ...

Hin ze allen sühten! sô dich diu suht benasche! got geb dir die drüs und den ritten! diu suht an iuwern lôsen kragen! dahaz aie parmi le col! daß du die nase ins gesicht behältst! da var diu suht in iuwer ôren! wê dir in die zende! daz iu der munt werde wan der zungen! daz si (die zunge) verswellen müeze und ouch diu kel! dîn zunge müeze dir werden lam. in (eis) müezen erlamen die knübel. daß du versauerst!

... ...

Wâfen über diu ougen, dâmit ich dich hân gesehen, und wâfen über die arme, dâmit ich dich umvangen hân. daz er immir ubil jâr muoze haben! als unglück dich fliege! mîn sêle sê ungeheilet! daz si sîn gunêret! der werde zeinem steine!

... ...

Wie sonst beim säen gebetet und gesegnet werden soll, gibt es einige kräuter, die unter flüchen gedeihen.

IV 16. Zusammenfassung

Die altnordischen Bezeichnungen für „Fluch", „verfluchen" u.ä. leiten sich alle von den Bezeichnungen für „Kultgesang", „Kult-Rede", „Opfern", „segnen", „heilen" u.ä. ab. Der Fluch ist also mit großer Wahrscheinlichkeit die Umkehrung des segenreichen Tempel-Ritus zu einem schadenbringenden Ritual. Der „Wunsch für Gutes" ist in einen „Wunsch für Schlechtes" umgewandelt worden. Man kann daher davon ausgehen, daß die längeren Flüche von ihrem Aufbau und Stil her den Ritual-Texten im Kult entsprechen.

Die Intensität der Flüche reicht von der Unmuts-Äußerung über das Wünschen von Unglück bis hin zum Schadenszauber mit sofortiger Wirkung. Der Fluch ist somit nicht scharf abgegrenzt, sondern hat einen fließenden Übergang sowohl zum ärgerlichen Schimpfen als auch zur Schadensmagie. Bei dieser Form der Magie wird oft eine Gottheit oder ein Geist herbeigerufen, der sofort den erwünschten Schaden bewirkt. Dabei sind die betreffenden Geister manchmal auch für den Verfluchten sichtbar.

Auch der Übergang zwischen dem Vorhersehen und Prophezeien eines Ereignisses und dem Herbeiführen eines Ereignisses durch einen Fluch ist oft recht fließend.

Die einfachste Form des Fluches ist ein einzelner Satz, der den Ärger des Fluchenden Ausdruck gibt.

Die komplexesten Flüche bestehen aus mehreren mehrstrophigen Liedern, die ausführliche Schilderungen des herbeigerufenen Unglücks, variierte Wiederholungen, Anrufungen von Gottheiten, Riesen, Trollen, Totengeistern u.ä. enthalten. Diese langen, formalen Flüche sind wie die Lieder der Skalden nach strengen formalen Kriterien verfaßt worden.

Während die einfachen Flüche dem Verfluchten meistens auf schlichte Weise den Tod wünschen („Die Trolle sollen Dich holen!"), so wie dies auch heute üblich ist („Zum Teufel mit Dir!"), trennen die langen Flüche den Verfluchten systematisch von allem Guten und von den Göttern und verbinden ihn mit allem Schlechtem und mit dem Tod. Bei der Auswahl der unangenehmen Dinge sind die Germanen durchaus kreativ – den Verfluchten wird alles von pieksendem Stroh im Bett über Windstille bei Schiffsfahrten bis hin zur Impotenz an den Hals gewünscht.

Durch den Bezug zu den Ritual-Texten aus dem Tempel-Kult enthalten die Flüche oft mythologische Elemente, die z.T. umgedeutet worden sind.

Die Flüche auf den Sagen-Entsprechungen einzelner Gegenstände aus den Mythen wie dem Ring Draupnir des Odin oder dem Schwert Tyrfing des Tyr sind ebenfalls Umdeutungen der Bedeutungen dieser Gegenstände in den ursprünglichen Mythen – meistens wird dabei eine Hilfe auf dem Jenseitsweg zu einer Todesursache wie z.B. bei dem „Ring-Fluch" in der Nibelungen-Saga.

Ein häufige Fluch-Formel lautet „Bei dem X der Gottheit Y soll Dir Z geschehen!"

Mit den Flüchen sind oft auch andere Elemente des Kultes verbunden als nur der lange Fluchtext. Am häufigsten wird das Gerüst genannt, auf dem die Seher und die Seherinnen auch bei ihrer Wahrnehmung der Zukunft und vermutlich auch bei ihrem Segnen saßen. Das Schlagen mit dem Handschuh tritt ebenfalls als Teil eines Fluches auf. Die Benutzung von Runen kommt sehr häufig vor.

Das auffälligste Element ist jedoch das Aufrichten eines Nid-Pfahles, also eines Pfostens, auf den oben ein Pferdekopf gespießt ist, der in die Richtung des Verfluchten blickt, der dadurch einem Toten, für den ein Roß geopfert worden ist, gleichgesetzt wird – dies ist ein ritueller Mord-Zauber, der gegen den Verfluchten gerichtet ist.

Viele Flüche werden erst einmal nur angedroht, um einer Verhandlung Nachdruck zu verleihen, um Grabräuber fernzuhalten oder ähnliche Ziele zu erreichen. Diese Fluch-Drohung soll einem anderen den eigenen Willen aufzwingen: „Tust Du nicht dies, dann geschieht Dir das!"

Schließlich gibt es noch die Möglichkeit, Flüche durch Gegenflüche unwirksam zu machen und zu ihrem Urheber zurückzusenden.

IV 17.   Flüche bei anderen Völkern

Flüche lassen sich weltweit finden. Da sie wie der Segen einer schlichten Logik folgen, läßt sich ihre Entwicklung nicht zurückverfolgen. Lediglich stilistische Ähnlichkeiten wie zwischen den langen Flüchen der Germanen und der Kelten sind ein Hinweis darauf, daß es diese Form schon bei den gemeinsamen Vorfahren dieser beiden Völker um ca. 2000 v.Chr. gegeben hat – aber es ist durchaus auch eine spätere Parallelentwicklung oder eine gegenseitige Inspiration denkbar.

Vermutlich hat es Flüche zumindestens schon seit der frühen Jungsteinzeit gegeben, da sich seit dieser Zeit einigermaßen sicher Magie nachweisen läßt.

V Zaubersprüche

Magie ist außer für Eide, Segnungen und Flüche auch noch für eine große Vielfalt von anderen Zwecken benutzt worden. Formal gesehen besteht auch diese Form der Magie vor allem aus kurzen Texten – den „Zaubersprüchen".

V 1. Zauberworte

Es ist durchaus denkbar, daß einige der germanischen Zauberworte zusammen mit dem Alphabet in der Zeit von 100 v.Chr. bis 100 n.Chr. von den norditalischen Völkern übernommen worden sind. Da es Priester-Zauberer gewesen zu sein scheinen, die dieses Alphabet in den Norden importiert und dort zu den Runen umgeformt haben, wäre es durchaus denkbar, daß sie gleich auch noch einige zentrale Worte aus den Ritualen dieser Völker mitimportiert haben.

Diese Worte könnten sich dann, weil sie nicht verstanden worden sind, stark verändert und einen Reim entwickelt haben. Auf diese Weise ist auch auch das berühmteste aller abendländischen Zauberworte entstanden: Der zentrale Satz in der Eucharistie sind die Einsetzungsworte, durch die der Wein zu Christi Blut wird: „hunc est corpus" Daraus wurde durch die einfachen Leute, die kein Latein sprachen, schließlich „Hokuspokus".

Die beiden frühgermanischen Zauberworte „salusalu" und „luwatuwa" haben eine sehr große Ähnlichkeit mit „Hokuspokus" und auch mit anderen derartigen Worten wird „Holterdipolter", „Schnickschnack" oder „Klimbim", die sehr stark umgeformt worden sind und dabei zu einem „klangvollen Reim-Wort" wurden.

V 1. a)   „alu"

Dieses Zauberwort kann mehrere verschiedene Ursprünge haben – vielleicht treffen auch mehrere gleichzeitig zu:

„alu" =?= Ritualtrank/Ekstase (germanisch),
„alu" =?= Zauber (hethitisch),
„alu" =?= Weihender (etruskisch), oder
„alu" =?= Schutz (angelsächsisch).

„Alu" ist das häufigste Runen-Zauberwort. Es scheint als eine Anrufungs- und Weiheformel aufgefaßt worden zu sein – sozusagen als „magische Kraftquelle". Man kann ihre Bedeutung als „heilig", „geweiht" oder „Magie" übersetzen.

V 1. b) „auja"

Dieses Zauberwort leitet sich von dem Adjektiv „aud" für „leicht" ab und bedeutet „göttlicher Schutz, Glück, gutes Gelingen".

V 1. c) „luwa-tuwa"

„Luwa" bedeutet „auf der Erde"; „tuwa" bedeutet „zum Himmel". „Luwa-tuwa" ist eine beliebte Formel, die möglicherweise aus dem Kult stammt. Sie erinnert an den Urgegensatz „Himmel und Erde" in den indogermanischen Mythen und auch an die christliche Formel „Wie im Himmel so auf Erden".
„Luwa-tuwa" könnte einfach „überall" bedeuten.

V 1. d) „salusalu"

Diese Formel läßt sich als die Kombination aus der S-Rune („Sieg" oder „Sonne") und der Formel „alu" („heilig, Magie") auffassen, die dann, so wie es bei Zaubersprüchen häufig der Fall ist, verdoppelt wurde. Diese Formel würde aufgeschlüsselt somit wie folgt aussehen: „ s·alu – s·alu".

Da die Rune „S" entweder „Sonne" oder „Sieg" bedeuten kann, ergeben sich die beiden folgenden Übersetzungs-Möglichkeiten: *„Sieg-Magie, Sieg-Magie"* oder *„Magie der Sonne, Magie der Sonne"*. Da bis 500 n.Chr. der Sonnengott-Göttervater Tyr auch der siegreiche Schwertgott gewesen ist, sind beide Deutungen letztlich identisch: *„Möge mir der siegreiche Sonnengott-Göttervater Tyr zum Sieg verhelfen!"*

Die Formel „alu" ist oft zusammen mit dem „Swastika" genannten Sonnensymbol abgebildet worden, was die Deutung der S-Rune als Sonne bestätigt.

V 1. e) „lathu"

Dieses Substantiv bedeutet „Einladung, Anrufung". Die Formel „lathu" bezeichnet somit einen Gegenstand, der durch die Anrufung einer Gottheit geweiht worden ist.

V 1. f) „laukar"

Die Rune mit diesem Namen symbolisiert das Wasser und den Lauch. An den Stellen, an denen sie auftaucht, soll sie anscheinend Schutz und Gelingen bringen.

Der Ursprung dieser Assoziation zu „laukaz" ist die Gleichsetzung des Lauches mit dem Penis. In der altnordischen, der angelsächsischen und auch noch der mittelalterlichen Medizin finden sich viele Hinweise auf diese Bedeutung, die jedoch vor allem in christlichen Kontexten zunehmend unspezifischer als „vitalisierend" beschrieben wurde.

Konrad von Megenberg schrieb um ca. 1320 in seinem „Buch der Natur" über den Lauch: *„Er fördert den Urin und die Intimität mit den Frauen und er bringt Mangel an Keuschheit und vor allem Samen."*

Auch Sigurd wurde im zweiten Gudrun-Lied als *„grüner Lauch der Wiese"* umschrieben – was sich am besten als „potenter, starker Jüngling" in die heutige Sprache übertragen läßt.

In dem angelsächsischen „Herbarium", das um ca. 150 n.Chr. von Apuleius von Madaurus verfaßt worden sein soll, wird ein Kraut mit dem lateinischen Namen „satyrion" („Satyr-Kraut"), das in der angelsächsischen Sprache „Raben-Lauch" genannt wird, wie folgt beschrieben: *„Dies ist das Kraut, das einige 'temolum' und andere 'sengreen'* (Haus-Lauch) *nennen ... ... und seine Wurzel ist voll von Sünde und Übel, ähnlich wie die Wurzel des Lauches."* Die Satyre in der griechischen Mythologie waren für ihre Lüsternheit bekannt.

V 1. g) „ota"

Das Verb „ota" bedeutet „vorwärts schieben, drohen" und wurde für Schutz durch Schrecken und Abwehr verwendet.

V 2. Weihung

Während ein Segen meistens über einen Menschen oder ein Tier ausgesprochen wird, bezieht sich eine Weihung meistens auf einen Gegenstand. Diese Unterscheidung ist jedoch nicht besonders präzise, da man z.B. auch von der „Priesterweihe" spricht.

V 2. a)   Runenstein von Elgesem

Auf diesem um ca. 400 n.Chr. in Südnorwegen errichteten Stein steht lediglich das Wort *„alu"* – dieser Stein ist folglich geweiht worden.

V 2. b)   Brakteat von Hojstrup

Wie das Wort *„Anrufung"* („lathu") zeigt, ist dieses Amulett offensichtlich geweiht worden.

V 2. c)   Brakteat von Skonager

Auf diesem Amulett befindet sich eine sehr einfache Formel, die nur aus dem Namen des „Gesegneten" und der Anrufungs-Formel „lathu" besteht. Der Name „Niuwila" bedeutet „kleiner Neuankömmling". Vielleicht sollte dieser Brakteat ein Neugeborenes durch die Macht der angerufenen Götter beschützen …

Niuwila – Anrufung

V 2. d)   Fibel von Vimose

Auf dieser bereits um 200 n.Chr. hergestellten Fibel findet sich die folgende Runen-Inschrift:

alu god

Dies kann „Weihe-Gott", „einem Gott geweiht", „gute Magie", „Gott der Magie" und vermutlich noch einiges mehr bedeuten. Es jedoch sicher, daß diese Fibel mit einem „guten Zauber" belegt worden ist, bei dem vermutlich ein Gott angerufen wurde.

V 2. e) Brakteat von Halskov

Auf ihm findet sich ein recht lapidarer Kommentar, der wohl dem Empfänger dieses Amuletts versichern sollte, daß der Brakteat in rechter Weise geweiht worden war und daß diese Weihung durch diese schriftliche Bestätigung dauerhaft wirken würde – ein guter Abschluß für einen Zauberspruch, sozusagen eine Erdung und Besiegelung.

Ich habe die Anrufung durchgeführt.

V 2. f) Brakteat von Trollhättan

Auch auf diesem Amulett befindet sich ein solches „Gütesiegel":

Ich habe die Anrufung durchgeführt.

V 2. g) Brakteat von Tjurkö

Auch auf diesem Amulett findet sich lediglich eine „Qualitäts-Bestätigung" durch den Runenmeister Heldar („Kämpfer"):

Heldar Familien-Beschützer hat diese Runen auf der Fremden-Saat (Gold) *aktiviert.*

V 2. h)   Brakteat von Funen

Dieses Goldamulett ist auf beiden Seiten beschriftet worden.

hoch

Anrufung: aaduaaaliia Magie

Dieses „hoch" ist wie das englische „high" gemeint und kennzeichnet einen hohen Energiezustand. Die Buchstabenfolge ist eine Zauberformel.

V 2. i)   Runenstein von Bällsta

*Sie errichteten den Stein
und beschafften den Stab* (=Magie?)
und die großen Zeichen (des Beifalls).

*Gyrridr hat seine Ehefrau in Ehren gehalten:
Deshalb wird sie seiner mit Tränen gedenken.
Gunnar hat den Stein geritzt.*

Die drei ersten Zeilen könnten das vorschriftsmäßige Aufstellen eines Runensteines beschreiben:

*Sie errichteten den Stein
und führten die magische Weihung mit dem (Priester-)Stab durch
und erhielten die großen Zeichen der Zustimmung der Götter.*

V 2. j)   Runenstein von Tune

Dies ist ein sehr früher Runenstein – er ist um ca. 400 n.Chr. in Norwegen aufgestellt worden. Der Stein ist auf zwei Seiten beschrieben worden. Diese beiden Inschriften sind in der Übersetzung durch eine Lücke unterschieden.

Der Männername „Wiwar" bedeutet „der Schnelle".

„Woduride", d.h. „Ekstase-Reiter" könnte ein Männername, eine Priester- oder Schamanen-Bezeichnung, aber auch ein Name des Odin sein – oder dies alles gleichzeitig. 400 n.Chr. ist zwar noch recht früh für einen Bezug auf Odin, aber doch nicht undenkbar.

Der „Wächter des Brotes" wird der „Brotherr", der „Brötchengeber", also der Hausherr sein.

Ich, Wiwar, habe auf Geheiß des Woduride,
dem Wächter des Brotes, die Runen aktiviert.

Der Stein ist für Woduride;
Die drei Töchter haben
das Erbe bereitet – das vornehmste aller Erben.

V 2. k)   Goldring von Pietrossa

Dieser Ring, der aus Rumänien aus der Zeit um ca. 350 n.Chr. stammt, trägt die Inschrift *„heiliger Besitz der Goten"*.

V 2. l)   Brakteat von Vadstena

Auf diesem Amulett steht die Zauberformel *„luwa-tuwa"* („auf der Erde, zum Himmel"), die von den Runen des Futhark gefolgt wird. Dieses Amulett ist eines der unspezifischen Allzweck-Glücksbringer.

V 2. m)   Runenstein von Sonder Kirkeby

Auf diesem Stein befindet sich eine recht schlichte Weihe-Inschrift, die an Thors Beinamen „Midgards Weihender" erinnert:

Thor weihe diese Runen!

V 2. n) Runenstein von Viring

Die Inschrift auf diesem Stein ist mit der vorigen fast identisch:

Thor weihe diesen Gedenkstein!

V 2. o) Runenstab von Bergen

Heil Dir und sei in guten Gedanken!
Möge Thor Dich empfangen,
Möge Odin Dich sein eigen nennen!

Diese Verse sind im „galdr-lag", also in dem Versmaß für Zaubersprüche verfaßt worden. Sie klingen ein wenig wie eine Bestattungsformel, aber sie könnten auch ein allgemeiner Segensspruch sein.

V 2. p) Fibel von Nordendorf

Fibel von Nordendorf

Auf der Rückseite dieser Fibel, die um ca. 550 n.Chr. hergestellt worden ist, ist die folgende Runen-Inschrift eingeritzt worden:

Logathore
Wodan
Wigithonar
Awa Leubwinie

„Wodan" („Wotan") ist Odin.
„Wigithonar" bedeutet entweder „Weihe-Donar" oder „Kampf-Donar", was dem nordgermanischen Thor-Beinamen „Midgards Segner" entspricht.
„Logathore" ist hingegen schwierig zu deuten. Die Deutung als „Loki" ist unwahrscheinlich, weil dies sprachlich nicht paßt und Odin, Thor und Loki in den Mythen auch nirgendwo sonst als Dreiheit auftreten.

In den altenglischen Texten wird das griechisch-lateinische „cacomicanos" („Unruhestifter") und auch das lateinische „marsius" („Schlangenzauberer") mit „logther, logether" übersetzt. Beides klingt nach einer Grundbedeutung „Zauberkundiger" für „logathore". Das lateinische Wort „marsius" könnte auch mit „Mars" verwechselt worden sein, wodurch dann der ehemalige Göttervater Tyr, der damals dem Mars gleichgesetzt worden ist, als „logathore" umschrieben worden sein könnte.

Für eine christliche Interpretation dieses Namens im Sinne von „übler heidnischer Zauberer" ist 550 n.Chr. deutlich zu früh. Es würde zwar passen, Odin als „Zauberer" zu bezeichnen, aber Thor erscheint nirgendwo in seinen Mythen als Magier – er löst seine Probleme normalerweise mit seinem Hammer …

Der ehemalige Göttervater Tyr ist in der Völkerwanderungszeit, in der diese Fibel hergestellt worden ist, durch Odin und Thor abgelöst worden. Es wäre also denkbar, daß in dieser Inschrift der ehemalige Göttervater und die beiden neuen Herren in Asgard gemeinsam angerufen werden sollten. Da „logathore" in der Inschrift an erster Stelle steht, wäre Tyr zu der Zeit der Herstellung dieser Fibel noch als der wichtigste Gott, d.h. der Göttervater angesehen worden.

„Awa" („kleine Mächtige") ist ein Frauenname und ebenso „Leubwini" („liebe Freundin"). Falls das „e" am Ende von „Leubwinie" eine lateinische Genitiv-Endung („-i") sein sollte, könnte Awa die Tochter von Leubwini sein – das ist jedoch ungewiß.

Die Inschrift lautet diesen Betrachtungen zufolge dann übersetzt und ergänzt:

Tyr, Wotan und Kampf-Donar,
helft und beschützt Awa, die Tochter der Leubwini!

V 2. q) Zauberspruch aus Lancashire

Der folgende Spruch wurde erst um ca. 1880 n.Chr. aufgezeichnet, aber er ist offensichtlich schon sehr alt, da er sich noch an Wotan/Odin und Loki um Hilfe wendet:

Throice I smoites with Holy Crok,	*Dreimal schlage ich mit dem heiligen Stab,*
With this mell, Oi throice dew knock,	*Ja, mit diesem Hammer klopfe ich dreimal:*
One for God,	*Einmal für Gott,*
An' one for Wod,	*und einmal für Wotan*
An' one for Lok.	*und einmal für Loki.*

Im Original reimen sich diese Sätze, von denen die zweite Zeile sogar noch die variierte Wiederholung der ersten Zeile enthält, die für das Zauberspruch-Versmaß

„galdr-lag" typisch ist.

Das Wort „mell" ist das lateinische „malleus" für „Hammer".

V 2. r) Bügelfibel von Dischingen

Auf dieser Fibel stehen lediglich zwei Runen:

A E

Wenn man diese Runen, so wie es auch von vielen anderen Inschriften bekannt ist, als Abkürzungen nimmt, d.h. davon ausgeht, daß nicht die Rune, sondern der Runen-Name gemeint ist, ergäbe sich die Bedeutung:

A(nsuz) E(hwaz)

Auf deutsch würde dies dann *„Ase des Pferdes"*, d.h. *„Pferde-Ase"* bedeuten, womit entweder Tyr auf seinem Streitwagen, der von seinen beiden Pferde-Söhnen („Alcis") gezogen wird, oder Odin auf seinem achtbeinigen „Doppelpferd" (das aus den beiden Alcis entstanden ist) sein könnte.

Da diese Fibel um ca. 550 in Württemberg, also bei den Südgermanen gefunden worden ist, wird der „Pferde-Ase" Odin sein, da dieser bei den Südgermanen schon in vorrömischer Zeit an die Stelle des Tyr als Göttervater getreten ist.

Man könnte „Pferde-Ase" auch als eine Kenning für „Reiter, Krieger" auffassen, wobei man sich dann jedoch fragen müßte, warum dies auf der Fibel steht – während eine Fibel mit dem Namen des Odin offensichtlich ein Amulett ist – vermutlich für den Kampf, da der Göttervater der Germanen immer auch der Kriegsgott gewesen ist.

Die Übersetzung von „A E" lautet somit recht wahrscheinlich „Odin". Man kann sich natürlich fragen, warum auf dieser Fibel „A E" und nicht „Odin" bzw. „Woden" steht – vielleicht weil der Träger der Fibel selber ein berittener Krieger gewesen ist? Für diese Auffassung würde sprechen, daß diese Fibel von ihrer Herstellungsweise her eher eine Art Abzeichen als ein Kleidungs-Verschluß gewesen ist. Diese Fibel könnte also eine Art Kennzeichen der „Wotan-Kavallerie" gewesen sein ...

Es ist leider nicht bekannt, ob diese Fibel aus einem Männer- oder Frauengrab stammt.

V 2. s) Das Knochenamulett von Lindholm

Auf diesem um ca. 530 n.Chr. hergestellten Amulett findet sich die folgende Inschrift:

Ich, der Runenmeister,
werde Astute genannt.
agrinjbmute alu

Die Bedeutung des ersten Wortes der dritten Zeile ist leider unbekannt. „Alu" ist die Weihe- und Aktivierungsformel für den Zauber, der durch das erste Wort ausgedrückt wird.

V 2. t) Runenstein von Flemlose

Die Inschrift auf diesem Stein besteht aus einem Eigenname und einer magischen Formel, deren Bedeutung unbekannt ist:

Roulf sis

V 2. u) Knochen von Tilläg

Aus Dänemark stammt ein Knochen mit einer kurzen Inschrift, die eine Kenning-Erläuterung erhält:

Bondi ritzte Sprach-Runen.
Die Ruder des Adlers sind die Federn.

Die Stabreime zeigen, daß es sich um einen Zauberspruch gehandelt haben könnte:

bondi risti mal runu
arar ara äru fiathrar

Es fragt sich, warum hier betont wurde, daß diese Runen Sprache wiedergeben – und was es mit den Adlerfedern auf sich hat. Evtl. ist mit „Sprache" hier „Zauber" gemeint.

Im Sigdrifa-Lied wird gesagt, daß Runen „*auf den Klauen des Wolfs und den*

Krallen des Adlers, auf blutigen Schwingen" geschrieben stehen. Dieser Adler ist vermutlich der Seelenvogel des Göttervaters Tyr/Odin.

Die Assoziation „Runen – Zauberkunst – Dichtung – Odin – Adler-Seelenvogel des Odin" wäre als Erklärung des Adlers in diesen Versen zwar denkbar, aber es wäre schon eine recht lange Assoziations-Kette ...

V 2. v)   Runenstab von Gravlek

Diese Inschrift ist zwar nicht lesbar, aber sie enthält offensichtlich zumindestens zwei Zauberformeln. Sie sind in dem Text unten zum leichteren Auffinden unterstrichen:

kukukuburrikikiki
i(k)a(a)lh(n)i(f)ka uirisiiue

V 3. Schutzzauber

V 3. a) Amulett aus Bad Ems

Dieses Amulett eines Mannes mit dem Namen „Madali" enthält eine sehr knappe und präzise Inschrift:

„Schutz für Madali"

V 3. b) Amulett aus Kirchheim unter Teck

Bei diesem Amulett ist der Name nicht mehr ganz lesbar:

„Schutz für H..."

V 3. c) Brakteat von Skodborg

Auf diesem Amulett finden sich Neujahrsgrüße – er wird folglich an einem Jul-Fest verschenkt worden sein.

Göttlichen Schutz, Alawin!
Göttlichen Schutz, Alawin!
Göttlichen Schutz, Alawin!
Ein glückliches Jahr, Alawid!

Das „glückliche Jahr" ist nur durch die Jeran-Rune gekennzeichnet worden, deren Deutung in diesem Zusammenhang jedoch recht eindeutig ist.
Warum der Empfänger dieses Segens einmal Alawin („All-Freund") und einmal Alawid („All-Wald" oder „All-Engagierter") genannt wird, ist unklar.

V 3. d) Runen-Knochen von Lindholmen

Dieses Knochenstück hat die Form eines sichelartigen Fisches oder einer Schlange. Beide Tiere wurden mit dem Jenseits assoziiert – mit der Wasserunterwelt und mit dem Hügelgrab – sie waren die Jenseits-Gestalt der Totengeister.
Die Runen-Inschrift lautet:

Ich heiße Jarl Sonne.
aaaaaaaazzznnn nbmutt alu

Die zweite Zeile besteht nur aus Zauberworten, von denen nur das letzte bekannt ist und „Magie, heilig, geweiht" bedeutet.
Vermutlich wollte ein Mann mit dem Namen Sawilagaz („Sonne, Sonniger") mithife dieses Amuletts den Schutz seiner Ahnen (Fisch, Schlange) zu sich rufen.

V 3. e) Brakteat von Seeland

Dieses Amulett ist vermutlich ein Reise-Schutzzauber. Die dreifache „T"-Rune, die zu einem Baum zusammengefügt worden ist, ist der eigentliche Zauberspruch, den man sicherlich „Tyr, Tyr, Tyr" lesen kann. Da der ehemalige Göttervater Tyr wie die Sonne jeden Winter als Utgardloki in der Unterwelt gefangenlag, während Loki auf der winterlichen Erde herrschte, waren seine erfolgreichen Jenseitsreisen ein gutes Vor- und Urbild für einen Reise-Schutzzauber.
Die Zahl „3" symbolisierte die Sonne und den Zyklus und paßt somit vorzüglich zu dem Sonnengott-Göttervater Tyr.
Da dieses Amulett um ca. 500 n.Chr. hergestellt worden ist, wird der Gott Tyr seinem Hersteller und auch seinem Benutzer noch als Sonnengott-Göttervater geläufig gewesen sein.
Der ansonsten unbekannte Männername „Hariuha" bedeutet „Erster der Krieger", womit um 500 n.Chr. nur der Kriegsgott und Göttervater Tyr gemeint sein kann. Seiner Stellung in dem Zauberspruch nach zu urteilen ist er derjenige, von dem der Reiseschutz ausgeht. Anscheinend ist hier Tyr als die am Himmel reisende Sonne angesehen worden.

Ich werde Hariuha genannt,
ich bin der Fahrten-weise,
ich gebe göttlichen Schutz:

V 3. f) Brakteat aus Norwegen

Auf ihm befindet sich die Inschrift „ano-ana". Im Altnordischen hat „an, on" die Bedeutung „ohne". Im Altniederfränkischen lautet dieses Wort „ana" und im altsächsischen „ano" – was natürlich beides weit entfernt liegt, aber immerhin zeigt, daß diese Varianten des Wortes im Germanischen vorhanden waren. Doch was sollte die Inschrift „ohne – ohne" auf einem Amulett bedeuten?

Wenn man diese Runenfolge als Runennamen liest, ergibt sich:

A(nsuz) N(audiz) A(nsuz) – A(nsuz) N(audiz) O(thila)

Ase Not Ase – Ase Not Erbe

Dies ergibt jedoch auch nicht allzuviel Sinn, auch wenn „ana" wie eine Bitte an die Asen um Hilfe in der Not klingt, denn was macht dann der Erbe in diesem Zusammenhang? Die Vermutung, das dieses Amulett für das Klären von Erbstreitigkeiten hergestellt worden ist, erscheint etwas weit hergeholt zu sein …

Diese Inschrift bleibt somit vorerst ungeklärt.

V 3. g) Brakteat von Ölst

Die Inschrift dieses Amulettes lautet:

hag alu

„Alu" bedeutet „heilig, geweiht, Magie" und „hag" ist eigentlich das Wort für „Hagel". Nun ist jedoch „Hagel-Magie" recht seltsam, wenn man dies nicht als einen Schutz für den Kampf, also den „Speer-Hagel" ansieht.

Die Inschrift ließe sich auch als der Plural „hagalu" von „hagal" für „Hagel" lesen – was jedoch ebenfalls eine seltsame Inschrift auf einem Amulett wäre.

„Hag" könnte aber auch die Bedeutung „hegen, einhegen, mit einer Dornenstrauch-Hecke umgeben" haben, wovon sich auch die Bedeutungen „behagen, sich wohlfühlen, sicher sein" ableiten. Im Altnordischen hat das Wort „hag" auch die Bedeutung „Hag, Einhegung, Weide, Schutzhecke aus Dornensträuchern, Lage, Behaglichkeit". Einige wenige dieser Worte enden auch mit einem „l" wie z.B. „hagall" für „passen, nützlich", sodaß durchaus eine Vermischung mit dem Wort „hagal" für Hagel" denkbar ist. Insbesondere dann, wenn in einem Zauberspruch „hag" und nicht „hagal" steht, muß man daher prüfen, ob „Hag, Gehege, Weide, Wohnraum" evtl. mehr Sinn ergibt als die Ergänzung von „hag" zu „hagal" mit der Bedeutung „Hagel".

Die Inschrift „hag alu" könnte daher auch „Schutz des Hauses" oder „Schutz des eigenen Bereiches", also letztlich „Schutz der Heimat" bedeuten – was eines der grundlegenden Bedürfnisse der Menschen und daher auch die wahrscheinlichste Deutung diese Runen-Inschrift ist.

V 3. h) Groas Erweckung

Die tote Groa wird an ihrem Hügelgrab von ihrem Sohn Swipdag ins Diesseits gerufen, damit er von ihr Rat und Hilfe erhalten kann.

Swipdag ist Tyr; Groa und Menglöd sind ursprünglich die Jenseitsgöttin gewesen, die den Sonnengott-Göttervater Tyr am Morgen wiedergebiert. Diese Szenerie ist hier jedoch schon recht undeutlich geworden.

Groas Reisezauber diente ursprünglich der Absicherung der Reise der Sonne über den Himmel.

Groa („Grünende") und Rindr („Rinde, Horizont") sind die Erdgöttin und Ran („Räuberin") ist die Meeresgöttin – sowohl die Erde als auch das Meer konnte als Sonnenmutter angesehen werden – je nach dem, wo die Sonne im Westen unterging und im Osten wieder aufging ... ob über Land oder Meer.

Svipdag:
„Wache, Groa, erwache, gutes Weib,
Ich wecke Dich am Totentor.
Gedenkst Du dessen nicht? Zu Deinem Grab
Hast Du den Sohn beschieden."

Groa:
„Was bekümmert nun mein einziges Kind?
Welch Unheil ängstet Dich,
Daß Du die Mutter anrufst, die in der Erde ruht,
Menschliche Wohnungen längst verließ?"

Svipdag:
„Zu üblem Spiel beschiedst Du mich, Arge,
Die mein Vater umfing
Lud an den Ort mich, den kein Lebender kennt,
Eine Frau hier zu finden."

Der Sonnengott-Göttervater Tyr-Svipdag soll in die nächtliche Unterwelt zu Freya-Menglöd reisen, um sich mit ihr wiederzuzeugen.

Groa:
"Lang ist die Wanderung, die Wege sind lang,
Lang ist der Menschen Verlangen.
Wenn es sich fügt, daß sich erfüllt Dein Wunsch,
So lacht Dir günstiges Glück."

Svipdag:
"Heb ein Lied an, das heilsam ist,
Mutter, kräftige Dein Kind!
Unterwegs fürcht ich den Untergang,
Für allzujung halt' ich mich."

Groa:
"So heb ich zuerst an ein heilkräftig Lied,
Das Rinda sang der Ran:
Hinter die Schultern wirf', was Du beschwerlich wähnst,
Vertraue Dir selber.

Zum andern sing ich Dir, da Du irren sollst
Auf weiten Wegen wonnelos:
Der Urd Riegel sollen Dich allseits wahren,
Wo Du Schändliches siehst.

Urd ist eine Norne. Ihr „Riegel" ist offenbar ein Schutzzauber.

Zum dritten sing ich dies, wenn verderblich
Flutende Flüsse brausen,
Der Reißende, Rauschende rinne dem Abgrund zu,
Vor Dir versande er und schwinde.

Dies sing ich zum vierten, so Feinde Dir dräuend
Am Galgenweg begegnen,
Ihnen mangle der Mut, die Macht sei bei Dir
Bis sie zum Frieden sich fügen.

Dieser Segen ist noch heute sehr populär: „Möge die Macht mit Dir sein!"

Dies sing ich zum fünften, so Fesseln sich Dir
Um die Gelenke legen,
Lösende Glut gießt Dir mein Lied um die Glieder,
Der Haft springt von der Hand, von den Füßen die Fessel.

Dies sing ich zum sechsten, stürmt die See
Wilder als Menschen wissen,
Sturm und Flut faß in den Schlauch,
Daß sie frohe Fahrt gewähren.

Dies sing ich zum siebenten, wenn Dich schaurig umweht
Der Frost auf Felsenhöhen,
Kein Glied verletze Dir der grimme Hauch,
Noch soll er die Sehnen Dir straff ziehn.

Dies sing ich zum achten, überfällt Dich
Die Nacht auf nebligem Wege,
Nichts desto minder mag Dir nicht schaden
Ein getauftes totes Weib.

Zum neunten sing ich Dir, wird Dir Not mit dem Joten,
Dem schwertgeschmückten, zu reden,
Wortes und Witzes sei im bewußten Herzen
Fülle Dir und Überfluß.

Der „schwertgeschmückte Jote (Riese)" ist Tyr in der Unterwelt. Die ursprüngliche Mythe ist von dem Skalden, der dieses Lied verfaßt hat, anscheinend schon nicht mehr verstanden oder für wichtig erachtet worden, da Tyr hier schon in zwei Gestalten zerfallen ist: Svipdag und der Jote (Riese). Allerdings findet sich diese Aufspaltung auch in anderen Liedern wie z.B. im Hymir-Lied, in dem der junge Tyr neben dem alten Tyr, seinem Vater (Hymir), erscheint. Diese beiden Formen des Tyr sind der alte, sterbende, abendliche Tyr und der junge, wiedergeborene, morgendliche Tyr.

Nun fahre getrost der Gefahr entgegen,
Dich kann kein Hindernis hemmen.
Ich stand auf dem Stein an der Schwelle des Grabs
Und ließ mein Lied Dir erklingen.

Der „Stein" ist wahrscheinlich die Schwelle zu der Grabkammer des Hügelgrabes.

Nimm mit Dir, Sohn, der Mutter Worte
Und behalte sie im Herzen:
Heils genug hast Du immer
Solange Du meiner Worte gedenkst."

V 3. i)   Stein von Nordhuglo

Diese um ca. 520 n.Chr. verfaßte Inschrift eines Priesters („gode"), die sich auf einen Zauberstab („gandr") bezieht, ist zwar leicht zu übersetzen, aber nicht einfach zu deuten:

Ich, Gode, nicht von Zauberstab betroffen von H...

Wörtlich lautet diese Formel:

Ich, Gode, un-Gandr zu H...

Es scheint gemeint zu sein, daß sich diese Gode nicht in der magischen Gewalt des „H..." befindet. Dieser Vers scheint daher eine Art von Schutzzauber gegen eine bestimmte Person zu sein.

V 3. j)   Brakteat von Börringe

Auf diesem kleinen Münzen-ähnlichen Goldplättchen, das als Amulett diente, steht eine sehr kurze Inschrift:

Omen – Magie – Lauch

Möglicherweise sollte dieses Amulett durch seine Magie seinen Träger mithilfe von Omen warnen und auf diese Weise schützen („Lauch" hat manchmal eine Schutz-Symbolik).

V 3. k) Stein-Bruchstück von Kinneve

Der in einem Grab gefundene Stein ist zerbrochen, sodaß nur noch ein Teil der Inschrift lesbar ist. Der Spruch auf dem Stein wird recht sicher eine Hilfe für den Toten gewesen sein.

...sir Magie H

Das unvollständige erste Wort wird der Name des Toten gewesen sein, „Alu" bedeutet „Magie", und die Rune „H" wird die beabsichtigte Wirkung kennzeichnen. Dies Rune steht für „Hagel", aber vermutlich auch für „hag", d.h. für „Schutz, Hof, Heimat". Es könnte sich somit um Kampfmagie („Hagel") oder um Schutzmagie („Heimat") handeln.

V 3. l) Die Saga über Halfdan Brana-Ziehsohn

Aki hörte, daß Halfdan eine Schwester hatte und er beschloß, Halfdan durch sie Schande zu bringen. Er stand eines Nachts aus seinem Bett auf und ging zu dem Frauenhaus, in dem Ingibjorg und Hilda waren. Er war mit einem Hemd und Leinenhosen bekleidet. In dem Frauenhaus waren nicht viele Männer.

Als Aki mit der Handfläche an der Tür klopfte und leise sagte, daß sie öffnen sollten und daß er Halfdan sein, sagte sie zu Hilda, daß sie zur Tür gehen solle. Hilda ging zur Tür und öffnete sie und sah, daß es Aki war. Da fürchteten sie sich so sehr, daß sie nicht wußten, wohin sie gehen sollten. Aki trat sofort ein und lehnte sich gegen den Türpfosten.

Ingibjorg sagte: „Ich wünschte, daß Brana, die Ziehmutter des Halfdan, mir helfen würde!"

Brana ist eine zauberkundige Riesin – sie ist ursprünglich die Jenseitsgöttin Freya gewesen.

Und als sie dies gesagt hatte, klebte Aki fest an der Tür, sodaß er nicht fortgehen konnte. Das Wetter war windig und frostkalt und Aki begann zu frieren, sodaß er vor Kälte zitterte. Dort mußte er die ganze Nacht stehen bleiben. Und am Morgen, als Halfdans Männer zu dem Frauenhaus kamen, sahen sie Aki dort stehen und berichteten dies dem Halfdan. Als er ankam, löste sich der Bann auf Aki, aber er war unfähig zu sprechen und war sehr wütend auf sich selber und fand, daß er sich eine große Schande geholt habe.

Nun grübelte er noch mehr darüber nach, wie er es Halfdan heimzahlen konnte.

V. 4. Schutz eines Runensteines

In dem Kapitel über die Flüche sind schon eine Reihe von Schutzzaubern für Runensteine beschrieben worden, aber es gab auch einige Runenstein-Schutzzauber, die keine Flüche gewesen sind. Sie sind hier aufgeführt.

V 4. a) Beowulf-Epos

Die folgenden Verse zeigen, daß es üblich gewesen ist, Schätze (d.h. Grabschätze in Hügelgräbern) durch Zaubersprüche zu schützen. Dieser Zauber scheint hier eine Art „Unsichtbarkeitszauber" oder „Verwirrungszauber" zu sein, aber kein Fluch.

Der „Ringsaal" und das „geheime Verlies" sind die Grabkammer in einem Hügelgrab.

Denn einst ward der Erbschatz, / der ungeheure,
Der Ahnen Gold, / in der Urzeit Tagen
Durch Zauber geschützt, / daß den Zugang keiner
Zum Ringsaal fand, / dem der reiche Gott
Die Wege nicht wies, / der Walter des Sieges,
Das geheime Verließ / des Hortes zu öffnen
Dem Recken allein, / den sein Ratschluß erkor.

V 4. b) Runenstein von Hällestad

Auf diesem Runenstein, der um ca. 1000 n.Chr. errichtet worden ist, steht eine besondere Form des Schutzzaubers:

Ein Stein auf einem Hügel,
er steht fest durch die Runen.

Die Runen auf dem Stein schützen ihn vor dem Umfallen und auch vor dem Beschädigen durch Menschen.

V 4. c) Runenstein von Arstad

Dieser um ca. 550 n.Chr. errichtete Runenstein trägt die Inschrift:

Hiwig hat hier einen Schutz-Zauber für Jungwin durchgeführt.

V 4. d) Stein von Ellestad

Ich, Sigimar („Sieg-Ruhm"),
ohne Makel habe ich
den Stein errichtet.
KKK IIII KKK

Die neun Runen in der letzten Zeile sind entweder eine Zauberformel oder sie wirken selber als Runen.

„K" steht des öfteren für Fieber und „I" für „Eis". beide zusammen könnten sich gegen Fieber richten – aber die übrige Inschrift sieht nicht nach einem Fieberzauber aus.

V 5. Heilungszauber: Runen

Runen wurden auch gegen verschiedene Krankheiten verwendet. Siehe dazu auch das Kapitel „Heilung" in Band 64 und den Band 72 über die Runen.

V 5. a) Kupferplatte von Skänninge

Auf dieser Platte ist nur noch der Rest eines Zauberspruches erkennbar:

Heilkräuter-Runen ritze ich,
Heilungs-Runen ...

V 5. b) Runenstab von Bergen

Setz Dich nieder und lies die Runen!
Erhebe Dich und pfurze!

Offensichtlich sind Blähungen ein ernsthaftes Problem gewesen ...

V 5. c) Heilstab von Ribe

Dieser Stab, der um ca. 1300 n.Chr. in Ribe, der ältesten Stadt Dänemarks (im Südwesten Dänemarks) hergestellt worden ist, enthält eine germanisch-christliche Runeninschrift, die wie folgt lautet:

Ich bitte die Erde zu wachen
und auch den Himmel oben,
die Sonne und die Heilige Maria
und den Herrgott selber,
daß er mir heilende Hände gewährt,
und eine heilende Zunge,
um den Zitterer zu heilen,
wenn er eine Behandlung braucht

an Rücken und Brust,
an Leib und Glied,
an Augen und Ohren,
an jedem Platz, an dem das Böse eintreten kann.

Ein Stein wird „Dunkler" genannt;
er ragt aus der See empor.
Auf ihm liegen neun Nöte.
Sie sollen weder gut schlafen
noch warm werden
bis es Dir wieder besser geht –
dafür habe ich diese Runen
Worte aussprechen lassen.
Amen. So sei es.

(Kreuzzeichen)

Der „Dunkle" heißt im altnordischen Original „Svartr" und ist ein Riese. Die betreffende Zeile entspricht dem Vers „Ein Stein soll Imi („Schwarzer, Rußiger") genannt werden" auf dem Runenstab von Bergen und ähnelt dem Namen „Amr" („Dunkler") des Krankheits-Dämons auf dem Kvinneby-Amulett.

Diese drei „Schwarzer"-Namen sind einige der vielen Namen des Tyr als Riesenkönig in der Unterwelt, der im Laufe der Zeit offenbar auch als „König der Krankheiten" aufgefaßt worden ist.

V 6.   Heilungszauber: Kräuter

Möglicherweise sind Heilkräuter-Zaubersprüche wesentlich weiter verbreitet gewesen als es die Überlieferung vermuten läßt – schließlich war es naheliegend, das Heilkraut selber um Heilung zu bitten.

V 6. a)   Kupferplatte von Skänninge

Diese bereits im vorigen Abschnitt angeführte Inschrift bezieht sich auf einen kombinierten Kräuter- und Runen-Heilzauber.

Heilkräuter-Runen ritze ich,
Heilungs-Runen ...

V 6. b)   Neunkräuter-Zauberspruch

Dieser Zauberspruch ist um ungefähr 900 n.Chr. in England niedergeschrieben worden.

Erinnere dich, **Beifuss***, was Du verkündet hast,*
was Du bekräftigt hast bei der Verkündung vor Gott.
„Eine" heißt Du, ältestes Kraut.
Du hast Macht gegen 3 und gegen 30,
Du hast Macht gegen Gift und gegen das Heranfliegende,
Du hast Macht gegen das Übel, das über Land fährt.

Heranfliegendes = Krankheit (Infektion)

Und Du, **Wegerich***, der Kräuter Mutter,*
nach Osten geöffnet, im Innern mächtig;
über Dir knarrten Wagen, über Dir weinten Frauen,
über Dir schrien Bräute, über Dir schnaubten Stiere.
Allen hast Du widerstanden, und Dich widersetzt;
ebenso widerstehe dem Gift und dem Heranfliegenden
und dem Übel, das über Land fährt.

Schaumkraut heißt dieses Kraut, es wuchs auf dem Stein;
es steht gegen Gift, es widersetzt sich dem Schmerz.
„Stark" heißt es, es widersetzt sich dem Gift,
es verjagt den Feind, wirft das Gift hinaus.
Dies ist das Kraut, das gegen die Schlange focht,
dies hat Macht gegen Gift, es hat Macht gegen das Heranfliegende,
es hat Macht gegen das Übel, das über Land fährt.

Vertreibe Du nun, **Heilziest**, Du kleineres Kraut das größere Gift,
Du größeres Kraut das kleinere Gift, bis er von beiden genesen ist.

Erinnere Dich, **Kamille**, *was Du verkündet hast,*
was Du entgegnet hast bei der Erschaffung;
daß niemals jemand durch etwas Herangeflogenes das Leben verliere,
nachdem man ihm Kamille zur Speise bereitet habe.

Dies ist das Kraut, das **Nessel** *heißt;*
das entsandte der Seehund über den Rücken der See
zur Hilfe gegen die Bosheit von einem anderen Gift.
Es steht gegen Schmerz, widersetzt sich dem Gift,
es hat Macht gegen 3 und gegen 30,
gegen die Hand des Feindes und gegen unheilvolle Machenschaften,
und gegen Behexung gemeiner Wesen.

    Der Seehund ist der Bote der Wasserunterwelt.

Dort sprach der **Apfel** *gegen das Gift,*
… … …
… … …
… … …

Kerbel *und* **Fenchel**, *zwei sehr Mächtige,*
diese Kräuter schuf der weise Herr,
der Heilige im Himmel, als er hing (d.h. Christus oder Odin);
setze und sandte sie in 7 Welten
den Armen und Reichen, allen zur Hilfe.

Diese 9 (Kräuter) haben Macht gegen neun Gifte.
Eine Schlange kam gekrochen, zerriß einen Menschen;
da nahm Wodan 9 Zauberzweige,

erschlug da die Natter, daß sie in 9 Stücke zerbarst.
daß sie niemals mehr ins Haus kriechen wollte.

Das angelsächsische Wort „wuldor", das hier mit „Zauberzweig" (Runenstab) übersetzt worden ist, bedeutet wörtlich „Ruhm, Strahlen, Göttliches, Himmlisches, Mächtiges, Zauber".

*Nun haben diese **9 Kräuter** Macht gegen neun mächtige Heranfliegende,*
gegen 9 Gifte und gegen neun ansteckende Heranfliegende,
gegen das rote Gift, gegen das stinkende Gift,
gegen das weiße Gift, gegen das purpurne Gift,
gegen das gelbe Gift, gegen das grüne Gift,
gegen das bleiche Gift, gegen das blaue Gift,
gegen das braune Gift, gegen das karminrote Gift,
gegen Schlangenblattern, gegen Wasserblattern,
gegen Dornblattern, gegen Distelblattern,
gegen Eisblattern, gegen Giftblattern,
wenn irgendein Gift kommt von Osten geflogen,
oder irgendeins von Norden ... ...
... ... (Süden?) ... ... kommt
oder irgendeins von Westen über die Menschheit.
Christus steht über Krankheiten jeder Art.

Ich allein weiß ein rinnendes Wasser
das neun Nattern in seiner Nähe bewachen;
*mögen alle **Kräuter** nun von ihren Wurzeln aufspringen,*
die Seen sich öffnen, all das Salzwasser,
wenn ich dieses Gift von Dir blase.

Beifuss, **Wegerich** der nach Osten offen ist, **Schaumkraut**, **Heilziest**, **Kamille**, **Nessel**, **Wildapfel**, **Kerbel** und **Fenchel**, alte Seife.
Stoße die Kräuter zu Staub, Vermenge sie mit der Seife und mit dem Saft des Apfels. Mache einen Brei aus Wasser und aus Asche, nimm Fenchel, koche ihn in dem Brei und erwärme es mit Ei-Gemisch, wenn Du die Salbe auftust, sowohl vorher als nachher. Singe diesen Zauberspruch 3 mal über jedem dieser Kräuter, bevor Du sie bearbeitest und über dem Apfel ebenso; und singe dann dem Mann in den Mund und in beide Ohren und auf die Wunde den gleichen Zauberspruch, bevor Du die Salbe auftust.

V 7. Heilungszauber: Krankheits-Geister vertreiben

Die Vorstellung, daß Krankheiten von Geistern verursacht werden, ist sehr alt und sehr weit verbreitet. Normalerweise ist es der Gott der Wildnis oder der Gott der Unterwelt, der der König und der Aussender dieser Krankheits-Geister ist – bei den Germanen wären dies der Tyr-Riese und Loki.

V 7. a) Stein von Torvika

Auf diesem um ca. 580 n.Chr. errichteten Runenstein steht ein Heilungsspruch:

Fort von hier! Entferne Dich!: GK

Die Rune „G" bedeutet „Geber" und die Rune „K" hat die Bedeutung „Beule, Geschwür, Pickel, Fieber". „GK" ist somit ein Kürzel für den Verursacher einer fiebrigen Krankheit – der hier als böser Geist angesehen wird, der vertrieben werden muß.
Somit kann man diese Inschrift wie folgt in „Klartext" schreiben:

Fort von hier! Entferne Dich, Fieber-Geist!

V 7. b) Runenstein von Sigtuna

Ein ... ... er band das Fieber,
bekämpfte ... ...

Er ... ... das Fieber
... hat vollständig das Haus der Flüssigkeiten der Wunden ergriffen;
Fliehe fort, Fieber!

Wundfieber war bei dem kriegerischen Lebenswandel der Wikinger kein seltenes Phänomen ...
Das „Haus der Flüssigkeiten der Wunden" ist die eitrige Entzündung der Wunden.

V 7. c) Die Schädel-Inschrift von Ribe

Um ca. 800 n.Chr. wurde ein menschlicher Totenschädel mit einem Zauberspruch beschrieben, der wie folgt lautete:

Mögen Ulfur und Odin und Hydyr dem Buri gegen Schmerzen und Zwergenschlag helfen!

Diese Götterdreiheit besteht vermutlich 1. aus Loki, dem Vater des Fenriswolf („Ulfur" = Wolf"), 2. aus Odin, weshalb der dritte, dessen Name sich nicht sicher deuten läßt, Hönir sein sollte.

Mit „Wolf" könnte zwar auch Tyr als Gott der Wolfskrieger, der selber Fenrir als Wolfskrieger ist, gemeint sein – aber es ist fraglich, ob 300 Jahre nach der Absetzung des Tyr als Göttervater bei den Nordgermanen noch immer Tyr als „Wolfsgott" und vor allem als wichtiger Gott angesehen worden ist.

Ein „Zwergenschlag" ist vermutlich ein „Hexenschuß". Es könnte sich jedoch auch um einen Fieberschub handeln, da das angelsächsische Wort „dweorh" für Fieber eine Ableitung von „dwergaz" für „Zwerg" ist.

„Buri" ist in diesem Zauberspruch sehr wahrscheinlich ein Männername, auch wenn die Bedeutung „Sohn" ebenfalls denkbar ist.

Da der Zauberspruch auf einen Totenschädel geschrieben worden ist, sind vermutlich auch die Ahnen um Hilfe gebten worden.

V 7. d) Runenstein von Granhäcken

Ein Schwellungs-Geist des Wund-Fiebers:
Der Herr der Riesen.
Flieh nun! Du bist entdeckt worden!

Nimm Dir drei Schmerzen, Wolf!
Nimm Dir neun Nöte, Wolf!
Wolf, gebrauche den Heilungs-Zauber gut!

Diese Inschrift ist ein Heilungszauber gegen Wundfieber.

Die drei Schmerzen und die neun Nöte sind ein häufigeres Motiv (siehe das Kapitel über die Rune „Naut" in Band 72 „Runen").

„Wolf" könnte der Kranke, die Krankheit oder auch ein Heilungs-Geist sein – da er Schmerz und Not nehmen und den Heilungszauber gut gebrauchen soll, wäre die

Deutung des „Wolfes" als eine Art Hilfsgeist des Heilers am wahrscheinlichsten.

Der „Herr der Riesen" ist auf jeden Fall Tyr – er wird hier als der Krankheits-Verursacher angesehen. Falls auch der „Wolf" auf Tyr als Riesen-König im Jenseits und als Gott der Wolfskrieger (Ulfhedinn) zurückgehen sollte, wäre Tyr hier in zwei Bilder aufgespalten worden – ähnlich wie die Jenseitsgöttin zu der ersehnten Wieder-zeugungs-Geliebten Freya und der gefürchteten Totenreich-Herrin Hel aufgespalten worden ist.

V 7. e) Heilungs-Zauber von Canterbury

In einem Manuskript aus Canterbury, das um 1073 n.Chr. verfaßt worden ist, findet sich der folgende Zauberspruch:

Gyril, Wund-Verursacher – fort mit Dir! Du bist entdeckt worden!
Möge Thor Dich segnen, Herr der Riesen: Gyril, Wund-Verursacher!

Gegen Blutvergiftung.

„Gyril" ist vermutlich die Personifizierung des Eiters.

Der „Herr der Riesen" ist Tyr als Riese im Jenseits.

Da man in einem Heilungszauber eigentlich keine Ironie erwarten sollte, muß der Segen des Thor für den Riesen-König (Tyr = Thrym, Hymir, Geirröd), den Thor in den Mythen und Liedern ansonsten erschlägt, hier ernst gemeint sein: Der Segen des Thor soll anscheinend den Krankheits-Riesen zufriedenstellen.

Oder ist mit „segnen" doch „erschlagen" gemeint?

V 7. f) „Wurmsegen"

Die Pferde-Krankheit wird durch diesen Zauberspruch, der um ca. 900 n.Chr. niedergeschrieben worden ist, von innen nach außen hin fortgetrieben:

Geh hinaus, Nesso, mit neun Nesslein,
hinaus von dem Mark an den Knochen,
von dem Knochen an das Fleisch,
hinaus von dem Fleisch an die Haut,
hinaus von der Haut, in diesen Pfeil!

Herr, es werde so!

Pfeil = die Hufsohle des Pferdes hat ein pfeilförmiges Relief

V 7. g) Amulett von Sigtuna (1)

Auf diesem Amulett befindet sich ein Zauberspruch gegen einen Totengeist, der keine Ruhe findet und spukt, oder gegen einen Krankheits-Geist.

Die Formel „ik ak uk" klingt keltisch – zumindestens stammen derartige „Formeln" wie „Ri-ra-rutsch" oder „Fallari – fallera" von den keltischen Barden, die in ihren Dichtungen zum Füllen von Zeilen dasselbe Wort mit verändertem Vokal wiederholten, wobei der Klang der Vokale stets absteigend ist, also aus der Folge „i => e => a => o => u" stammt – so wie dies bei „ik ak uk" der Fall ist.

„Ik ak uk!
Erhebe Dich und gehe fort
unter den gütigen Sternen!
Verwirre ihn, Nebel!
Zerstöre ihn, Sonnenschein!
Ich spreche drei Riesinnen,
neun Nöte!
Als Oberpriester des Tempels
beschwöre ich ..."

Die Wiederholung „Verwirre ihn, Nebel! Zerstöre ihn, Sonnenschein!" ist ein sehr typisches Element für Zaubersprüche (grammatisch-inhaltlicher Reim).

Die erste Zeile ist eine unübersetzbare Zauberformel. Möglicherweise bezieht sich das „K" auf die K-Rune, die des öfteren für „Fieber" zu stehen scheint.

V 7. h) Steinfragment von Eketorp

Auf diesem von ungefähr 550 n.Chr. stammendem Stein-Bruchstück befindet sich eine kurze Inschrift:

Geh fort von hier!
Magie K!

Dieser Zauberspruch könnte sich genausogut auf Fieber wie auf einen spukenden Geist oder noch allerlei anderes beziehen. Das Problem soll sich jedenfalls durch die Kraft der K-Rune auflösen. Da die K-Rune die beiden Namen „kenaz" für „Fackel" und „kaunan" für „Geschwür" hat, scheint dieser Zauberspruch ein Heilungszauber zu sein:

Geh fort von hier,
Fieber-Geschwür, durch die magische Kraft der K-Rune!

V 7. i) Amulett von Sigtuna (2)

Auf einem ca. aus dem Jahre 1060 n.Chr. stammenden rechteckigen Kupfer-Amulett findet sich die Vertreibung eines Krankheits-Dämons durch einen Zauberspruch. Die drei „I"-Runen sind hier mit „Kühlung" übersetzt worden, da sie offenbar das Fieber des Kranken senken sollten. Die Krankheit wird als Riese, Riesen-König (Tyr = Thrym, Geirröd, Thiazi) und als Wolf (Tyr als Fenrir?) angesehen.

Riese des Wundfiebers! Herr der Riesen!
Fliehe jetzt! Du wurdest entdeckt!
Da – diese drei Schmerzen sind für Dich, Wolf!
Da – diese neun Nöte sind für Dich, Wolf!
Kühlung! Kühlung! Kühlung!
Mögen diese Eis-Runen Dich zufriedenstellen, Wolf!

Nutze diesen Heilungs-Zauber gut.

V 7. j) Angelsächsischer Zauberspruch

Mit dem „Zwerg" in dem folgenden germanisch-christlichen Zauberspruch könnte sowohl ein Totengeist als auch ein Krankheitsbringer oder gar eine Krankheit selber gemeint sein.
Der Beschreibung der Krankheitssymptome zufolge könnte es sich um einen von Fieber begleiteten Anfall handeln.

Gegen einen Zwerg sollst Du sieben kleine Waffeln wie die, die in der Heiligen Eucharistie verwendet werden, nehmen und je einen dieser Namen auf sie schreiben:

Maximianus, Malchus, Iohannes, Martimianus, Dionisius, Constantinus, Serafion.

Singe dann den Zauberspruch, der unten geschrieben steht – erst in das linke Ohr, dann in das rechte Ohr, dann über dem Kopf des Mannes.

Dann soll eine Maid zu ihm gehen und ihn um seinen Hals hängen – dies soll drei Tage lang geschehen. Dann wird es ihm bald besser gehen.

„Ein Spinnen-Geist kam hierher gestakst
mit seinem Mantel in seiner Hand
und sprach, daß Du sein Roß seist,
Er legte seine Fesseln um Deinen Hals.
Er begann, vom Land fortzufahren;
Sobald er das Land verließ,
wurden seine Glieder kühler."

V 7. k)   Kvinneby Amulett

Diese schwedische Amulett ist um ca. 1050 n.Chr. hergestellt worden und besteht aus einer 5x5cm großen Kupferplatte mit einem Loch an einem Rand – vermutlich um es an einer Schnur um den Hals tragen zu können.

Auf diesem Amulett ist ein Fisch sowie eine Runeninschrift eingraviert worden. Zu der Deutung dieser Runen gibt es viele verschiedene Vorschläge. Die folgende Version ist daher keinesfalls sicher:

Hier habe ich, Bofi, für Dich Schutz(-Runen) geritzt,
mit ... ... für Dich sicher ist.
Erde, Du kennst mich.
Möge der Blitze-Erheber das Böse von Bofi fortnehmen!
Möge Thor ihn mit seinem Hammer,
der Amr erschlägt, schützen!
Kehre ins Meer zurück, Amr!
Flieh, übler Geist!
Du wirst nichts von Bofi erlangen!
Götter sind unter ihm und über ihm.

Die letzte Zeile ist eine Variante der magischen Formel „iuwa-tuwa" („auf der Erde, zum Himmel").

Das ganze könnte eine Inschrift für einen Kranken sein, die ihn mithilfe des Donner- und Blitzgottes Thor vor dem Krankheits-Dämon Amr („Dunkler" = Tyr-

Riese) schützen soll. Diesen Schutz hat Bofi geritzt.

Die dritte Zeile und die grammatische Funktion der „Erde" in ihr ist ausgesprochen unklar.

V 7. l)   Runenstab von Bergen

Der folgende Zauberspruch klingt wie eine Mischung von Heilungszauber und Liebeszauber. Vielleicht stehen auch tatsächlich zwei verschiedene Zauber auf demselben Stab, der dann ein „Spickzettel" für einen Magier gewesen sein könnte.

Ich ritze Heilungs-Runen, / Ich ritze Hilfs-Runen:
einmal gegen die Elfen,
einmal gegen die Trolle,
einmal gegen die Menschenfresser;
gegen die Schaden-bringende / Skag-Walküre,
so daß sie es nie vermag, / obwohl sie es immer will,
die böse Frau, / Dein Leben zu verletzen!

Ich sende Dir, / ich verursache Dir mit meinen Blicken,
wölfische Perversion, / unanständige Begierden,
Möge Verzweiflung auf Dich niederfahren / und Jöluns Zorn!
Du sollst nie mehr sitzen, / Du sollst nie mehr schlafen,
wenn Du mich nicht wie Dich selber liebst!

Beirist rubus rabus et arantabus laus abus rosa gaua

Mit der Perversion und der Begierde ist Homosexualität gemeint – normalerweise allerdings unter Männern.

„Jölun" ist eine späte Schreib-Variante für „Jötun („Riese").

Die letzte Zeile ist in Latein geschrieben – oder soll zumindestens so klingen, da es diese Worte z.T. gar nicht gibt. Es ist also eher eine Formel wie „Hokuspokus", das eine Verballhornung der Einsetzungsworte „hunc est corpus" aus der Eucharistie sind.

V 7. m)   Der Alp

Die folgende Sage stammt aus den „Deutsche Sagen" der Gebrüder Grimm.

Wenngleich vor den Alpen Fenster und Türe verschlossen werden, so können sie durch die kleinsten Löcher doch hereinkommen, welche sie mit sonderlicher Lust aufsuchen. Man kann in der Stille der Nacht das Geräusch hören, welches sie dabei in der Wand machen. Steht man nun geschwind auf und verstopft das Loch, so müssen sie bleiben, können auch nicht von dannen, selbst wenn Tür und Tor geöffnet würden. Man muß ihnen hierauf das Versprechen abnehmen, daß sie diesen Ort niemals beunruhigen wollen, bevor man sie in Freiheit setzt. Sie haben bei solchen Gelegenheiten erbärmlich geklagt, wie sie zu Haus ihre Kinderchen hätten, die verschmachten müßten, so sie nicht loskämen.

Der Trud oder Alp kommt oft weit her bei seinen nächtlichen Besuchen. Einstmals sind Hirten mitten in der Nacht im Felde gewesen und haben nicht weit von einem Wasser ihrer Herden gewartet. Da kommt ein Alp, steigt in den Kahn, löst ihn vom Ufer ab und rudert mit einer selbst mitgebrachten Schwinge hinüber, steigt alsdann aus, befestigt den Kahn jenseits und verfolgt seinen Weg. Nach einer Weile kehrt er zurück und rudert ebenso herüber. Die Hirten aber, nachdem sie solchem mehrere Nächte zugesehen und es geschehen lassen, bereden sich diesen Kahn wegzunehmen. Wie nun der Alp wiederkommt, so hebt er an kläglich zu winseln und droht den Hirten, den Kahn gleich herüberzuschaffen, wenn sie Frieden haben wollten; welches sie auch tun müssen.

Jemand legte, um den Alp abzuhalten, eine Hechel auf den Leib, aber der Alp drehte sie gleich um und drückte ihm die Spitzen in den Leib. Ein besseres Mittel ist es, die Schuhe vor dem Bette umzukehren, also daß die Hacken das Spannbett am nächsten bei sich haben. Wenn er drückt, und man kann den Daumen in die Hand bringen, so muß er weichen. Nachts reitet er oft die Pferde, so daß man ihnen morgens anmerkt, wie sie abgemattet sind. Mit Pferdeköpfen kann er auch vertrieben werden. Wer vor dem Schlafengehen seinen Stuhl nicht versetzt, den reitet der Mahr des Nachts. Gern machen sie den Leuten Weichselzöpfe (Schrötleinszöpfe, Mahrenflechten), indem sie das Haar saugen und verflechten.

Wenn die Muhme ein Kind windelt, muß sie ein Kreuz machen und einen Zipfel aufschlagen, sonst windelt es der Alp noch einmal.

Sagt man zu dem drückenden Alp:
„Trud, komm morgen,
so will ich borgen!"
weicht er alsbald und kommt am andern Morgen in Gestalt eines Menschen, etwas zu borgen.

Oder ruft man ihm nach: „Komm morgen und trink mit mir", so muß derjenige kommen, der ihn gesandt hat.

Nach Prätorius stoßen seine Augenbrauen in gleichen Linien zusammen, andere erzählen, daß Leute, denen die Augenbrauen auf der Stirne zusammengewachsen sind, andern, wenn sie Zorn oder Haß auf sie haben, den Alp mit bloßen Gedanken zuschicken können. Er kommt dann aus den Augenbrauen, sieht aus wie ein kleiner weißer Schmetterling und setzt sich auf die Brust des andern Schlafenden.

V 7. n)   Heilungszauber aus dem Buch „Lacnunga"

In diesem Zauber gegen ein Geschwür werden christliche und möglicherweise unverstandene germanische Texte miteinander kombiniert. Das neunmalige Rezitieren dieser Texte stammt vermutlich aus der germanischen Umschreibung des Jenseits mithilfe der Zahl „9". In diesem Zauber-Text kommen auch Dreifach-Nennungen vor, die sich ursprünglich einmal auf die Sonne und ihren Tages-Zyklus bezogen haben.
Der nicht-christliche Teil des Zauberspruches lautet:

Tigath tigatt tigath calicet aclu cluel sedes adclocles acre earcre arnem nonabiuth 'r 'rnem nithren arcum cunath arcum arctua fligara uflen binchi cutern nicuparam raf afth egal uflen arta arta arta trauncula trauncula.

Dieser Text besteht offenbar aus bereits verformten und unverstandenen germanischen und lateinischen Worten, die als zaubermächtig angesehen worden sind.

V 7. o)   Heilungszauber aus dem Buch „Lacnunga"

Diese Heilungsanweisung ist ein Bannungs-Zauber.

Zu neunt waren die Nodde-Schwestern,
dann wurden aus den neun acht,
und aus acht sieben,
und aus sieben sechs,
und aus sechs fünf,
und aus fünf vier,
und aus vier drei,

und aus drei zwei,
und aus zwei eine,
und aus einer keine.

Dies ist eine Medizin für Dich gegen Halsdrüsengeschwüre und gegen Würmer und gegen jedes Übel.
Singe außerdem neunmal das Benedictine.

Die „Salami-Taktik" ist schon lange Zeit bekannt …

V 7. p) Heilungszauber aus dem Buch „Lacnunga"

Dieser Zauberspruch gegen Warzen muß zunächst in das linke Ohr, dann in das rechte Ohr und schließlich über dem Kopf des Mannes gesungen werden. Dann muß er an drei Tagen nacheinander von einer Jungfrau dem Mann um den Hals gelegt werden. Danach wird der Mann gesund sein, verspricht das Rezept.

Hier kam ein Spinnen-Geist herein.
Er hatte seine Hände auf seinen Hüften.
Er sagte, daß Du sein Wagen wärst.
Lege Dich gegen seinen Nacken.
Dann beginne aus diesem Land fortzusegeln.
Sobald sie das Land verlassen haben,
beginnen sie kalt zu werden.
Sie gelangten in die Schwester eines wilden Tieres.
Dann verendete sie.
Und sie schwor Eide,
daß dies nie mehr die Kranken plagen wird,
und nie mehr den, der diesen Zauberspruch kennt,
und nie mehr den, der diesen Zauberspruch singt.
Amen.
Fiat.

Die Eindrücklichkeit und Intensität der in diesem Zauber benutzten Bilder sind beeindruckend. Die Suggestivkraft eines solchen Spruches sollte man nicht unterschätzen.
Die Übertragung einer Krankheit auf ein anderes Lebewesen (hier die „Schwester des wilden Tieres") war damals eine geläufige Praxis.

V 7. q) Heilungszauber aus dem Buch „Lacnunga"

Manche Zauber beziehen sich auch auf Mythen und Sagen, wodurch die Krankheit so besiegt werden soll, wie einst der Gott bzw. Held ein Hindernis überwunden hat.

Laut waren sie, laut,
als sie über Land ritten!
Grimmig im Herzen waren sie,
als sie über Hügel ritten!
Ergreife nun Deinen Schild,
von dieser Bedrohung wirst Du entkommen!
Hinaus, kleiner Speer,
wenn Du hier innen bist!

Unter der Linde stand er,
unter dem leuchtenden Schild,
während die mächtigen Frauen
ihre Streitmacht versammelten.
Und sie senden ihre Speere
schreiend durch die Luft!
Ich werde ihnen
einen anderen zurücksenden!
Pfeil fliege fort,
ihnen entgegen!
Hinaus, kleiner Speer,
wenn Du hier innen bist!

Sechs Schmiede saßen dort,
schmiedeten Schlacht-Speere.
Hinaus, kleiner Speer,
wenn Du hier innen bist!

Wenn sich hier innen
ein Splitter harten Eisens verbirgt,
das Werk einer Hexe,
dann wird er zerschmelzen!
Wenn Du in die Haut geschossen worden bist,
oder in das Fleisch,
wenn Du in das Blut geschossen worden bist,
oder in den Knochen,

wenn Du in die Glieder geschossen worden bist
– dann soll Dein Leben nie mehr gedeihen!
Wenn es von Esa geschossen worden ist,
oder wenn es von Elfen geschossen worden ist,
oder wenn es von Hexen geschossen worden ist,
werde ich Dir Hilfe bringen!

Dies vertreibt den Esa-Schuß!
Dies vertreibt den Elfen-Schuß!
Dies vertreibt den Hexenschuß!
Ich bringe Dir Hilfe.

Fliehe, Hexe, zu den wilden Hügelkuppen!
... ...
... ...
... ...
Aber Du – sei Du heil!
Und möge Dir Gott helfen!

Man kann von diesem Zauberspruch einiges über Affirmation lernen: Er ist bildhaft, lyrisch, präzise, konzentriert, benennt die Krankheit und spielt sie nicht herab, schließt alle Ursachen und Möglichkeiten mit ein, nimmt Bezug zum Körper, versichert den Kranken der Hilfe des Heilers, der Heiler spricht teilweise zu dem Kranken und teilweise anstelle des Kranken, der Zauberspruch beinhaltet eine Handlung und ein Hilfsmittel (Messer) und eine Arznei (Butter-Absud) (beides wird im Begleittext beschrieben), er wird wiederholt, er steigert sich und nimmt Bezug auf Gott.

Was will man mehr?

V 8. Heilungszauber: Segnung

Heilungen können auch als Segnungen durchgeführt werden, also durch das Hinzufügen von „göttlicher Kraft".

V 8. a) Skandinavische Heilungszauber

Eine beliebte Formel am Ende von Heilungszaubern aus Schweden und Norwegen lautet:

„Gib ... seine Gesundheit wieder!"

V 8. b) 2. Merseburger Zauberspruch

Dieser Zauberspruch ist um ca. 900 n.Chr. aufgezeichnet und im Kloster von Merseburg in Sachsen-Anhalt aufbewahrt worden.

Phol und Wodan begaben sich in den Wald.
Da wurde der Fuß des Fohlens des Baldur verrenkt:
Da besprach ihn Sinthgunt, die Schwester der Sunna,
Da besprach ihn Frija, die Schwester der Volla.
Da besprach ihn Wodan, wie er es wohl konnte.
So Beinrenkung, so Blutrenkung,
so Gliedrenkung:
Bein zu Bein, Blut zu Blut,
Glied zu Glied, wie wenn sie geleimt wären.

Der Name „Phol" könnte die männliche Entsprechung zu der ebenfalls in den Merseburger Zaubersprüchen auftretenden Fulla sein. Dann würden beide Namen „Fülle" bedeuten. Diese Deutung paßt jedoch nicht so ganz, da sich die beiden Namen „Phol" und „Volla" zwar ähnlich klingen, aber doch recht verschieden geschrieben werden. Die manchmal vorgeschlagene Gleichsetzung der beiden mit „Freyr" und „Freya" ist daher nicht ganz überzeugend.

Es wäre jedoch auch denkbar, daß „Phol" sich von germanisch „fulae" für „Füllen, Fohlen" herleitet – dann wäre „Phol" nur der Name des Pferdes, das sich das Bein verrenkt hat. Falls dies zutreffen sollte, müßte „Phol" jedoch ein Gott sein, den es schon seit längerer Zeit gab, da das germanische Wort für „Fohlen" in diesem Text „folon" und nicht „phol" lautet.

Da Wodan (Odin) das Bein des Pferdes heilt, besteht auch eine Assoziation zu Odins Roß Sleipnir. Sleipnir ist die Umdeutung der beiden Pferdezwillinge vor dem Streitwagen des Tyr zu dem achtbeinigen „Doppelpferd" des Odin. Ursprünglich sind die beiden Rosse vor dem Streitwagen des Tyr dessen Söhne gewesen – dieses Motiv ist allerdings nicht von Odin übernommen worden. Dieser Zusammenhang bringt Phol und Baldur recht nah zusammen.

Falls diese Deutung zutreffen sollte, würde Odin zugleich sein Roß und seinen Sohn heilen – was wiederum gut zu der Wiedergeburtsmythe des Odinssohnes Baldur passen würde. Wenn auch dieser Zusammenhang in dieser Weise von dem Dichter dieses Zauberspruches so beabsichtigt gewesen ist, wäre die Wiedergeburt des Baldur der mythologische Präzedenzfall, auf den diese magische Heilung Bezug nimmt – diese Heilung wird dadurch wirksam, daß sie die Heilung des Beines des Pferdes mit der Heilung, also der Rückkehr des Baldur nach dem Ragnarök ins Diesseits gleichsetzt.

Zu dieser Auffassung paßt auch, daß Wodan mit Phol in den Wald reitet und sich dann das Fohlen des Baldur das Bein verrenkt. „Phol" scheint somit mit „Baldur" identisch zu sein und das Pferd, um das es geht, ist das Roß des Baldur.

Man kann sich auch fragen, warum sich nicht einfach Odins Roß das Bein verrenkt – denn Zaubersprüche sollten, um effektiv zu sein, sich ganz auf das eigentliche Ziel konzentrieren und alle Ablenkungen fortlassen. Wenn es diesen Zauberspruch jedoch schon zu der Zeit gegeben hat, in der Tyr noch der Göttervater der Germanen gewesen ist, kann man die Anwesenheit des Baldur in diesem Zauberspruch durch die Umdeutung der Heilung eines seiner beiden Pferdesöhne durch Tyr zu der Heilung des Pferdes des Baldur durch Baldurs Vater Odin erklären – „Baldurs Pferd" ist die bestmögliche Annäherung an „Tyrs Pferdesohn" gewesen.

<u>V 8. c)   Kräuterbuch aus dem 12. Jahrhundert</u>

Erde, göttliche Mutter,
Mutter Natur, die Du alle Dinge hervorbringst
und die Du die Sonne neu gebierst,
die Du allen Völkern gegeben hast;
Wächterin des Himmels und des Meeres
und aller Götter und Mächte,
durch Deine Macht wird die ganze Natur still
und sinkt in Schlaf.

*Und dann bringst Du wieder das Licht zurück
und vertreibst die Nacht
und dann bedeckst Du uns wieder
aufs Sicherste behütet mit Deinen Schatten.
Du trägst in Dir das unendliche Chaos,
ja, und Winde und Regen und Stürme;
Du sendest sie aus, wann Du willst
und läßt die See sich emporbäumen;
Du vertreibst die Sonne und erweckst den Sturm.
Und wenn Du willst, sendest Du den frohen Tag aus
und gibst die Speise für das Leben in ewiger Gewißheit;
und wenn die Seele fortgeht, dann kehren wir zu Dir zurück.
Du wirst mit Recht die große Mutter der Götter genannt;
Du herrschst durch deinen göttlichen Namen.
Du bist die Quelle der Stärke der Völker und der Götter,
ohne Dich kann nichts vollendet oder geboren werden,
Du bist die Königin der Götter.
Göttin! Ich verehre Dich als göttlich,
ich rufe Deinen Namen an,
gib mit gerne das, worum ich Dich bitte.
Dann werde ich Dir meinen Dank geben, Göttin,
in ungeteiltem Vertrauen!*

*Höre mich, ich rufe Dich an,
und gewähre mir die Erfüllung meines Gebetes.
Welches Kraut auch immer Deine Macht erschaffen hat,
gib' es, darum bitte ich, freigiebig allen Völkern,
um sie zu erretten und um mir dieses Heilmittel zu geben.
Komme zu mir mit Deiner Macht,
und für wen auch immer ich sie benutze,
mögen sie Erfolg haben,
bei jedem, dem ich sie gebe!
Was immer Du tust, laß' es gedeihen!
Zu Dir kehren alle Dinge zurück.
Die, die rechtens diese Kräuter von mir erhalten,
laß' sie heil werden!
Göttin, ich bitte Dich,
ich bete zu Dir, daß Du, die Gebende,
mir dieses in Deiner Herrlichkeit gewährst!
Nun stelle ich diese Fürbitte*

an euch alle, ihr Mächte und Kräuter
und an Deine Herrlichkeit,
an euch, die die Erde geboren hat,
die euch allen Völker als Heilmittel gegeben hat,
die euch Herrlichkeit gegeben hat;
ich bitte euch,
seid der Menschheit von größtem Nutzen!
Dies erbete ich und erbitte ich von euch:
Seid hier mit euren Gaben,
denn die, die euch erschaffen hat,
hat versprochen,
daß ich euch im Wohlwollen dessen sammeln kann,
dem die Kunst der Heilkräuter verliehen wurde,
und gewährt um der Gesundheit willen
gute Heilmittel durch eure Macht!
Ich bitte euch,
gewährt mir durch eure Gaben,
daß das, was immer durch mich geschaffen wird,
eine gute und schnelle Wirkung
und einen guten Erfolg hat
und daß es mir immer erlaubt sein wird,
durch die Gunst eurer Herrlichkeit
euch in meinen Händen zu sammeln
und eure Früchte aufzulesen.
Ich danke euch im Namen der Herrlichen,
die euch eure Geburt gegeben hat!

V 8. d)   Erd-Heilungszauber aus dem Buch „Lacnunga"

Dies ist ein Heilmittel, mit dem Du Dein Land verbessern kannst, wenn es auf ihm nicht gut wächst oder wenn ihm etwas Schädliches durch einen Zauberer oder einen Zaubertrankmischer angetan worden ist.

Nimm des Nachts vor der Morgendämmerung vier Grassoden von den vier Seiten Deines Landes und markiere die Stellen, von denen Du sie genommen hast.

Dann nimm Öl und Honig und Hefe und Milch von jedem Tier, das auf dem Land ist und ein Teil von jeder Art von Baum, der auf dem Land wächst außer von den harten Hölzern und zudem ein Teil von allen Kräutern, die mit Namen bekannt sind außer der großen Klette und übergieße sie mit Heiligem Wasser und tröpfle dies auf die

Unterseiten der Grassoden und sprich dabei neunmal die Worte:

„*Crescite, wachse,
et mulitplicamini und vermehre Dich,
etreplete und fülle Dich,
terre, Erde.*

*In nomine patris
et filii et spiritus sancti
sit benedeti.*"

Und danach sprich ebensooft das Vaterunser.

Trage dann die Grassoden in eine Kirche und lasse einen Meßpriester vier Messen über den Soden singen und lasse jemanden die grünen Seiten zum Altar hin wenden und lasse danach, bevor die Sonne untergeht, jemanden die Grassoden wieder dorthin bringen, von wo Du sie genommen hast.

Und laß vier Christus-Zeichen (Kreuze) *aus Ebereschenholz machen und darauf an jedes Ende 'Matthäus und Marcus, Lukas und Johannes' schreiben. Lege das Christus-Zeichen auf den Grund der Gruben* (die die entnommenen Grassoden hinterlassen haben) *und sprich dabei:*

„*crux Matthäus,
crux Marcus,
crux Lucas,
crux sanctus Iohannes.*"

Nimm dann die Grassoden und lege sie auf sie (die Kreuze) *und sprich neunmal die Worte:*

„*Crescite, wachse,
et mulitplicamini und vermehre Dich,
etreplete und fülle Dich,
terre, Erde.*

*In nomine patris
et filii et spiritus sancti
sit benedeti.*"

Und danach sprich ebensooft (neunmal) *das Vaterunser.*

Wende Dich dann nach Osten, verbeuge Dich neunmal ehrfürchtig und sprich dann diese Worte:

„Ostwärts stehe ich, um Gnade bitte ich,
ich bete zu dem Großen Domine, ich bete zu dem Großen Herrn,
Ich bete zu dem heiligen Schutzengel des Himmels-Königreiches,
ich bete zu der Erde und zu dem Himmel
und zu der wahrhaft Sankta Maria
und zu des Himmels Macht und zu des Himmels Halle,
daß ich diesen Galdor (Zauber) durch das Geschenk des Herrn
mit meinen Zähnen öffnen (sprechen) und fest sprechen kann,
daß ich diese Pflanzen für unseren weltlichen Gebrauch hervorrufen kann,
daß ich dieses Land mit festem Glauben erfüllen kann,
daß ich diesen Grasboden schön werden lassen kann,
so wie der Weise gesagt hat, daß der reich sein werde, der Almosen
gerecht gibt in der Gnade des Herrn."

Drehe Dich dann dreimal in der Richtung des Sonnenlaufes, strecke Dich dann hoch auf und zähle dann die Litaneien auf und sprich anschließend:

„Sanctus, sanctus, sanctus –„ bis zum Ende.

Singe dann das Benedicte mit ausgestreckten Armen dreimal und ebenso das Magnificat und das Vaterunser und befehle es (das Land) *dann Christus und der Heiligen Maria an und auch dem heiligen Kreuz für deren Lobpreisung und Verehrung und für den Nutzen dessen, dem das Land gehört, und für alle, die ihm dienen.*
Wenn dies geschehen ist, lasse einen Mann von Bettlern, denen er sich nicht zu erkennen gibt, Saatgut nehmen und ihnen doppelt soviel zurückgeben, wie er ihnen genommen hat und laß ihn alle seine Pflug-Gerätschaften zusammenholen. Dann laß ihn ein Loch in den Balken (seines Pfluges) *bohren und Weihrauch und Fenchel und geheiligte Seife und geheiligtes Salz hineinstecken.*
Dann nimm die Saat, lege sie auf den Leib des Pfluges und sprich:

„Erce, Erce, Erce, Erd-Mutter,
Möge Dir der Allherscher, der ewige Herr,
gedeihende und blühende Felder gewähren,
die sich fortpflanzen und die kräftiger werden,
hohe Stiele, glänzendes Getreide,
fülliges Gesten-Korn
und weißes Weizen-Korn

und all der Erde Getreide!
Möge der ewige Herr
und seine Heiligen, die im Himmel sind, ihm gewähren,
daß all seine Ernte gegen welche Feinde auch immer geschützt ist,
daß es gegen jeglichen Schaden geschützt ist,
und auch gegen Gifte, die rings um das Land verstreut werden.
Nun bitte ich den Meister, der diese Welt gestaltet hat,
daß keine Zauberspruch-Frau und kein kunstfertiger Mann
diese gesprochenen Worte umstoßen kann."

Dann laß einen Mann den Pflug vorantreiben und die erste Ackerfurche ziehen und sprich:

„Mögest Du heil sein, Erde, Mutter der Menschen!
Mögest Du in Gottes Umarmung wachsen,
erfüllt von Nahrung für das, was die Menschen brauchen."

Nimm dann von jeder Sorte Mehl und laß jemanden ein Brot backen von der Größe einer Handfläche und knete es mit Milch und mit Weihwasser und lege es unter die erste Ackerfurche.
Dann sprich:

„Feld voll von Nahrung für die Menschheit,
hell-blühend, sei gesegnet,
in dem heiligen Namen dessen, der den Himmel geformt hat
und die Erde, auf der wir leben;
Gott, der den Boden erschaffen hat – gewähre uns das Geschenk des Gedeihens,
daß wir alle Korn für uns haben."

Sprich dann dreimal:

„Crescite in nomine patris, sit benedicti. (Wachse im Namen des Vaters, sei gesegnet.)"

Sprich dann:

„Amen."

Und dreimal das Vaterunser.

V 9. Geburtszauber

Diese Art von Schutzzauber wird vermutlich weit verbreitet gewesen sein, da Geburten damals noch eine deutlich gefährlichere Angelegenheit gewesen sind als heute.

V 9. a) Oddrun-Lied

In diesem Lied hilft die zauberkundige Oddrun der Borgny beim Gebären eines Sohnes und einer Tochter.
In diesem Lied heißt es:

Sie sprachen, dünkt mich, dies und nicht mehr.
Mildreich saß sie der Maid vor den Knien.
Mächtig sang Oddrun, stark sang Oddrun,
beißende Zauberlieder für Borgny.

Da konnte den Geburtsweg Knabe und Mädchen treten,
Holde Sprößlinge des Högni-Töters.
Zu sprechen säumte nicht die sieche Maid;
Dies war das erste Wort, das sie sprach:

„So mögen milde Mächte Dir helfen,
Frigg und Freyja und viel der Götter,
Wie Du mich befreitest aus gefährlicher Not."

Mit „beißende Zauberlieder" ist „wirksame Zauberlieder" gemeint.
Die Antwort der Borgny ist ein Segen für Oddruns Arbeit als Hebamme.

V 10. Bienensegen

Es ist nur ein einziger solcher Bienensegen überliefert worden. Da er sorgfältig ausgearbeitet und von einer markanten Geste begleitet worden ist, wird er jedoch sicherlich nicht der erste und einzige seiner Art gewesen sein.

Für diese Annahme spricht auch, daß man für die Herstellung des Mets, der in Ritualen benutzt worden ist, Honig brauchte und das Sammeln dieses Honigs wahrscheinlich von einfachen Ritualen und Zaubersprüchen begleitet gewesen sein wird.

V 10. a)   altenglischer Bienensegen

Für einem Bienenschwarm nimm Erde von unter Deinem rechten Fuß, wirf sie mit Deiner rechten Hand und sprich:

„Greife ich unter den Fuß, finde ich es.
Ja, die Erde hat Macht gegen jedes Wesen
und gegen den Ärger und gegen die Vergeßlichkeit
und gegen die Zunge des mächtigen Mannes."

Und nun wirf Sand über sie, wenn sie schwärmen, und sprich:

„Setzt euch, siegreiche Frauen, sinkt zu Boden!
Niemals sollt ihr wild zum Wald fliegen.
Seid ebenso bedacht meines Besitzes,
wie ein jeder Mensch ist der Speise und der Heimat."

V 11. Handwerkszauber

Handwerkszauber sind sehr alt. So gibt es z.B. aus der frühen Jungsteinzeit in Mesopotamien eine Sense, deren Griff wie ein Antilopenkopf geformt ist.

Die Aussage ist deutlich: „Möge diese Sense das Getreide so gut schneiden wie die Zähne einer Antilope das Getreide abbeißen!"

V 11. a) Wetzstein von Strom

Auf diesem Schleifstein, der um ca. 600 n.Chr. in Gebrauch gewesen ist, steht ein Zauberspruch, das das Schleifen der Sensen mit diesem Stein effektiver machen sollte:

Möge dieses Horn diesen Stein befeuchten:
Gras-Gras – Schmerzen zufügen;
Geschlagener – niederlegen.

Etwas ausführlicher umschrieben, lautet diese auf die wesentlichsten Worte kondensierte Zauberformel:

Möge dieses Horn diesen Stein befeuchten,
damit ich bei der Ernte des reichlichen Grases diesem Schmerzen zufügen kann
und es dann als Geschlagener niederfällt.

Mann könnte diesen Zauberspruch auch etwas freier als Imperativ übersetzen:

Horn, befeuchte diesen Stein!
Sense, schneide das Gras!
Heu, falle geschlagen nieder!

V 12. Wohlstand

Wohlstand und Fülle sind schon immer dringend erwünscht gewesen …

V 12. a) Stein von Gummarp

Auf diesem um ca. 550 n.Chr. errichteten Runenstein steht vor allem die „Unterschrift" des Runenmeisters Hathuwolafa („Kampfwolf"). Der eigentliche Zauberspruch sind die drei Fehu-Runen („Vieh, Besitz"), die für Wohlstand stehen.

Kampfwolf ritzte drei Stäbe: FFF

V 12. b) Fleischkratzer von Flöksand

Dieses norwegische Küchengerät wurde um ca. 330 n.Chr. mit drei Worten in Runen beschrieben. Es stammt aus dem Brandgrab einer Frau.
Die Inschrift lautet:

lina laukaz f(ehu)

Leinen, Lauch, Besitz

Diese Zusammenstellung scheint „Kleidung, Nahrung, Vieh" zu bedeuten, also die drei Dinge, die zum Überleben notwendig gewesen sind. Vermutlich sollten bei jedem Benutzen des Kratzers diese drei Dinge „herbeigekratzt" werden.

V 13.   Liebeszauber

Es gibt vermutlich keine einzige Kultur ohne Liebeszauber – dafür ist die Liebe ein viel zu zentrales Gefühl im menschlichen Leben.

V 13. a)   Inschrift auf der Höhlenwand des Kleinen Schülerlochs

Auf der Wand dieser Höhle bei Kehlheim an der Donau ist um ca. 600 n.Chr. der folgende Liebeszauber eingeritzt worden:

Hilfe Liebe Selbrade

Der Sinn dieser drei Worte ist offensichtlich die Bitte eines Mannes an die Götter:

Helft mir, ihr Götter, daß Selbrade mich liebt!

V 13. b)   Scheiben-Fibel von Bülach

Auf dieser Scheiben-Fibel aus der Schweiz steht die einzige bekannte Schweizer Runen-Inschrift:

Liebe Geliebte,
verlange nach mir!
L L

Die beiden „L" sind Abkürzungen für „Lauch, Wasser". Der Ursprung des Zauberwortes „laukaz" ist der Lauch, der eng mit dem Penis und der Fruchtbarkeit assoziiert worden ist. Dieses Zauberwort steht in der für germanische Zaubersprüche typischen Weise doppelt.

Man kann daher die Formel wie folgt auf eine eher sehr direkte Weise ergänzen:

Liebe Geliebte,
verlange nach mir!
Möge wir Sex haben! Möge wie Sex haben!

V 13. c) Kamm von Setre

Die Inschrift auf diesem um ca. 620 n.Chr. angefertigten Kamm scheint ein Liebeszauber zu sein. Wenn dieser Zauber dadurch aktiviert wurde, daß sich die betreffende Frau mit diesem Kamm kämmte, setzt das voraus, daß die Frau entweder keine Runen lesen konnte und sie auch niemand über deren Bedeutung aufgeklärt hat, oder daß sie mit diesem Zauber einverstanden gewesen ist ...

„NA" kannt als die beiden Runen „Naud" für „Not, Benötigtes, Bedürfnis" und „Ansus" für „Asen" aufgefaßt werden. Man könne die Runen-Kombination „NA" also auch als „Mögen die Asen mir das geben, was ich brauche!" lesen. Das Wort „nana" wäre dann die bei Zaubersprüchen häufige, bekräftigende Verdoppelung.

Heil Dir, Maid unter den Maiden!
Mögen die Asen mir durch meine Magie das geben, was ich brauche!
Mögen die Asen mir durch meine Magie wirklich das geben, was ich brauche!

V 13. d) Runenstab von Bergen (1)

Um ca. 1150 n.Chr. hat ein Mann seine Liebesnot mit den folgenden Versen beschrieben:

Ich liebe eines Mannes Frau so sehr,
daß mir daneben selbst Feuer kalt erscheint.
Ich bin ein Freund dieser Frau.
Asa ...

„Asa" ist ein Frauennamen.
Die Übergänge zwischen Liebeszauber, beiderseitiger Liebes-Beteuerung, Liebeskummer-Versen und Liebes-Gedicht sind recht fließend.

V 13. e) Runenstab von Bergen (2)

Es ist noch ein weiteres Lied bekannt, das eine Mischung aus Liebesleid-Gedicht und gegenseitiger Liebes-Bekundung ist:

Ich liebe die Frau eines Mannes so sehr,
daß die hohen Berge zu schwanken beginnen.
Wir haben eine solche Liebe füreinander,
Ring-Wagen, daß die Welt zerrissen wird.
Der Rabe soll weiß werden
wie der liegende Schnee,
bevor ich diese Weise aufgebe!

   Ring-Wagen = Ring-Trägerin = edle Frau
   Weise = weise Frau = Geliebte

V 13. f)   Amulett von Äbelholt

Dieses Liebeszauber-Amulett aus Dänemark wurde in einem Kloster gefunden. Anscheinend ist auf ihm ein teilweise ins Lateinische übersetzter alter Liebeszauber verwendet worden, der sich leider nur bruchstückhaft übersetzten läßt:
Der verständliche Teil lautet:

Liebe ... ...
mit Gold ... ... treibe ich Dich ... ... Engel (?)

V 13. g)   Schweizer Liebeszauber

Ein um ca. 1420 n.Chr. niedergeschriebener Liebeszauber aus der Schweiz könnte von seinem Stil her germanischen Ursprungs sein. Die andere Möglichkeit wäre eine keltische Überlieferung, die jedoch aufgrund des Stils unwahrscheinlicher ist. Er enthält am Ende auch ein christliches Element.
Die Wiederholungen in dem Zauberspruch sind typisch für das germanische Zauberspruch-Versmaß „galdr-lag".
Auch die „drei", die „neun" und die „Wölfe" passen gut in die Vorstellungen der Germanen.
Auf einem der Runenstäbe von Bergen steht ein Liebes-Zauberspruch, der ganz ähnlich beginnt:

„Ich sende Dir,   /   ich verursache Dir mit meinen Blicken,
wölfische Perversion,   /   unanständige Begierden,"

Der Schweizer Liebeszauber lautet:

Ich schaue nach Dir,
Ich sende Dir
neun wütende Wölfe:
Drei werden Dich in Stücke beißen!
Drei werden Dich in Stücke reißen!
Drei werden Dein kostbares Blut lecken und saugen!
So werden sie Dich mit einem brennenden Verlangen belegen,
in Dein Herz und in Deinen Geist,
in Deinem Wachen und in Deinem Schlafen,
in Deinem Essen und in Deinem Trinken,
bis Du es in Deinem Herzen, meine Göttin, niemals mehr vergessen kannst!
Du wirst eine wundervolle Wonne für mich werden!
Du wirst wie Wachs in meinen Händen sein!
Möge Lucifer in der Hölle
und alle seine Gefährten mir helfen!

V 13. h)   Holzschlegel von Bergen

Auf diesem Keulen-artigen Gerät steht eine dazu passende Inschrift:

Möge das Böse den Mann mit sich nehmen, der eine solche Frau hat!

Offensichtlich will der Runen-Ritzer diese Frau für sich selber haben …

V 13. i)   Knochen von Trondheim

Ein ähnliche aggressiver Liebeszauber findet sich auch auf diesem Knochen:

Ich liebe die Maid.
Ich will Erlends üble Frau nicht plagen –
als Witwe würde sie mir gut passen …

V 13. j) Silber-Amulett von Birka

Die Inschrift auf diesem um ca. 850 n.Chr. angefertigten Amulett scheint ein Anti-Liebeszauber zu sein, also eine Art von Verehrer-Abwehr:

Ich halte den jungen Mann von seinem Vorhaben ab.
Dies spreche ich magisch über diesen jungen Mann,
denn er hat sein Vorhaben schon zum Teil erreicht.

V 14.   gegen Geschwätzigkeit bei Frauen

Ein sehr spezieller Zauber …

V 14. a)   „Zauberspruch, um eine Frau zum Schweigen zu bringen"

(Galdrbok, Island, ca. 1600 n.Chr.)

Wenn Du nicht willst, daß (eine Frau) *über das redet, was Du* (mit ihr?) *getan hast, dann nimm diesen Stab 'Homa' und lege ihn in ihr Getränk – dann wird sie nichts verraten können. Und Du mußt dieses Zeichen an Deiner Brust tragen.*
   Und sprich:

   „Helft mir dabei, all ihr Götter:
   Thor, Odin,
   Frigg, Freya,
   Satan, Beelzebub
   und all' ihr Götter und Göttinnen,
   die in Walhalla wohnen!
   In Deinem mächtigsten Namen, Odhinn!"

Homa = Name des Symbols

V 15.   Heiratsantrag

Die ist eine weitere Variante des Liebeszaubers, der auf eine ganz andere Weise „zauberhaft" ist.

V 15. a)   Runenstab von Bergen (3)

An dem Stil, also den Endreimen bzw. der Wiederholung (unterstrichen), den Stabreimen (fett gedruckt; auch verschiedene Vokale galten als Reim) und dem Rhythmus der folgenden Inschrift, die um ca. 1170 n.Chr. geritzt worden ist, kann man erkennen, daß sie als Zauberspruch aufgefaßt worden ist und von den Germanen stammt:
Im Original lautet sie:

*... kann ek **s**egja <u>ther</u>,   /   **s**em thu mant reyna af <u>mer</u>,*
*at ek skal **u**nna <u>ther</u>   /   **e**ngu ver enn <u>mer</u> ...*

Auf Deutsch lautet sie:

Ich kann Dir sagen,   /   wie Du es mit mir auch erleben wirst,
daß ich Dich   /   nicht weniger als mich selber liebe.

Der Runenstab, auf dem diese Verse stehen, hat die Form eines Paddels, das evtl. die Fahrt des Liebhabers zu seiner Geliebten symbolisieren soll.

V 15. b)   Runenstab von Lom

Die folgende Inschrift ist eindeutig kein Liebeszauber, sondern ein Heiratsantrag:

Havard sendet Gudny Gottes Grüße und seine Freundschaft.
Es ist nun meine volle Absicht, um Deine Hand anzuhalten,
wenn Du nicht bei Kolbein sein willst.
Bedenke Deine Wünsche und sage mir dann, was Du willst.

Der Name „Gudny" ist z.T. von dem Stab abgeschnitzt worden, der dann unter dem Fußboden der Kirche von Lom verborgen und dadurch möglicherweise „entschärft" worden ist – vermutlich von Gudny selber …

V 16. Treuegelöbnis zwischen Liebenden

Der Heiratsantrag war zwar möglicherweise das erste, aber nicht das letzte Treuegelöbnis zwischen zwei Liebenden.

V 16. a) Bügel-Fibel von Engers

Diese um ca. 600 n.Chr. hergestellte Merowinger-Fibel aus dem Rheinland beschränkt ihre Inschrift auf das Wesentlichste:

Liebe

V 16. b) Fibel von Schrezheim

Auf dieser um ca. 600 n.Chr. hergestellten Merowinger-Fibel wird auch den Grund für die Inschrift auf ihr genannt:

Für den Weit-Wandernden: Liebe.

V 16. c) Parfum-Gefäß von Schrezheim

Auf dem Deckel und dem Boden dieses kleinen Gefäßes mit Duftpflanzen aus dem Grab einer Frau aus der Merowingerzeit ist jeweils eine Runen-Zeile eingraviert worden. Der Text ist sehr stark abgekürzt worden – vermutlich wäre damals jedem Menschen klar gewesen, was mit diesen Abkürzungen gemeint gewesen ist ...
Die beiden Zeilen lauten:

Arogis bewirkte (Liebe)
Alagunth bewirkte Liebe

Offensichtlich handelt es sich hier nicht um einen Verführungszauber, sondern um eine Art von beiderseitigem Treuegelöbnis. Vermutlich gilt dies auch für die Fibeln, auf denen Liebeszauber stehen, da der Text auf ihnen der Person, die diese Fibel trug, bekannt gewesen sein wird.

Diese Inschriften sind daher sozusagen „zweiseitige Liebeszauber".

V 16. d) Runenstab von Trondheim

Die folgende Inschrift könnte ein Liebeszauber sein:

f th u o r k h b i a s t b m l y   Leo liegt.
Es ist der Monat, unsere Zeit des Monats.
Kina hat diese Runen am Vorabend des Freitags geritzt.

Die Futhark-Runenreihe soll dem Spruch Kraft geben. Mit „Leo" ist vermutlich das Sternzeichen „Löwe" gemeint.

V 16. e) Bügelfibel von Charnay

In diesem Ort in Burgund in Frankreich wurde eine Fibel mit einer Runen-Inschrift in burgundischer Sprache gefunden, die um ca. 550 n.Chr. hergestellt worden ist. Sie könnte somit einem der Herrscher aus der Nibelungen-Sage gehört haben …

f u th a r k h n i j ï p z s t b e m
Möge Liano Idda finden
Christus IAO

Die erste Zeile ist eine Variante des Futhark-Runen-Alphabetes, die hier als Zauberformel, also sozusagen als „Gefäß mit magischer Macht", das der Zauberer anzapft, benutzt wird.

Der Name Christus und die alte Zauberformel IAO, die wahrscheinlich „Ich (I) bin Anfang (alpha) und Ende (omega)" bedeutet, haben dieselbe Funktion eines Gefäßes mit magischer Kraft.

Es ist typisch für die Magie, daß sich ihre Benutzer nicht an ein einzelnes religiöses System halten, sondern darum bemüht sind, von möglichst vielen verschiedenen Seiten her Unterstützung zu erhalten: Christus, Lucifer, Odin, die griechische Götterwelt …

Die genaue Zielsetzung dieses Zauberspruches ist nicht ganz klar – evtl. handelt es sich um einen von Liano verfertigten Liebeszauber, der sich auf Idda bezieht, der er diese Fibel geschenkt hat.

V 16. f) Bernstein-Perle und Gürtelschnalle von Weimar

Diese Perle gehörte einer Frau mit dem Namen Ida und die Gürtelschnalle einem Mann mit dem Namen Hahwar.
Die Inschrift auf der Perle lautet:

Ida Klein-Händlerin. Hahwar.
Awimund ist der Geliebte von Ida.

Die Inschrift auf der Gürtelschnalle lautet:

Gute Ida, geliebte Ida. Hahwar.

Diese beiden Inschriften werden am plausibelsten, wenn Hahwar und Awimund derselbe Mann oder „Hahwar" eine Art von Zauberformel wären.

V 16. g) Fibel von Freilaubersheim

Die Inschrift auf dieser Merowinger-Fibel zeigt deutlich, daß sie von einem Liebespaar gemeinsam hergestellt und geweiht worden ist und daher offensichtlich ein beiderseitiges Treue-Versprechen dargestellt hat.

Boso schrieb diese Runen;
Dathina sang über Dir (über der Fibel).

Das benutzte Verb für „singen" ist „galina", also das Verb, mit dem man auch das Singen von Zaubergesängen („galdr") bezeichnet hat.
„Boso" war ein geläufiger Merowinger-Name, was jedoch nicht ausschließt, daß seine Bedeutung „Zauberer" hier auch ein Titel des Runenmeisters sein könnte.

V 17. einen Dieb finden

Erstaunlicherweise sind derartige Zauber nur aus sehr später Zeit überliefert worden, obwohl das Problem an sich doch sehr alt sein dürfte.

V 17. a) „Zauberspruch um einen Dieb zu finden"

(Galdrbok, Island, ca. 1600 n.Chr.)

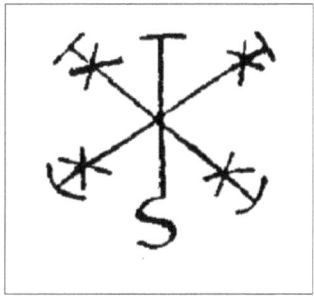

Im Falle eines Diebstahls solltest Du diese Runen auf den Boden eines Tellers aus Eschenholz ritzen, Wasser hineinfüllen und millefolium in das Wasser streuen und sagen:

„Ich befehle bei der Macht der Kräuter und bei der großen Macht dieser Stäbe, daß der Schatten dessen, der es fortgenommen hat, in dem Wasser erscheint!"

Dann muß der Name dieser Person auf eine Fischkieme geschrieben werden, wobei der „Jötun-Zauber" verwendet werden muß. Trage diese dann bei Dir und sprich:

„Gusta und alle Götter und Göttinnen, die vom Anbeginn des Himmels an in Walhalla leben und gelebt haben: Ihr müßt mir helfen, damit ich in dieser Angelegenheit Erfolg haben werde!"

Stab = Rune = Symbol
Esche: Die Esche ist der Weltenbaum und daher eine Verbindung zum Jenseits, aus dem die Antwort erwartet wird.
„millefolium": Die Schafgarbe ist eine Orakel-Pflanze gewesen – nicht nur im chinesischen I Ging.
Schatten = Seele, Astralleib => Vision, Hellsehen
Der „Jötun-Zauber" ist leider nicht bekannt. (Jötun = Riese)
Fisch = Verbindung zur Wasserunterwelt?
Gusta = vermutlich derselbe Gott wie „Gust", d.h. wie Tyr-Andvari

V 17. b) „Ein weiterer Zauberspruch, um einen Dieb zu finden"

(Galdrbok, Island, ca. 1600 n.Chr.)

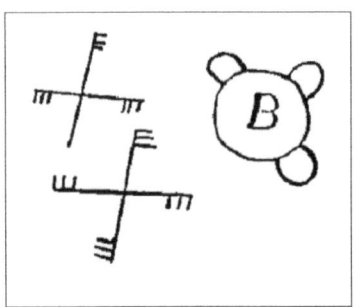

Wenn jemand auf eine andere Weise herausfinden will, wer ihn bestohlen hat, dann muß er diesen Stab mit einem Messer mit Holzgriff auf dem Boden einer Schüssel machen.

Lasse Blut von unter Deinem großen Zeh und von Deiner rechten Hand fließen und tropfe es rings um den Stab.

Dann nimm reines Wasser mit Schafgarbe, die darauf gestreut worden ist. Das Wasser sollte man in der Mittsommernacht nach Mitternacht geschöpft haben und man sollte es mit Handschuhen schöpfen, sodaß nichts davon auf die Hände gerät. Das Kraut sollte genau wie der Stab mit Blut beschmiert werden.

Dann bitte bei der ruhmreichen großen Macht des Krautes und der niemals endenden Wirkung seiner Kraft, daß die Götter Raphael, ihren mächtigsten Diener, als Hilfe senden und daß er sich hier bei Deinem mächtigsten Namen, Thor, Frigg, Beelzebub, Odhinn, zeigt.

Lies danach drei Vaterunser.

Stab = Rune = Symbol
„millefolium" = Schafgarbe

V 18.   Windzauber

Windzauber waren für die seefahrenden Wikinger sehr wichtig. Siehe dazu auch das Kapitel „Wind und Wetter" in Band 64.

V 18. a)   Fridthjof der Kühne

Dann ließen sie zwei Zauberinnen, Heid und Hamglom, herbeirufen und gaben ihnen Lohn dafür, daß sie über Fridthjof und seine Männer einen so gewaltigen Sturm herbeiriefen, daß er sie alle vernichten würde.

Da sangen die Zauberinnen ihre Zauberlieder und stiegen auf das Magie-Gerüst mit Zauberei und Anrufungen hinauf.

V 18. b)   Die Saga über König Sverri

Zu dieser Zeit war der Skalde Mani bei König Magnus und er sprach die Verse:

„Du freigiebiger König auf dem Hochsitz der Sonne,
wir bitten Dich, gewähre diesem Heer
eine schnelle Brise nach Bergen!
Es ärgert uns, das hier in Unnardys
ein Nordwest-Wind unsere Männer zurückhält;
viel zu langsam kommt der Südwind zu diesem Sund!"

V 18. c)   Odins Rabenzauber

Zauberlieder sangen, auf Wölfen ritten
Rögnir und Regin gegen das Haus der Welt.
Odin spähte von Hlidskialfs Sitz
Und blickte den in die Ferne Reisenden nach.

Die Zauberlieder heißen im altnordischen Original „galdr". Die ersten Hälfte der ersten Zeile lautet dort stabreimend „galdur golu".

Das „Haus der Welt" ist der Himmel. Seine Hüter sind die Asen in Asgard.

Rögni und Regin die auf Wölfen reiten, sind den Asen offensichtlich feindlich gesonnen. Sie werden Wesen des Jenseits sein, da der Wolf ein „Jenseitstier" war und auch Hyrrokkin-Hel in der Baldur-Mythe auf einem Wolf ritt. Mit dem „Haus der Welt" ist der Schädel des Urriesen Ymir gemeint sein, aus dem die Asen die Himmelskuppel erschufen.

Rögni und Regin werden mit den „Geistern, die das Wetter verwirrten" aus einer früheren Strophe dieses Liedes identisch sein. Sie kannten offenbar Zauberlieder, mit denen sie Stürme herbeirufen konnten. Für diesen speziellen Zauber waren vor allem die Druiden der Kelten berühmt. In dem „Buch des Taliesin" wird ein beeindruckendes Beispiel für ein solches Sturm-Zauberlied vollständig dargestellt (siehe Abschnitt V 29. a)).

„Hlidskialf" („Insel-Tor" = „Jenseitstor") ist Odins Thron, von dem aus er in die ganze Welt blicken und alles sehen kann, was geschieht. Dieser Thron hat in sich selber diese Fähigkeit, sodaß auch andere Götter diesen Thron nutzen können. Er bildet vermutlich zusammen mit dem Stierfell beim „utiseta" ein gemeinsames Motiv, da dieses Fell und der hölzerne Sitz, auf dem es liegt, auch in den Mythen einiger anderer indogermanischer Völker zusammengehören. Der Sitz ist in symbolischer Hinsicht mit dem Weltenbaum identisch, mit dem Odin auch sonst eng verbunden ist.

Die „in die Ferne Reisenden" sind die drei Asen Heimdall, Loki und Bragi.

V 19. Kampfmagie

In diesem Abschnitt wird nur der Teil der Kampfmagie beschrieben, bei der Waffen geweiht werden u.ä. Die Kampfekstase wird wird in den Kapiteln „Berserker" und „Ulfhedinn" in Band 62 geschildert.

V 19. a) Hamburgische Kirchengeschichte

Der Bischof Adam von Bremen hat um ca. 1070 n.Chr. u.a. über das damalige Heidentum in seinem weiteren Umkreis geschrieben:

Wenn sie aber einmal im Kampfe in die Enge kommen, so rufen sie aus der Menge der Götter, die sie verehren, einen zur Hilfe herbei: diesem sind sie dann nach dem Siege vorzugsweise ergeben und ziehen ihn den übrigen vor.

V 19. b) Speerspitze von Kowel

Auf dieser Speerspitze, die um ca. 250 n.Chr. in der Nähe von Brest Litovsk an der Westspitze des heutigen Weißrußland benutzt worden ist, steht die Inschrift *„Ziel-Reiter"*, was offensichtlich ein Kampf-Zauber ist und sicherstellen soll, daß dieser Speer stets sein Ziel trifft.

V 19. c) Speerspitze von Dahmsdorf

Auf dieser Waffe, die um ca. 250 n.Chr. in Brandenburg in Benutzung gewesen ist, steht die Inschrift *„Renner"*, was sicherlich eine magische „Beschleunigung" des Fluges dieses Speeres gewesen sein wird.

V 19. d) Speerschaft von Kragehul

Auf diesem um ca. 520 n.Chr. angefertigten Speerschaft findet sich eine längere

Inschrift, die sich auf die Verwendung dieses Speeres als Waffe beziehen wird.

Ich, der Runenmeister,
heiße Ansu-Gisalas,
(ich gehöre zu ihrem) *Gefolge,*
gagaga wirksame Magie: ga
ich weihe den Helm-Zerstörer
für G…

Der Name „Ansu-Gisalas" lautete später „Asgisl" und bedeutete „Geisel der Asen", wobei „Geisel" hier eine positive Bedeutung wie „Geweihter, Schützling, Diener" o.ä. haben muß und evtl. „Priester" im Sinne von „Diener der Asen" haben könnte.

In dem Zusammenhang der Zauberformel könnte das „Gefolge" dann die Priesterschaft eines bestimmten Gottes sein.

Der „Helm-Zerstörer" ist der Speer.

Der Name des Mannes, für den der Speer bestimmt ist, beginnt mit „G…".

Die eigentliche Zauberformel ist „G-A", also die Runen Gebo-Ansus. Die erste dieser beiden Runen bedeutet „Geber", die zweite „Ase, Odin", was zusammen „Odin als Spender/Helfer/Geber" bezeichnen oder „Gabe des Odin" bedeuten könnte, was wiederum den geweihten Speer dem magischen Speer Gungnir des Odin gleichsetzen würde – wenn diese Magie funktioniert hat, müßte dieser Speer unbesiegbar gewesen sein …

Die drei „GA"-Binderunen sehen auf dem Speer wie folgt aus:

V 19. e)   Beowulf-Epos

In diesem um ca. 700 n.Chr. verfaßten Vers-Epos wird eine Unverwundbarkeit durch Waffen durch Zaubersprüche begründet:

/ Nicht die schärfste Klinge,
nicht der fernste Säbel,   / der auf der Erde geschmiedet wurde,
konnte dies abscheuliche Ungeheuer   / verletzen oder verwunden!
Er war durch seine Zaubersprüche   / sicher vor dem Schwert der Schlacht,
vor der Schneide des Eisens. /

Diese Verse beziehen sich auf Grendel, der eine der vielen Varianten des Tyr-Riesen im Jenseits ist. Der ehemalige Sonnengott-Göttervater ist als Kriegsgott so gut wie unbesiegbar gewesen – als Sonnengott starb er jedoch jeden Abend. Daher mußte er eine besondere „Achillesferse" haben, an der er verwundbar war. Das Motiv, daß Tyr bzw. seine Saga-Nachfolger nicht durch ein Schwert oder durch eiserne Waffen verwundet werden konnten, ist weit verbreitet. Auch die einzige verwundbare Stelle des Sigurd/Siegfried zwischen seinen Schulterblättern ist eine solche „besondere Verwundbarkeit".

V 19. f)   Brakteat von Lellinge

Auf diesem zwischen 450 n.Chr. und 560 n.Chr. hergestellten Goldblech-Amulett findet sich nur eine einzige magische Formel, die *„salusalu"* lautet. Diese Formel läßt sich als S-Rune („Sieg" oder „Sonne") und die Formel „alu" („heilig, Magie") auffassen, die dann, so wie es bei Zaubersprüchen häufig der Fall ist, verdoppelt wurde. Daraus ergeben sich die beiden folgenden Übersetzungs-Möglichkeiten:

Sieg-Magie, Sieg-Magie

oder:

Magie der Sonne, Magie der Sonne

Da Tyr bis 500 n.Chr. sowohl die Sonne als auch der Kriegsgott („Sig-Tyr") gewesen ist, bezieht sich die Inschrift bei beiden Deutungen auf Tyr.

V 19. g)   Medaillion von Svarteborg

Auf diesem Amulett steht eine Rune und ein Männername: *„S Sigiduz"*. „Sigiduz" ist entweder ein Männername mit der Bedeutung „Sieg-Kampf" oder der Wunsch „Sieg im Kampf!". Die Rune „S" bedeutet entweder „Sonne" oder „Sieg".

Da dieses Medaillion um ca. 450 n.Chr., also zu einer Zeit, in der Tyr noch der Sonnengott-Göttervater gewesen ist, angefertigt worden ist, könnte man das „S" für „Sonne" auch als einen Aspekt des Tyr, der u.a. auch der damalige Kriegsgott gewesen ist, auffassen.

Die Übersetzung würde dann lauten:

Möge der Sonnen-gleiche Tyr mir den Sieg geben!

V 19. h)   Amulette von Allesö, Bolbro und Vedby

Auf diesen dänischen Amuletten findet sich überall dieselbe Inschrift, die nur aus einigen Zauberwörtern besteht, die z.T. inmitten von unlesbaren Buchstabenfolgen stehen. Diese Amulette werden eine ganz unspezifische Aufgabe wie „Glück" oder „Schutz" gehabt haben.

Die Folge von Zauberworten und einem Zauberzeichen (Hakenkreuz: Swastika = Sonnensymbol) auf den Amuletten aus Allesö, Bolbro und Vedby sind noch als Inschrift auf „Kampf-Amuletten" erkennbar. Diese Folge lautet:

lau(ka)z Swastika-Symbol *owa zlut eathl*
gagoga maga medu

Dieser Spruch läßt sich in etwa wie folgt übersetzen:

Vitalität, Sonne, owa zlut eathl
Brüllen, Stärke, Belohnung

Mit „Brüllen" könnte „Kampf" gemeint sein. In dieser eher kriegerischen Wortfolge paßt die Übersetzung „Belohnung" für „medu" besser als die Übersetzung „Met".

V 19. i)   Schildbuckel von Skabersjö

Dieser Schildbuckel, also die meist bronzene Halbkugel auf der Vorderseite in der Mitte des Schildes vor der Hand, die den Schild hält, wurde um ca. 700 n.Chr. hergestellt und ist um ca. 1025 mit einer in Runen geschriebenen Widmung versehen worden. Es handelt sich anscheinend um ein altes Erbstück.

(RR)RRRRRRRRRRRR
Rathi nahm Schlag/Angriff Eigentum sein in ich Asa diesen Belohnung

Die Rune „R" trägt den Namen „raido", der „Ritt, Reise" bedeutet. Die 13-15malige Wiederholung der R-Rune könnte daher auf eine Reise hinweisen. Vielleicht bedeuten sie auch einfach „viele Runen", was ein Deckname für das Futhark-Alphabet der Runen sein könnte, die dann in dieser Inschrift ein Segen für den Schild wären.

Ein „Angriffs-Eigentum" ist offenbar eine Waffe.

„Asa" ist ein Frauenname, aber es ist recht ungewöhnlich, daß ein Krieger einer Frau einen Schild als Belohnung geschenkt hat.

In normales Deutsch übertragen, lautet diese Inschrift wie folgt:

Mögen alle Runen diesen Schild schützen!
Rathi gab diese seine Waffe der Asa als Belohnung.

V 19. j)   Gisli-Saga

Es hat offenbar Zaubersprüche gegeben, durch die man die Schneiden der Schwerter seiner Feinde stumpf machen konnte:

„Ich sage Dir nun, daß dieses Schwert alles beißen wird, auf das es trifft, ob das nun Eisen oder irgendetwas anderes ist; und seine Schneide kann nicht durch Zaubersprüche getötet werden, denn es wurde von Zwergen geschmiedet – und sein Name ist 'Graustahl'."

V 19. k)   1. Merseburger Zauberspruch

Dieser Zauberspruch ist um ca. 900 n.Chr. aufgezeichnet und im Kloster von Merseburg in Sachsen-Anhalt aufbewahrt worden.

Einst saßen Idise, setzten sich hierher und dorthin.
Einige hefteten Fesseln, einige reizten die Heere auf.
Einige klaubten herum an den Volkesfesseln:
Entspringe den Haftbanden, entkomme den Feinden.

Dies ist offenbar ein Entfesselungs-Zauberspruch.
Die „Idisen" sind „Disen", also Göttinnen. Möglicherweise sind hier Walküren gemeint.

V 19. l)   Darradarliod

Man kann dieses Lied zumindestens zum Teil als einen Kampf-Zauber bzw. als die Beschwörung eines Kampfes ansehen.

*Ein Webstuhl ist aufgestellt worden – er erstreckt sich fern und weit
aus seinen Gewebe-Wolken regnet Blut.
Auf ihn sind Kettfäden aus Menschen gespannt worden,
die Fäden sind grau von den Speer-Schiffchen,
mit denen die Walküren das Gewebe rot färben.*

*Die Kettfäden sind aus Menschen-Eingeweiden gezwirnt
und sie werden schwer von Menschen-Totenschädeln gespannt.
Blut-befleckte Speere dienen als Schiffchen,
die Spindeln sind aus Eisen, die Weblitzen sind Pfeile
und wir kämmen dieses Schlacht-Gewebe mit Schwertern.*

*Hild geht weben und auch Hjortrimul
und Sanngrid und Svipul – mit Schwertern ...
Speerschaft wird brechen,
Schild wird bersten,
Rüstung wird durchstochen vom Helm-Wolf.*

   Helm-Wolf = Schwert, Speer

*Wir weben, wir weben das Speer-Gewebe,
das der junge König einst erschuf.
Laß uns durch die Reihen schreiten,
in denen unsere Freunde Hiebe verteilen!*

*Wir weben, wir weben das Speer-Gewebe
und wir werden weiter dem Helden helfen!
Und Gunn und Gondul, die über den Fürsten wachen,
werden die blutbefleckten Schilde schauen, die den Fürsten schützen.*

*Wir weben, wir weben das Speer-Gewebe,
während das Banner des starken Kriegers naht!
Wir werden nicht gestatten, daß er sein Leben verliert!
Nur die Walküren können die Toten erwählen!*

*Menschen, die bisher nur nur ferne Landzungen bewohnten,
werden nun das Land beherrschen.
Wir sagen, daß ein mächtiger König dem Tode geweiht ist!
Gerade jetzt wird der Jarl von Speeren gefällt.*

*Die Iren werden ein Leid erleben,
das die Menschen nie vergessen werden.
Nun ist das Gewebe gewoben und das Feld rot gefärbt.
Die Nachricht von diesem Unglück wird in alle Länder eilen.*

*Es ist nun schrecklich umherzuschaun,
jetzt, da sich rote Wolken am Himmel versammelt haben.
Der Himmel wird rot gefärbt vom Blut der Menschen,
während die Schlacht-Mädchen singen.*

*Wir haben Zauberlieder des Sieges für den jungen König gesungen –
Heil unserem Gesang!
Möge der, der unser Speerflug-Lied hört,
es gut lernen und es anderen singen!*

*Laßt uns unsere Rosse sattellos reiten,
unsere Schwerter schwingen und hinforteilen!*

Da rissen sie das gewebte Tuch von dem Webstuhl und zerrissen es in Stücke und jede behielt das Stück, das sie in ihren Händen hielt ...
Die Frauen steigen auf ihre Rosse und ritten davon – sechs nach Süden und sechs nach Norden.

<u>V 19. m) Jakob Grimm: Deutsche Mythologie</u>

Wie Sigrûn, Sigrdrîfa, Sigrlinn namen der valkyrien sind, noch in unserm epos eine der weisen weiber Sigelint heißt, glaube ich, daß althochdeutsch siguwîp, angelsächsisch sigevîf, altnordisch sigrvîf allgemeine bezeichnung aller weisen frauen war, und kann dafür einen mir von Kemble mitgetheilten angelsächsichen zauberspruch beibringen:

sitte ge sigevîf, sîgađ tô eorđan!
næfre ge vilde (lateinisch ville) tô vuda fleogan!
beo ge svâ gemyndige mînes gôdes,
svâ biđ mannagehvylc metes and êđeles.

(Ihr sitzenden Sieg-Frauen, steigt herab zur Erde!
Fliegt niemals mehr von der Stadt in den Wald
Wie eine Biene, denn meine Absicht ist gut;
Daher bleibt – alle Männer werden euch Speise und Lohn geben!)

Gleich nornen, unter versprechung von gaben, werden sie ins haus geladen.

V 20.   Kult

In diesem Abschnitt werden nur die Texte angeführt, die aus dem Kult zu stammen scheinen und den Charakter von Zaubersprüchen haben.

V 20. a)   Sigdrifa-Lied

Sigurd setzte sich nieder und frug nach ihrem Namen. Da nahm sie ein Horn voll Met und gab ihm Minnetrank.

„Heil Dir, Tag, Heil euch Tagessöhnen,
Heil Dir, Nacht und Dir, nährende Erde:
Mit unzornigen Augen schaut auf uns
Und gebt uns Sitzenden Sieg.

Heil euch Asen, Heil euch Asinnen,
Heil Dir, fruchtbares Feld!
Wort und Weisheit gewährt uns edlen zwein
Und immer heilende Hände!"

V 20. b)   Völsa-Thattr

In den Isländer-Sagas wird in der Völsa-Thattr berichtet, daß eine alte Frau den abgeschnittenen Penis eines toten Pferdes zusammen mit den anderen Hausbewohnern wie einen Gott verehrt.

Dieses Kultsymbol wird aus den Jenseitsreisevorstellungen stammen, aufgrund derer man bei einer Jenseitsreise ein Herdentier, d.h. ein Rind, Hirsch, Pferd, Schaf, Ziege, oder Schwein opferte und deren Zeugungskraft auf den (männlichen) Toten übertrug, damit sich dieser erfolgreich zusammen mit der Jenseitsgöttin wiederzeugen konnte.

Der „Völsi" genannte getrocknete und balsamierte Phallus wurde herumgereicht und jeder sprach die eine Strophe. Im vorletzten Vers wird jeweils der nächste, der den Völsi erhält, angesprochen. „Völsi" bedeutet „runder Stab" und ist hier eine Beschreibung des Penis. Das Wort an sich war neutral und findet sich z.B. auch in dem Wort „Völva" („Stabträgerin") für „Seherin".

Diese Geschichte spielt in den Jahren zwischen 1016 und 1028 n.Chr., in denen Olaf der Heilige König von Norwegen gewesen ist. Der Text selber ist jedoch wahrscheinlich schon älter – insbesondere das Lied, das hier zitiert wird.

König Olaf hörte davon, daß das Land weit umher noch kaum christianisiert worden war. Er trachtete aber sehr danach, das Volk in seinem gesamten Reich, sowohl auf Inseln als auch auf Landspitzen, zum katholischen Glauben zu bekehren.

Wie in einem alten Lied berichtet wird, lebten ein Bauer und seine Frau, die schon etwas älter waren, auf einer Landspitze im Norden Norwegens. Dort lag ein gutes Stück weit von den dichter besiedelten Gebieten und dem dem Hauptweg entfernt, ein guter Hafen für Langschiffe.

Der Bauer und seine Frau hatten zwei Kinder: Einen Sohn und eine Tochter, so wie es am Beginn des Gedichtes, das wie folgt lautet, ausgesagt wird:

„Einst lebte ein alter Mann
mit seiner betagten Frau
auf einer namenlosen
Landzunge.
Er hatte einen Sohn
zusammen mit der Bil des Goldes
und eine Tochter,
die recht klug war."

Bil = Göttin; Göttin des Goldes = Frau

Sie hatten auch einen Knecht und eine Magd. Der Bauer war ein kluger Mann und zurückhaltend, aber seine Frau war sehr bestimmend und lenkte alle Dinge in dem Haushalt. Der Sohn des Bauern war vergnügt, fröhlich, ausgelassen und frech. Die Tochter des Bauern war älter, von schneller Auffassungsgabe und von kluger Art, obwohl sie nicht in der Nähe vieler Menschen aufgewachsen war. Der Bauer hatte einen großen Jagdhund, der Lerir hieß. Sie hatten keinerlei Kenntnis vom heiligen Glauben.

Gegen Ende eines Herbstes geschah es, daß das Zugpferd des Mannes starb. Das war sehr fett, und da heidnische Menschen Pferdefleisch als Nahrung verwendeten, wurde das Pferd zubereitet und verzehrt. Zu Beginn, als das Fell abgezogen wurde, schnitt der Knecht dem Pferd nur den Körperteil ab, den diese Art von Tieren gemäß ihrer Beschaffenheit zur Fortpflanzung benutzt, so wie andere Tiere, die sich untereinander vermehren. Wie die alten Dichter zeigen, heißt dieses Teil bei Pferden Vingul.

Es wäre gut denkbar, daß in älteren Fassungen dieser Geschichte, die bereits von einem christlichen Standpunkt aus stilistisch ins Groteske verschoben worden ist, der Tod des Pferdes ein Pferde-Opfer gewesen ist, denn am Herbstende gab es ein großes Opferfest – und zu dieser Zeit „starb" das Pferd.

Als der Knecht diesen abgeschnitten hatte und ihn neben sich auf den Boden werfen wollte, lief der Sohn des Bauern lachend hinzu, ergriff das Teil und ging damit in die Stube hinein. Dort waren seine Mutter, deren Tochter und die Magd. Er schüttelte den Vingul unter vielen Spöttereien in ihre Richtung und sprach eine Strophe:

„Hier könnt ihr
den wackeren Vingul sehen,
der vom Pferde-Vater
abgeschnitten wurde.
Für Dich, Magd,
wäre dieser Völsi
zwischen deinen Schenkeln
gar nicht träge!"

Die Magd brach in schallendes Gelächter aus, aber die Tochter des Bauern forderte ihn auf, dieses widerliche Ding hinauszutragen.
Die Alte stand auf, ging auf die andere Seite, nahm es ihm ab, und sagte, daß man nichts wegwerfen solle, was noch zu etwas gut sein könne. Sie ging nach vorne und trocknete den Vingul so sorgfältig wie möglich, wickelte ihn in ein Leintuch und legte Lauch und andere Kräuter dazu, so daß er nicht verrotten konnte, und legte ihn in ihre Truhe.
Den ganzen Herbst über nahm sie ihn jeden Abend heraus und wendete sich mit einem Gebet an ihn und glaubte, daß er ihr Gott sei und drängte alle übrigen in ihrem Haus dazu, auch diesem Götzendienst zu folgen. Durch die Kraft des Teufels wuchs er und wurde gestärkt, so daß er bei der Frau steif werden konnte, wenn sie es wollte.

Hier hört man deutlich die christliche Sichtweise auf diese Geschichte.

Sie machte es zu ihrer Gewohnheit, ihn jeden Abend in den Wohnraum zu tragen, wo sie dann als erste des Haushaltes eine Strophe über ihm sprach. Dann gab sie ihn ihrem Mann weiter, der ihn dann dem nächsten reichte und so weiter, bis die Magd ihn erhielt. Jeder sollte eine Strophe über ihm sprechen. An den Worten eines jeden zeigten sich, wie er darüber dachte.
Eines Tages, bevor König Olaf vor König Knut aus dem Land fliehen mußte, fuhr er

mit seinen Schiffen an der Nordküste entlang. Er hatte von dieser Landspitze und dem Unglauben, der dort herrschte, erfahren. Da er dort wie andernorts das Volk zum rechten Glauben bekehren wollte, wies er seinen Steuermann an, die Wegrichtung zu ändern und in den Hafen unterhalb der zuvor erwähnten Landspitze fahren sollten, da der Wind günstig stand.

Sie kamen spät am Abend in diesen Hafen und der König ließ die Zelte auf den Schiffen aufbauen und sagte seinen Leuten, daß sie die Nacht über auf den Schiffen bleiben sollten, während er zu dem Hof gehen wollte. Er wurde von Finn Arnason und Thormod Kolbrunarskald begleitet.

Sie zogen sich graue Umhänge über ihre Kleidung und gingen in der Abenddämmerung zu dem Hof.

Sie begaben sich in den Wohnraum und setzen sich auf eine Bank. Finn saß am weitesten innen, Thormod in der Mitte und der König am nächsten zur Tür. Dort warteten sie, bis es dunkel geworden war, ohne daß ein Mensch hereingekommen wäre.

Schließlich kam die Tochter des Bauern und und brachte ein Licht herein. Sie grüßte die Männer und frug nach ihren Namen, aber sie nannten sich alle Grim.

„Grim" bzw. „Grimnir" ist ein Beiname des Odin und in früherer Zeit auch des Tyr und seiner beiden Alcis-Söhne gewesen.

Eine Dreiheit von Männern, von denen einer Odin ist, tritt in vielen Mythen auf – meist Odin, Hönir und Loki. In der Snorri-Edda tritt Odin selber in dreifacher Gestalt als Har („Hoch"), Jafnhar („Ebensohoch") und Tridi („Dritter") auf. Odin war als Wanderer, der unerwartet als Gast erscheint, bekannt.

Daraufhin zündete sie in der Stube Licht an. Sie schaute immerzu auf die Gäste und blickte am längsten auf den, der am weitesten draußen saß. Als sie gerade nach vorne gehen wollte, kam ihre eine Strophe in den Sinn und sie sprach das Folgende:

„Ich sehe an den Besuchern Gold
und Samt-Gewänder
– ich mag solche Ringe!
Ich wäre lieber ein Krüppel,
als daß ich Lügen erzählen würde.
Ich erkenne Dich,
mein König:
Du bist gekommen, Olaf!"

Darauf antwortete der Gast, der am nächsten saß: „Du bist eine weise Frau – schweige darüber!"

Sie wechselten keine weiteren Worte. Die Tochter des Bauern ging hinaus und wenig später kamen der Bauer, sein Sohn und der Knecht herein.

Der Bauer setzte sich, der Sohn neben ihn und der Knecht ein Stück weit von ihm entfernt. Sie belustigten sich über das vornehme Verhalten der Gäste.

Dann wurde die Mahlzeit vorbereitet, Tische aufgestellt und das Essen darauf gestellt. Die Tochter des Bauern setzte sich zu ihrem Bruder und die Magd zu dem Knecht. Die drei Grime saßen alle noch immer wie zuvor erzählt wurde. Als letztes kam die Alte herein, die den Völsi in den Armen trug und zu dem Sitz des Bauern ging. Es wird nicht gesagt, daß sie die Gäste gegrüßt hätte.

Sie wickelte den Völsi aus den Tüchern, legte ihn dem Bauern auf den Schoß und sprach diese Verse:

„Groß geworden bist Du, Völsi,
und Du wirst hoch erhoben,
mit Leinen umwickelt,
von Lauch gestärkt.
Möge Maurnir
dieses heilige Opfer annehmen!
Und nun, mein Mann,
nimm Du den Völsi!"

Maurnir ist ein Beiname der Göttin Skadi, die die einst die Mutter- und Erdgöttin Skandinaviens gewesen ist und dieser großen Halbinsel auch den Namen gegeben hat (Skadi => Skandinavien).

Ein Penis im Kult einer Mutter- und Erdgöttin wird recht wahrscheinlich auf Wiederzeugungs-Vorstellungen zurückgehen.

Der Bauer antwortete kühl, aber nahm dennoch den Völsi und sprach diese Verse:

„Wenn ich darüber zu bestimmen hätte,
würde dieses Ding heute Abend
nicht als etwas Verehrtes
gezeigt werden.
Möge Maurnir
dieses heilige Opfer annehmen!
Und nun, mein Sohn,
nimm Du den Völsi!"

Der Sohn des Bauern griff nach ihm, hob ihn hoch, reichte ihn seiner Schwester und sprach diese Verse:

*„Mögen Deine Brautjungfern
Dir einen Stoßer bringen.
Sie sollen den Vingul heute Nacht
naß machen.
Möge Maurnir
dieses heilige Opfer annehmen!
Und nun, Bauerstochter,
nimm Du den Völsi!"*

Sie war darüber überhaupt nicht begeistert, aber mußte dem Brauch des Hauses folgen. Sie ergriff ihn nur zögernd, aber sprach diese Verse:

*„Ich schwöre bei Gefion
und den anderen Göttern,
daß ich nur gezwungen
den roten Schwanz anfaße.
Möge Maurnir
dieses heilige Opfer annehmen!
Und nun, Knecht meiner Eltern,
nimm Du den Völsi!"*

Der Knecht nahm ihn und sprach:

*„Ich hätte lieber an jedem Werktag
einen Laib Brot,
dick und rund und sehr groß
als diesen Völsi.
Möge Maurnir
dieses heilige Opfer annehmen!
Und nun, Magd des Hauses,
drücke dieses Ding an Deine Brust!"*

Die Magd nahm ihn zärtlich in ihre Hände, umarmte ihn und streichelte ihn und sprach diese Verse:

*„Sicherlich könnte ich nicht der Versuchung widerstehen,
Dich ich mich zu stoßen,
wenn wir alleine liegen
und einander Lust bereiten würden.
Möge Maurnir*

dieses heilige Opfer annehmen!
Und nun, Grim, unser Gast,
nimm nun den Völsi!"

Finn hielt ihn in seinen Händen. Er sprach diese Verse:

„Seit lange Zeit habe ich
vor vielen Küsten vor Anker gelegen,
Segel gehißt
mit flinken Händen.
Möge Maurnir
dieses heilige Opfer annehmen!
Und nun, Grim, mein Gefährte,
nimm nun den Völsi!"

Er gab ihn Thormod, der die Form des Völsi sehr sorgfältig betrachtete. Dann grinste er und sprach diese Verse:

„Ich bin weit gereist
aber nie zuvor haben ich gesehen,
wie ein steifer Phallus
die Bank entlang gereicht wurde!
Möge Maurnir
dieses heilige Opfer annehmen!
Und nun, Haupt-Grim,
nimm nun den Völsi!"

Der König ergriff ihn und sprach diese Verse:

„Ich bin der Steuermann,
der Bug-Kämpfer
und ein Anführer
aller Heere.
Möge Maurnir
dieses heilige Opfer annehmen!
Und nun, Hund des Hauses,
nimm nun dies Ungeheuer!"

Damit warf er das Ding auf den Fußboden, wo ihn die Hündin schnappte. Als die Alte das sah, bebte sie am ganzen Leib und sprach:

*„Wer ist dieser Mann,
dieser Fremde,
der das heilige Ding
dem Hund gibt?
Hebt mich über die Türangel
und den Türbalken,
daß ich sehen kann,
ob ich das heilige Opfer retten kann.
Laß es fallen, Lärir,
Laß mich nichts so Schlimmes sehen,
verschlinge es nicht,
Du üble, elende Hündin!"*

Die Szene mit dem Türbalken klingt seltsam – warum sollte sie über den Türbalken blicken müssen, um den Hund zu sehen? Diese Szene bekommt jedoch einen Sinn, wenn sie eine Anspielung auf den Bestattungs-Brauch, über die Jenseitstür hinüber zu den Toten ins Jenseits zu blicken und mit ihnen zu sprechen, sein sollte (siehe „Jenseitstor" in Band 49).

Da warf der König seine Verkleidung ab und alle erkannten ihn. Dann verkündete er ihnen den wahren Glauben, aber die Alte war unwillig, ihn anzunehmen, während der Bauer dazu bereiter war. Aber durch Gottes Kraft und Olafs Eifer nahmen sie schließlich alle den Glauben an und wurden von dem Hof-Kaplan des Königs getauft.
  Sie blieben dem Glauben treu, da sie nun sahen, an wen sie glauben sollten, und ihren Schöpfer erkannt hatten. Sie sahen nun ein, wie übel und verdorben sie gelebt hatten.
  Dies zeigt, wie sehr sich König Olaf darum bemühte, alle üblen Bräuche, das Heidentum und die Zauberei auszurotten – an den entlegensten Orten des norwegischen Reiches genauso wie in den bewohnten Gebieten im Hauptteil des Landes.
  Es war für ihn von größter Wichtigkeit, den rechten Glauben zu so vielen Menschen wie möglich zu bringen. Es ist jetzt offensichtlich geworden, daß er in diesem und auch in allen anderen Dingen Gottes Willen gefolgt ist.

Diese Groteske zeigt deutlich, daß es einst einen Art von Phallus-Kult gegeben haben muß, der eng mit dem Penis der Hengste assoziiert gewesen sein muß. Aus diesem Kult werden auch die erstaunlich vielen Bezeichnungen für den Pferde-Penis stammen.
  Vermutlich gab es auch einen Zusammenhang zu Freyr, dessen Statuetten ihn stets mit einem großen, erigiertem Penis zeigen.

V 21.   Sonnenaufgangs-Ritual

Zu der Sonnen-Anrufung am Morgen gibt es mehrere Überlieferungen, aber nur einen Text, der den Charakter eines Zauberspruches hat.
Siehe dazu auch das Kapitel „Sonnenhymne" in Band 64.

V 21. a)   Odins Runenlied

In dieser Runen-Strophe erscheint der Morgen-Ruf als dreiteiliges Lied des Zwerges Thjodrerir („Volks-Aufwecker") und evtl. als Schrei des Tyr, der an dieser Stelle mit Heimdall und seinem „Adler-Ruf" („Argiöl") identisch wäre.
  Das „Tor des Morgen-Gottes Delling" ist der Horizont im Osten bei Sonnenaufgang.
  Das Verb „sang" lautet im Original „gol", womit in diesem Fall „Zauberlieder intonieren" gemeint ist.

Ein Fünfzehntes kann ich,
das 'Volks-Wecker' der Zwerg
sang vor dem Tor des Morgen-Gottes Delling:
er sang Stärke den Asen
und den Alfen glückliches Gelingen,
klaren Geist dem Schrei-Tyr.

V 22.   rituelle Thing-Sprüche

Auch im Zusammenhang mit den Gerichtsverhandlungen gab es formale, traditionelle Texte, von denen der Friedensschluß am wichtigsten ist. Dieser Zauberspruch ist schon in dem Abschnitt „II 8.   Friedens-Eid" dargestellt worden.

Siehe auch das Kapitel „Thing" in Band 73.

V 23. Zauberspruch gegen Wut

In den Weisheiten der Wikinger wird schon gesagt, daß es gut ist, seine Wut beherrschen zu können, aber es ist kein Wutbeherrschungs-Zauber aus ihrer Zeit bekannt.

V 23. a) „Zauberspruch gegen Wut"

(Galdrbok, Island, ca. 1600 n.Chr.)

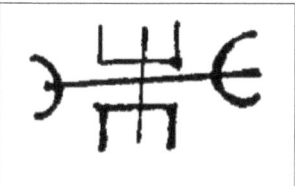

Ziehe diesen Stab mit Deinem linken Zeigefinger auf Deiner Stirne, um alle Arten von Wut zu stillen, und sprich:

„Es ist der Schreckenshelm, den ich zwischen meinen Augen trage – Zorn zerfließt, Streit wird gestaut. Möge jede Mutter so über mich erfreut sein wie Maria, als sie ihren Sohn auf dem Felsen des Sieges fand. Im Namen des Vaters und des Sohnes und des heiligen Geistes."

Und lies:

„Ölvir, Odhinn, Übler,
Verzaubere alle!
Möge Gott selber mit Geschick
Liebe zwischen uns senden!"

Stab = Runen = Symbol
Felsen des Sieges = Golgatha
Ölvir = Oliver = Ala-wihaz = „All-Heiliger" = evtl. ein Beiname des Tyr/Odin
Übler = evtl. Odin, der auch „Bölverkr" („Übeltäter") hieß

V 24.   Bestattungsformeln

In diesem Abschnitt wird nur eine einzige Zauberformel angeführt, die einen speziellen Charakter hat – die übrigen Inschriften sind schon in den Abschnitten IV 8 und V 4 dargestellt worden.

V 24. a)   Runenstein von Ledberg

Auf diesem Runenstein, der um ca. 1050 n.Chr. für einen Mann mit dem Namen „Thorgautr" errichtet worden ist, findet sich am Ende der Widmungs-Inschrift eine Zauberformel:

thmk iii sss ttt iii lll

Diese Inschrift ist ein ganz spezielles Rätsel, dessen Lösung die folgenden drei Worte sind, die sich ergeben, wenn man die drei ersten Buchstaben als Anfangsbuchstaben von drei Worten nimmt, auf die dann die dreifach geschriebenen Buchstaben folgen:

th·istil
m·istil
k·istil

Diese drei Worte bedeuten:

Distel, Mistel, Kiste

Das ergibt den Satz oder genauer gesagt das Bild:

Eine Distel und eine Mistel in einer Kiste.

Dieses Bild ist zumindestens teilweise bekannt: Hel-Sinmara hält den Mistelzweig, mit dem später Hödur aufgrund einer List des Loki den Baldur erschießt, in einer eisernen Kiste in der Unterwelt verschlossen. Die Mistel ist ursprünglich das Symbol für die Wiedergeburt und nicht für den Tod des Baldur gewesen – die Dinge, die den Toten im Jenseits halfen, wurde aufgrund der Angst vor dem Tod oft zu Todesursachen umgedeutet.

Über die Distel ist abgesehen von dem Namen des Riesen „Thistilbardi" („Distelbard") und dem Ortsnamen Distel-Fjord auf Island aus der altnordischen Tradition nichts bekannt.

Die Distel findet sich jedoch häufig in Wappen wie z.B. in dem Stadtwappen von Montreal und Nancy (Inschrift: „Wer sich daran reibt, sticht sich daran") oder als Symbol-Pflanze Schottlands. Sie wird in der Heraldik als Symbol für „wehrhafte Standhaftigkeit" angesehen.

Somit befindet sich in der „Kiste der Hel" die kriegerische Standhaftigkeit und die Hoffnung auf eine Wiedergeburt. Da dieser Runenstein wie fast alle Runenstein ein Gedenkstein für einen Toten ist (hier ein Mann mit dem Namen „Thorgautr"), kann man diese Zauberformel wie folgt übersetzen:

„Möge Thorgautr aufgrund seiner kriegerischen Standhaftigkeit („Distel") im Jenseits (dort steht die „Kiste") in Walhalla wiedergeboren werden („Mistel").

V 24. b) Runenstein von Gorlev

Auch auf diesem um ca. 850 errichteten Runenstein findet sich ebenfalls die bereits beschriebene Mistel-Zauberformel. Die Inschrift ist, wie anhand der „Handschrift" erkennbar ist, von zwei verschiedenen Personen angefertigt worden, die auch beide „unterschrieben" haben.

Thjodvi errichtete diesen Stein.
Möge dieses Denkmal gut nutzen.

Mistel Distel Kiste
Ich habe die Runen richtig geritzt.

Gunne und Armund

V 25. Regen-Zauber

Regenzauber gehören zu den sehr weit verbreiteten Zaubern. Seit dem Beginn des Ackerbaus in der frühen Jungsteinzeit waren die Bauern auf den Regen angewiesen, ohne den eine Hungersnot drohte. Ein großer Teil des indischen Rig-Veda besteht aus Regenzaubern, in denen der Donnergott den von der Riesenschlange Vritra gefangengehaltenen Regen und das von ihnen in den Bergen gestaute Wasser der Flüsse zurückholt – das ist auch der Ursprung des Kampfes des Thor gegen Jörmungandr.

V 25. a) Jakob Grimm: Deutsche Mythologie

Die stellen, die ergeben, daß Alamannen und Franken flüsse und quellen verehrten, sind im anhang beigebracht. das volk betete am ufer des flußes, am rand der quelle, zündete lichter an, stellte opfergaben hin.

Es heißt: fontibus venerationem exhibere, ad fontanas adorare; ad fontes votum facere, reddere, exsolvere, orare ad fontes, offerre ad fontes, munus deferre; ad fontes luminaria facere, candelam deferre.

Dies letzte geschah wol nur, oder hauptsächlich abends und nachts, wo die widerscheinende flamme in der flut den schauer der anbetung erhöhen muste.

Auch die Sachsen waren fonticolae, in den angelsächsichen gesetzen werden vyllas und flôtväter als gegenstände der verehrung genannt. außer der stelle beim Cnut heißt es im poenitentiale Ecgberti: gif hvilc man his ælmessan gehâte oððe bringe tô hvilcon vylle; gif hvâ his væccan æt ænigum vylle häbbe (vigilias suas ad aliquem fontem habeat); die canones Edgari verbieten vilveorðunga (quellverehrung); ob man aus der angezognen altnordischen sage, die der vötn erwähnt, auf wirklichen wassercultus in Scandinavien schließen darf, weiß ich nicht: fast scheint die stelle einer lateinischen ausländischen nachgeahmt. an sich selbst ist die heilighaltung des wassers unbezweifelbar.

Ein eddisches lied hat gleich im beginn die merkwürdigen worte: ›hnigo heilög vötn af himinfjöllom‹. (Helgi-Lied: „Heilige Wasser fallen vom Himmel herab.")

Den Sclavenen legt schon Procopius verehrung des wassers bei: σέβουσι ποταμούς und noch Helmold sagt von den Slaven zu Faldera: lucorum et fontium ceterorumque superstitionum multiplex error apud eos habetur.

Vorzugsweise verehrte man den ort, wo das wunderbare element aus dem schoß der erde hervorspringt; quelle heißt in der alten sprache ursprinc, aber auch prunno.

Oft schon wird das erste vortreten der quelle göttlicher einwirkung oder einem wunder beigemessen; Wuotan, Balder und Carl der große ließen ihrem durstenden heer den labebrunnen aus der erde fließen. andere quellen hat ein schlag mit dem stab oder des rosses huf dem felsen entlockt.

αντανύσασα θεὰ μέγαν υψόθι πῆχυν
πλῆξεν όρος σκήπτρῳ· τὸ δέ οι δίχα πουλὺ διέστη,
εκ δ' έχεεν μέγα χεῦμα *(Callimachos)*

Der heilige senkt einen ast in den boden und das wasser sprudelt. Noch weiter aber sind die annahmen verbreitet, daß das wasser heiliger bäche und ströme von göttern und höheren wesen aus schalen oder urnen ursprünglich ausgegossen, daß brunne und quell von dabei liegenden schlangen oder drachen gehütet werde.

Wasser, zu heiliger zeit, mitternachts vor sonnenaufgang, in feierlicher stille geschöpft, führt noch späterhin den namen heilawâc, heilwâc, heilwæge. die erste form, mit haftendem compositionsvocal nach langer silbe, zeugt für das alter des ausdrucks, dessen bedeutung ihn gegen änderung sicherte.

›man seit von heilawâge uns vil, wie heil, wie guot ez sî, wie gar vollekomen der êren spil, wie gar sîn kraft verheilet swaz wundes an dem man versêret ist‹.

›got, du fröude flüzzic heilawâc‹, und in ähnlichem sinn mit anwendung auf Christus und das kreuz: ›der boum ist gemeizzen, dâ daz heilwæge von bechumet, daz aller werlte gefrumet‹.

Allgemeinere anführungen ›ein heilwâge‹ und noch in Anshelms Berner chronik: ›heilwag‹ unter andern segen und zaubermitteln. zuletzt bei Phillip von Sittewald: ›das fließend brunnwasser, so man in der heiligen weihnacht, so lang die glock zwölfe schlägt, samlet, und heilwag genannt wird, ist gut wider nabelwehe‹.

In diesem heilawâc zeigt sich uralte mischung heidnischer bräuche mit christlichen. das volk glaubt, bis auf unsere tage, zu weihnachten oder ostern nachts um XII, oder zwischen XI und XII, wandle sich brunnenwasser in wein. diese annahme leitet sich auf die vorstellung zurück, daß die erste manifestation der gottheit des heilandes bei der hochzeit zu Cana, wo er wasser in wein verwandelte, geschehen sei; weihnachten aber begieng man epiphanie oder theophanie, geburt und taufe, und verband damit die erinnerung an jenes wunder: dafür galt der besondere ausdruck bethphania.

Schon Chrysostomus predigte im jahr 387 auf epiphaniastag zu Antiochien, daß man an diesem fest mitternachts wasser schöpfe und jahrelang als ein immer frisches, unverderbliches (ohne zweifel zu wunderthätigem gebrauch) aufhebe. abergläubische Christen nahmen also zweierlei an, heiligung des wassers in der mitternacht des tauftages und verwandlung in wein zur zeit der bethphanie; solches wasser nannten die Deutschen heilawâc, und legten ihm hohe kräfte zu, es sollte krankheiten, wunden heilen und nicht verderben:

die mit deheinen sêren
wâren gebunden,
genâde die funden
ze demselben urspringe. (um 1390 n.Chr.)

Man suchte solchen heilquell mit binsen, aus welchen ein funke schlug. der aberglaube, wasser wandle sich in heiliger zeit in wein, kommt auch im norden vor. quellen, aus denen heilige schöpfen, geben wein statt wassers. wein wird auch aus einem brunnen geschöpft. der quell verliert seine heilkraft, nachdem ein gottloser sein krankes pferd darin gebadet hatte. ebenso, nachdem eine edelfrau ihr blindes hündchen darin gewaschen. dagegen werden quellen dadurch heilig, daß sich göttinnen in ihnen badeten. so die quellen, worin Sîtâ gebadet. Meghadûta im eingang. Wer aus der quelle Reveillon in der Normandie getrunken hat, muß in diese heimat zurückkehren.

Vielleicht wurde schon in Syrien ein altheidnisches wasserschöpfen durch jene deutungen verschleiert. In Deutschland weisen andere umstände unversteckt auf heidnische heiligkeit des wassers, das aber nicht zur mitternachtsstunde, sondern frühmorgens vor sonnenaufgang geschöpft werden muste, stromabwärts und stillschweigends, gewöhnlich am ersten ostertage, auf den jene auslegungen weniger gerecht sind: dieses wasser verdirbt nicht, verjüngt, heilt ausschläge, kräftigt das junge vieh.

Zauberwasser, zu unchristlicher weissagung diensam, soll sonntags, vor sonnenaufgang, an drei fließenden brunnen, in ein glas gesammelt werden; und vor dem glas wird, wie vor einem göttlichen wesen, eine kerze angezündet. Hierher nehme ich auch eine hessische volkssitte: am zweiten ostertag wandeln jünglinge und jungfrauen zum holen stein des gebirges, schöpfen wasser in der kühlen quelle, das sie in krügen heimtragen, und werfen blumen zum opfer hin. Wahrscheinlich war dieser wassercultus zugleich celtisch: im wasser des felsenbrunnens Karnant wird ein zerbrochnes schwert wieder ganz, aber

›*du muost des urspringes hân*
underm velse, ê in beschin der tac‹. *(Parzfial)*

Diese „Schwert-Reperatur" wird ursprünglich das Neuschmieden des Schwertes des Tyr-Wieland auf der Jenseitsinsel in der Wasserunterwelt gewesen sein.

Merkwürdige gebräuche schildern, auf welche weise sich am ersten maimorgen junge mädchen (der pyrenäengegend) in dem quellwasser weissagen.

An die eigenthümlichkeit der gesundbrunnen braucht hier nicht nothwendig gedacht zu werden; es ist die allgemeine kraft des erfrischenden, stärkenden, neubelebenden elements. viele örter in Deutschland heißen Heilbrunn, Heilborn, Heiligen-

brunn, von der verjüngenden wirkung ihrer quellen oder den wunderbaren heilungen, die sich dabei zugetragen. Heilbronn am Neckar wird in den ältesten urkunden Heilacprunno genannt.

Aber einzelne quellen und brunnen können vorzugsweise in ansehn gestanden haben. berühmt sind der altnordische Mîmisbrunnr und Urđrbrunnr, der „brunnr miöc heilagr" genannt wird. ein dänisches volkslied gedenkt der Maribokilde, durch deren lauteres wasser stücke eines zerhauenen leibs wieder zusammengefügt werden. schwedische lieder nennen Ingemos källa. des altfriesischen brunnens, aus welchem stillschweigends geschöpft werden muste, ist schon erwähnt.

Die Heilung des zerschlagenen Leibes wird ihren Ursprung in der Heilung von Tyrs abgeschlagenen bzw. abgebissener Hand während seines nächtlichen Aufenthaltes in der Wasserunterwelt haben.

Helicbrunno, heilicprunn, heiligbrunno, helicbruno. Helicbrunno ein bach in den Niederlanden. Helgi at Helgavatni. Helgavatn. Urđarvatn andere wahrscheinlich heilige brunnen sind der Pholesbrunno, der Gôzesbrunno. ein schwedisches lied nennt die Helge Thors källa in Småland, aus der man in der heiligen donnerstagsnacht wasser schöpft, welches blindheit heilt. andere heilige quellen zählt Müllenhoff auf.

Maria wird genannt ›alles heils ein lûter bach‹, oder ›heiles bach‹. hatte der engel das wasser des teiches Bethesda bewegt, so ward der erste, der darnach hineinstieg, gesund. Flüsse wurden über gräber und schätze geleitet.

An solchen quellen wurden opfer gebracht; des heilsamen einflusses der warmbrunnen und sauerbrunnen auf die gesundheit wird man von undenklicher zeit her gewahr gewesen sein, wie die aquae mattiacae schon unter den Römern oder jene aquae calidae bei Luxueil lehren. wenn die Wetterauer einen krug sauerbrunnen anbrechen, gießen sie jedesmal den ersten tropfen auf den boden, man sagt um den staub abzuschütten, weil die krüge offen stehn, es kann aber auch als libation angesehn werden, die dem geist des brunnens galt.

Gleich den gesundbrunnen achtete man die salzquellen für heilig, worüber in einem späteren capitel die nachrichten des alterthums zusammengestellt werden sollen. Das mittelalter unterhielt die vorstellung von einem jungbrunnen: wer darin badet, heilt von krankheiten und wird davor bewahrt; Rauchels legt darin ihre haut ab und wandelt sich in die schöne Sigeminne; ein solcher brunne hat zuweilen auch die kraft, das geschlecht der badenden zu verändern.

In einer quelle bei Nogent badeten abends vor Johannis männer und frauen; Holbergs lustspiel ›kildereisen‹ gründet sich auf die sitte des Kopenhagner volks, nach einer benachbarten quelle zu wallfahrten, und sich in ihrem wasser zu heilen und zu stärken. die Östergötländer reisten nach altem brauch mittsommernachts abend zu Lagmans bergekälla bei Skeninge und tranken den brunnen.

In manchen gegenden Deutschlands wird zu pfingsten irgend ein lauterer brunnen besucht und sein wasser aus eigenthümlich geformten krüglein getrunken. Wichtiger ist die einstimmende beschreibung Petrarchas von einem noch zu seiner zeit hergebrachten bade cölnischer frauen in dem Rhein: sie verdient ausführlich eingeschaltet zu werden:

Gallia causidicos docuit facunda Britannos miretur itidem:
doctos quod argutos aluit Germania vates.

At, ne me auctore fallaris, scito ibi nullum Maronem esse, Nasones plurimos, ut dicas verum fuisse praesagium, quod in fine libri metamorphoseos multum vel posteritatis gratiae vel ingenio suo fidens ponit. siquidem qua romana potentia, seu verius qua romanum nomen domito orbe se porrigit, plausibiliter nunc faventis populi ore perlegitur. His ego comitibus, ubi quid audiendum seu respondendum incidit, pro lingua et pro auribus usus sum. Unum igitur ex eo numero admirans et ignarus rerum percunctatus vergiliano illo versiculo.

Quid vult concursus ad amnem,
quidve petunt animae?

Responsum accepi: pervetustum gentis ritum esse, vulgo persuasum, praesertim femineo, omnem totius anni calamitatem imminentem fluviali illius diei ablutione purgari et deinceps laetiora succedere, itaque lustrationem esse annuam, inexhaustoque semper studio cultam colendamque. Ad haec ego subridens ›o nimium felices‹ inquam ›Rheni accolae, quoniam ille miserias purgat, nostras quidem nec Padus unquam valuit purgare nec Tiberis. vos vestra mala Britannis Rheno vectore transmittitis; nos nostra libenter Afris atque Illyriis mitteremus, sed nobis (ut intelligi datur) pigriora sunt flumina‹. commoto risu sero tandem inde discessimus.

Die spiritus pierii, welche damals den gast zum Rhein führten, sind verschollen. erst 1388 kam die Cölner universität auf; lange vorher lebten in dieser stadt gelehrtere geistliche. Unter Maro und Naso versteht er wol handschriften Virgils und Ovids? Petrarchs brief ist von 1330 und an den cardinal Colonna. schon Kaisersberg führt ihn an, weil sie deutlich lehrt, daß dieser cultus nicht bloß in einzelnen quellen, sondern in Deutschlands größtem flusse statt fand.

Aus des Italieners unbekanntschaft mit dem hergang sollte man folgern, daß er in dem lande, von welchem alle kirchlichen gebräuche ausgiengen, fremd, also überhaupt unchristlich und heidnisch gewesen sei. vielleicht aber hatte Petrarch keine genaue kunde aller sitten seines vaterlands; aus späterer zeit wenigstens läßt sich die lustration am Johannistag auch dort nachweisen.

Des Benedict de Falco descrizione de luoghi antiqui die Napoli von 1580 enthält die angabe:

›*in una parte populosa della citta giace la chiesa consegrata a Sanct Giovan battista, chiamata Sanct Giovan a mare. era un antica usanza, hoggi non al tutto lasciata, chel la vigilia di Sanct Giovane, verso la sera e'l securo del di, tutti huomini e donne andare al mare, e nudi lavarsi: persuasi purgarsi de loro peccati, alla focchia degli antichi, che peccando andavano al Tevere lavarsi‹.*

Und lange vor Petrarch, zu Augustins zeit herschte der gebrauch in Libyen, dieser kirchenvater eifert dagegen und nennt ihn heidnisch:

›*natali Johannis de solemnitate superstitiosa pagana Christiani ad mare veniebant, et se baptizabant‹*

und anderwärts:

›*ne ullus in festivitate sanct Johannis in fontibus aut paludibus aut in fluminibus, nocturnis aut matutinis horis se lavare praesumat, quia haec infelix consuetudo adhuc de Paganorum observatione remansit‹.*

Allgemein gebilligt von der kirche war sie sicher nicht, aber geduldet konnte sie doch hin und wieder sein, als nicht unpassende erinnerung an den täufer im Jordan, und wenn sie früher heidnisch gewesen, auf ihn gedeutet. Weite ausbreitung mochte sie leicht gewinnen, nicht nur als christliche feier, sondern auch als heidnische: Johannistag bezeichnete unsern vorfahren die festliche jahresmitte, wo sich die sonne wendet, und vielfache bräuche konnten damit verbunden sein.

Ich gestehe, wenn Petrarch das flußbaden an einem kleinen deutschen ort wahrgenommen hätte, würde ich eher auf echt germanischen brauch schließen; in Cöln, der heiligen, ihrer heilthümer wegen berühmten stadt vermute ich eine erst durch christliche überlieferung eingeführte gewohnheit.

Es gibt seen und brunnen, deren wasser zu bestimmter zeit versiegt oder emporsteigt: aus beiden erscheinungen wird unheil geweissagt, sterbfall, krieg und annahende theuerung. Wenn des landesfürsten tod bevorsteht, soll der fluß in seinem lauf einhalten und gleichsam trauer zu erkennen geben; versiegt der brunne, so stirbt bald darauf der herr des geschlechts. Eine auslaufende oder trocknende quelle, welche theuerung ansagt, pflegt zu heißen hungerquelle, hungerbrunnen.

Zu Wössingen bei Durlach ist ein hungerbrunnen, der reichlich fließen soll, wenn unfruchtbares jahr erfolgt, alsdann auch kleine fische hervorbringt. solch eine hungerquelle fand sich bei Halle an der Saale; wenn die bauern zur stadt giengen schauten sie danach, und lief sie aus, so sagten sie: ›heuer wird es theuer‹. ähnliches erzählt man von brunnen bei Rosia im Sienesischen, und bei Chateaudun im Orleanischen. da man den Hunger personificierte, lassen sich ihm leicht einwirkungen auf die quellen beilegen. eines ähnlichen Nornborn wurde schon gedacht.

Von dem see Glomazi in dem slavischen Elbland füge ich Dietmars von Merseburg bericht ein:

Glomazi est fons non plus ab Albi quam duo miliaria positus, qui unam de se paludem generans, mira, ut incolae pro vero asserunt oculisque approbatum est a multis, saepe operatur. cum bona pax indigenis profutura suumque haec terra non mentitur fructum, tritico et avena ac glandine refertus, laetos vicinorum ad se crebro confluentium efficit animos. quando autem saeva belli tempestas ingruerit, sanguine et cinere certum futuri exitus indicium praemonstrat. hunc omnis incola plus quam ecclesias, spe quamvis dubia, veneratur et timet.

Aber ohne rücksicht auf bestimmte brunnen wird aus dem bloßen wassermessen theure oder wolfeile zeit, abnahme oder zunahme der güter erforscht, je nachdem das in ein gefäß gegoßne wasser steigt oder fällt. das scheint mir ein gebrauch des hohen alterthums.

Saxo grammaticus meldet, des rügischen gottes Svantovit bildseule habe in der rechten hand ein horn gehalten:

quod sacerdos sacrorum ejus peritus annuatim mero perfundere consueverat, ex ipso liquoris habitu sequentis anni copias prospecturus ... postero die populo prae foribus excubante detractum simulacro poculum curiosius speculatus, si quid ex inditi liquoris mensura substractum fuisset, ad sequentis anni inopiam pertinere putabat. si nihil ex consuetae foecunditatis habitu diminutum vidisset, ventura agrorum ubertatis tempora praedicabat.

Der wein wurde ausgeschüttet und dem horn wasser eingegossen.

Ohne zweifel standen strudel und wasserfälle in vorzüglicher heilighaltung, man glaubte, daß sie ein höheres wesen, ein flußgeist errege. noch jetzt gehn vom Donaustrudel und andern besondere sagen. Plutarch im Caesar und Clemens von alexandria versichern, daß die weissagerinnen der Deutschen die wirbel der flüsse beobachteten und an ihrem drehen und rauschen die zukunft forschten.

Die nordische benennung eines solchen vortex lautet *fors*, dänisch *fos* und Isländer-Sagas erwähnen ausdrücklich: ›blôtaði forsin‹. der sage von dem flußgeist fossegrim ist schon gedacht: in solch einem fors hauste der zwerg Andvari. zumal aber scheinen dem strudel (δῖνος) thieropfer zu gebühren, wie dem fossegrim der schwarze bock, und die aus Agathias angeführten stellen von pferden, welche die Alamannen den strömen und schluchten darbrachten, gehören zusammen. vom Skamander:

ὦ δὴ δηθὰ πόλεις ἱερεύετε ταύρους,
ζωοὺς δ' ἐν δίνῃσι καθίετε μώνυχας ἵππους.

und Pausanias:

τὸ δὲ ἀρχαῖον καθίεσαν ἐς τὴν Δεινὴν (ein gewässer in Argolis, verwandt mit δῖνος)
τῷ Ποσειδῶνι ἵππους οἱ Ἀργεῖοι κεκοσμημένους χαλινοῖς.

Oden des Horaz: o fons Bandusiae, non sine floribus cras donaberis haedo.

Es ist hinlänglich bekannt, daß schon vor dem christenthum und vor einführung der taufe, eine heiligung des neugebornen kindes durch wasser unter den nordischen Heiden galt; man nannte das vatni ausa, mit wasser begießen. vermutlich fand auch dieser ritus unter den übrigen Germanen statt, und vielleicht legte man dem dazu gebrauchten wasser, wie unter den Christen dem taufwasser, eine besondere kraft bei. auffallend ist die ehstnische gewohnheit, das taufwasser an den wänden in die höhe zu schütten, um dem täufling ehre und würden zu wege zu bringen.

Weit verbreitet war eine seltsame, abergläubische verwendung des aufgefangnen mülradwassers, das von den schaufeln abspringt. schon Hartlieb erwähnt dieses gebrauchs und der volksglaube bestätigt ihn. den Serben heißt solches wasser omaja, d. i. abprall, von omanuti, omahnuti (abprallen). Vuk, unter dem wort, bemerkt, daß es frauen in der frühe des Georgitages, um sich darin zu baden, zumal von der kleinen bachmühle (kaschitschara), auffangen. einige tragen es den abend zuvor nach haus und streuen allerhand abgebrochne grüne kräuter hinein: sie glauben alles böse und schädliche werde von ihrem leib abprallen, wie das wasser vom mülrad.

Ob das Mühlrad hier wohl dem Sonnenrad assoziiert wurde? Dann könnte das „Mühlrad-Wasser" sozusagen „Sonnen-Wiedergeburts-Wasser" sein.

Nicht unähnlich, obwohl gerade umgekehrt, ist die warnung nach frühem waschen das wasser nicht abzuschleudern, weil damit das glück verschleudert werde.

Gleich den bächen und flüssen ließ der kindliche glaube des alterthums auch den regen aus schalen der himlischen götter entsendet werden und noch den reitenden hexen schreibt man krüge zu, aus denen sie sturm und hagel über die fluren schütten, statt des regens und thaus, der ehemals daraus niedertrof.

War der himmel verschlossen, das feld in dürre schmachtend, so hieng zwar die verleihung des regens zunächst von der gottheit ab, von Donar, oder Maria und Elias, die darum angefleht wurden. Man bediente sich aber noch eines eignen zaubers, der unausbleiblich regenwasser schafte, die götter gewissermaßen nöthigte es zu gewähren. ein junges mädchen wurde ganz entkleidet, nachdem bilsenkraut (althochdeutsch pilisa, hyoscyamus) mit dem kleinen finger der rechten hand ausgerissen an die kleine zehe seines rechten fußes gebunden war, von den andern jungfrauen feierlich zum nächsten fluß geführt und mit der flut besprengt.

Dieser uns durch Burchard von Worms berichtete, also vielleicht noch im 11. jahrhundert am Rhein oder in Hessen geltende brauch erscheint bedeutsamer, da er, mit characteristischer verschiedenheit, die alle unmittelbare entlehnung ausschließt, noch heute unter Serben und Neugriechen lebt.

Die serbische sitte beschreibt Vuk unter dem wort „dodole". dodola heißt das mädchen, welches nakt ausgezogen, aber mit gras, kräutern und blumen dergestalt umwunden wird, daß von der haut und selbst dem gesichte gar nichts zu sehen ist. im geleite andrer jungfrauen zieht nun dodola von haus zu hause, vor jedem bilden sie einen reigen, dodola steht in der mitte und tanzt allein. nun tritt die hausfrau vor und schüttet eine mulde wasser über das immer fort tanzende und sich umdrehende mädchen aus, die begleiterinnen singen lieder und schalten jeder zeile den ausruf ›oj dodo, oj dodo le!‹ ein. das zweite dieser regenlieder (pjesme dodolske) in Vuks sammlung lautet:

zu gott flehet unsre doda,	*oj dodo oj dodo le!*
daß thauregen sich ergieße,	*oj dodo oj dodo le!*
daß naß werden alle ackrer,	*oj dodo oj dodo le!*
alle ackrer, alle graber,	*oj dodo oj dodo le!*
selbst im hause alle knechte,	*oj dodo oj dodo le!*

Man ist sicher, daß unmittelbar regen erfolge.

In Griechenland, wenn es vierzehn bis zwanzig tage lang nicht geregnet hat, beobachten die einwohner in dörfern und kleinen städten folgendes. die kinder wählen unter sich eines von acht bis zehn jahren, gewöhnlich ein armes waisenkind, das sie nakt ausziehen und mit kräutern und blumen des feldes von kopf bis zu den füßen anputzen und verhüllen. dies kind heißt πυρπηροῦνα. dann ziehen die andern kinder damit im dorfe herum, singen ein lied, die hausfrau muß einen eimer wasser über das haupt der πυρπηροῦνα ausgießen und den kindern einen para (½ pfenning) reichen. das neugriechische lied findet sich in Theodor Kinds τραγῳδία τῆς νέας Ἑλλάδος.

Warum das regenmädchen dodola (in der schmeichelform doda) und πυρπηροῦνα genannt wird, weiß weder die slavische noch die griechische sprache zu deuten; wahrscheinlich hätte uns auch Burchard eine verdunkelte deutsche benennung melden können. Aber der sinn der handlung ist klar. wie aus dem eimer das wasser auf die dodola, soll regen vom himmel auf die erde niederströmen: es ist die geheimnisvolle, echtsymbolische beziehung des mittels auf den zweck; gerade so sollte der absprang vom mülrad das übel absprengen, oder die lustration im fluß alle künftigen krankheiten abwaschen.

Ohne dabei eines mädchens oder kindes zu erwähnen, läßt die celtische überlieferung den in großer dürre ersehnten regen durch wasserausgießen hervorrufen. die jäger gehen zum brunnen von Barenton im wald Breziliande, schöpfen daraus wasser mit ihren hörnern und gießen es auf die brunnensteine, alsbald steigt regen empor und erquickt das land. Der gebrauch, unter hinzutritt kirchlicher feierlichkeiten dauert noch heute fort. angeführt von geistlichen unter gesang und glockenläuten ziehen die einwohner in procession zu der quelle, fünf große fahnen werden vorausgetragen und der vorsteher der gemeinde taucht seinen fuß kreuzweis in das wasser des brunnens von Barenton, nun ist man des regens sicher, ehe der zug wieder heim gelangt. statt des kindes wird bloß der fuß des maire benetzt, oder nur ein wenig wasser ausgegossen, das dann in massen vom himmel fallen soll. durch das geringe opfer wird die große gabe herbeigeführt.

In Spanien leitete man bei anhaltender hitze ein in trauer gehülltes bild der heiligen jungfrau (imagen cubierta de luto) feierlich durch die dörfer, regen zu erflehen, wie bei der Lütticher procession, wozu schon die von Petron geschilderte stimmt; es ist dabei nur das symbolische ausgießen des wassers vergessen.

Unter den kräutern aber, womit jenes kind umwunden wurde, fanden sich vermutlich zauberkräftige; die verwendung der bilse ist mir sonst unbekannt. Der dodola und pyrperuna identisch scheint endlich der bairische wasservogel. den knecht, der pfingstmontags am spätesten ausgetrieben hat, führen die übrigen bursche in den nächsten wald und binden ihn um und um mit laub, zweigen oder schilf ein, dann durchreiten sie im triumf das dorf, und alles was junge beine hat, folgt dem zug zum teich oder bach, wo der wasservogel vom pferd herab feierlich ins wasser geworfen wird.

Ebenso wählen in Östreich die dorfjungen einen pfingstkönig, kleiden ihn mit grünen zweigen, schwärzen ihm das angesicht und werfen ihn in den bach. Das votis vocare imbrem ist hierbei ganz weggefallen und durch eine bloße pfingstlustbarkeit mit dem faulsten knecht ersetzt; ich zweifle aber nicht, daß jener zweck im hintergrund der sitte liegt.

Unter den göttinnen wird die badende Nerthus und Holda zunächst auf wassercultus zu beziehen sein, Holda wohnt in brunnen; dann gehören hierher schwanjungfrauen, meerminnen, wasserholden, brunnenholden, wassermuhmen und nixen. Ihnen allen können einzelne flüsse, bäche, weiher, quellen geweiht und zum aufenthalt angewiesen sein; im meer walteten Oegir und Rân, die wellen heißen ihre töchter; dadurch empfängt die verehrung des elements einen besondern character.

V 26. Allzweck-Zauber

Es gab einige Zaubersprüche, die eine sehr unspezifische Wirkung hatten und einfach „alles gut machen" sollten.

V 26. a) Runenstab von Urnes

Dieser Stab wurde in der alten Stabkirche von Urnes gefunden. Die häufigen Funde solcher Stäbe in Kirchen und Klöstern könnten bedeuten, daß man diese Art von Stäben auch schon in der vorchristlichen Zeit in die Tempel gebracht hat, damit die auf ihnen geschriebenen Wünsche von den Göttern erfüllt wurden – vielleicht haben sich diese Art von Stäbe aber auch einfach nur in den geschützten Räumen der Kirchen und Klöster besser erhalten können als anderswo …

Auf diesem Runenstab befindet sich lediglich das Futhark-Alphabet – ein sehr allgemeiner Zauber für und gegen alles …

V 26. b) Brakteat von Darum

Dieses Gold-Amulett enthält eine kurze und prägnante Inschrift:

neue Magie

V 26. c) Brakteat von Vadstena

Auf dieses Amulett ist ein „Rundum-Zauber" eingeprägt worden:

luwa-tuwa futharkgw hnijïprs tbemlhod

„Luwa" bedeutet „auf der Erde"; „tuwa" bedeutet „zum Himmel". „Luwa-tuwa" ist eine beliebte Formel, die möglicherweise aus dem Kult stammt. Danach folgt das in drei Gruppen unterteilte Futhark-Runenalphabet.

Dieser Zauberspruch läßt sich daher wie folgt übersetzen:

Die Macht aller Runen auf der Erde und im Himmel.

Mit einem solchen Amulett ausgestattet kann eigentlich nichts mehr schiefgehen …

V 26. d)   Fischerei-Gewicht von Forde

Auf diesem Angel- oder Netz-Beschwerer, der um ca. 550 n.Chr. angefertigt worden ist, steht die kurze Zauberformel „aluko", die sich aus dem Wort „Alu" für „heilig, Magie" und dem Diminuitiv „ko" („-chen", „-lein") zusammensetzt. Diese Formel bedeutet somit:

kleine Magie

V 26. e)   Bronze-Platte von Fosse

Auf dieser Platte, die um ca. 530 n.Chr. hergestellt worden ist, findet sich eine kurze, aber persönliche Zauberformel:

Kala Alu

Dies bedeutet übersetzt: „Magie für Kala". Kala wird ein Frauenname sein.

V 26. f)   Brakteat von Schonen

Auf diesem zwischen 500 n.Chr. und 550 n.Chr. geprägten Amulett befindet sich die Inschrift:

Anrufung, Lauch, Kuckuck, Magie

Von diesen vier Worten sind drei magische Standard-Formeln: „lathu" = Anrufung; „laukas" = Lauch, Schutz; „alu" = Magie
Der Kuckuck scheint hier demnach ein glückverheißender Vogel gewesen zu sein.

V 27. Zaubersprüche allgemein

In einigen Texten wird nur generell etwas über Zaubersprüche ausgesagt – insbesondere von den Missionaren.

V 27. a) Indiculus superstitionum et paganiarum

In Sachsen wurde unter Karl dem Großen um ca. 790 n.Chr. ein Buch über den Aberglauben der „Heiden" (hier die Sachsen) verfaßt – natürlich um deren Bekehrung zu erleichtern. Leider sind von diesem Buch nur die 30 Kapitelüberschriften erhalten geblieben.
Eines dieser Kapitel trägt den Namen *„De incantationibus"*, d.h. *„Über Gesänge"*. Vermutlich werden damit „galdr"-Gesänge, also Zaubergesänge und Kult-Lieder gemeint sein.

V 27. b) Hamburgische Kirchengeschichte

(Bischof Adam von Bremen, ca. 1075 n.Chr.)

Übrigens sind die Lieder, die bei der Vollziehung eines solchen Opfers gesungen zu werden pflegen, vielerlei und unehrbar, und darum besser zu verschweigen.

V 27. c) Bosi und Herraud

Dort lebte eine alte Frau, die Busla genannt wurde. Sie war die Nebenfrau des Jarl Thvara gewesen und hatte seine Söhne aufgezogen. Sie kannte viel Zauberei („galdr").
Smidur war der Fügsamere und lernte viel Zauberkunst („galdr") von ihr.
Sie bot auch Bosi an, ihm die Zauberkunst („galdr") zu lehren, doch er sagte, daß er nicht wolle, daß in dieser Geschichte geschrieben stehe, daß er irgendetwas durch Betrug statt durch seine Männlichkeit erlangt habe.

V 28. Zusammenfassung: Zaubersprüche

Bei den Themen machen die friedlichen und konstruktiven Zaubersprüche wie Weihungen, Schutz, Schutz von Runensteinen, Heilungen, Segnungen, Treuegelöbnis u.ä. 64% (92 von144) aus.

Die eindeutig aggressiven Themen wie Kampfmagie, Flüche, Liebeszauber u.a. umfassen nur 25% (36 von 144) der Zaubersprüche.

Die übrigen 11% (18 von 144) der Zaubersprüche sind von der Intention her relativ neutral.

Dies entspricht recht genau der Verteilung der Themen bei Zaubersprüchen bei anderen Völkern. Die Grundbedürfnisse der Menschen sind überall recht ähnlich – auch bei den Wikingern, die zu einem guten Teil von Raubzügen lebten.

zeitliche und thematische Verteilung der Zaubersprüche							
Thema	*Anzahl*	*200-500 n.Chr.*	*500-800 n.Chr.*	*800-1100 n.Chr.*	*1100-1400 n.Chr.*	*1400-1800 n.Chr.*	*unklar (meist vor 1200 n.Chr.)*
Weihung	24	200, 350, 400, 400, 450,	530, 550, 7x(400-600)				xxxxx xxxxx
Runenstein-Schutz	16		550, 650, 670, 670, 700, 700, 700,	1000			xxxxx xxx
Schutz	13		500, 520, 5x(400-600)	1050, vor 1200			xxxx
Heilung: Geister austreiben	12	550	580, 800,	900, 1050, 1060,1073		(7x 1800)	xxxxx
Fluch	12			xxxxx xxxxx xxxxx (vor 1200)	1324		
Kampfmagie	12	250, 250, 450,	x(400-600) 520, 700,	900, 1070, 1025,			xxx
Liebeszauber	10		600, 620,	850	850, 1150,	1420	xxxxx
Treuegelöbnis zwischen Liebenden	6		550, 600, 600, 600, 600				x

zeitliche und thematische Verteilung der Zaubersprüche

Thema	Anzahl	200-500 n.Chr.	500-800 n.Chr.	800-1100 n.Chr.	1100-1400 n.Chr.	1400-1800 n.Chr.	unklar (meist vor 1200 n.Chr.)
Weihung	24	200, 350, 400, 400, 450,	530, 550, 7x(400-600)				xxxxx xxxxx
Allzweck-Zauber	5		x(400-600), 530, 550, 550,				x
Heilungszauber: Runen	4					1300, 1600,	xx
allgemein	3		790	1075			x
Dieb finden	2					1600, 1600,	
heilende Segnung	2			900			x
Windzauber	2			xx (vor 1200)			
Kult	2			xx (vor 1000)			
Bestattungsformel	2			850, 1150,			
rituelle Thing-Sprüche	2			xx (vor 1200)			
Wohlstand	2	330	550				
Heiratsantrag	2				1170		x
heilende Kräuter	1			900			
Sonnenaufgangs-Ritual	1			vor 1000			
Bienensegen	1			900			
Galdr	1			vor 1200			
Segen	1		550				
gegen Wut	1					1600	
gegen Geschwätzigkeit	1					1600	

zeitliche und thematische Verteilung der Zaubersprüche							
Thema	*An-zahl*	*200-500 n.Chr.*	*500-800 n.Chr.*	*800-1100 n.Chr.*	*1100-1400 n.Chr.*	*1400-1800 n.Chr.*	*unklar (meist vor 1200 n.Chr.)*
Handwerks-zauber	1		600				
Geburtszauber	1			vor 1000			
Regenzauber				mehrere			

Die ältesten Zaubersprüchen sind Weihungen und Kampfmagie. Die kriegerischen Themen ziehen sich durch die gesamte Zeit der Überlieferung.

Ab 500 n.Chr. differenzieren sich die Themen auf den erhaltenen Funden von Zaubersprüchen deutlich und es kommen vor allem Schutzzauber und Treuegelöbnisse hinzu. Da sich die Schutzzauber vor allem auf die Runensteine beziehen, hängt dies mit der vermehrten Errichtung vor allem von individuellen Gedenksteinen zusammen.

Flüche sind erstaunlicherweise recht neu – zumindestens in der Überlieferung.

Auffällig ist auch, daß die beiden Wohlstands-Zauber vor bzw. am Anfang der kriegerischen Völkerwanderungszeit liegen.

Die Zaubersprüche zu Themen, die nur ein- oder zweimal vorkommen, sind eher speziell, aber es könnte sie auch schon früher gegeben haben, da sie aufgrund ihrer Seltenheit (z.B. Bienensegen) kaum nachweisbar sind.

Die Treuezauber zwischen Liebenden stammen alle aus der Merowingerzeit. Da diese Form der Treue jedoch ein Grundbedürfnis der Menschen ist, wird diese Auffälligkeit wohl nur in der „Mode-Erscheinung" der Liebesverse auf den Fibeln in der Merowingerzeit begründet sein.

Auch die unspezifischen „Allzweck-Zauber" stammen aus einer eng umrissenen Epoche, die von 400-600 n.Chr. dauerte, also der Völkerwanderungszeit entspricht. Wahrscheinlich werden die vielen Kriege und Völkerwanderungen in dieser Zeit der Grund für dies Bedürfnis nach einem umfassenden Schutz gewesen sein. Auch 7 der 9 Schutzzauber, die sich nicht auf einen Runenstein beziehen, stammen aus dieser Epoche – vermutlich aus demselben Grund.

Liebeszauber sind zeitlos – wie nicht anders zu erwarten …

Die Zaubersprüche sind wie bei den meisten Völkern zu 2/3 friedlicher Natur.

Besondere Häufungen von einzelnen Themen ergeben sich vor allem durch die kriegerische Völkerwanderungszeit, in der das Bedürfnis nach Schutz besonders groß gewesen ist.

Die Zaubersprüche sind aus drei Teilen, die aus je zwei Elementen bestehen, aufgebaut:

- Erläuterungen
    - Einleitung mit Zweckangabe
    - Ritualanweisungen

- Kraftquelle
    - Anrufung einer Gottheit oder mehrerer Gottheiten
    - Zauberworte

- Ziel des Zaubers
    - Segen
    - Fluch

Dieser Aufbau ergibt sich aus der inneren Logik des Themas und ist daher bei allen Völkern in dieser Form zu finden.

Die Zaubersprüche können von einzelnen Worten bis hin zu langen Texten reichen.

Es hat offenbar im Kult eine Tradition von langen, sorgfältig ausgearbeiteten Texten gegeben, die u.a. für Anrufungen, Heilungen, Friedensschlüsse und Flüche sowie allgemein im Kult verwendet wurden.

V 29. Zaubersprüche in der indogermanischen Überlieferung

Die langen keltischen Zaubersprüche haben eine auffallend große stilistische Ähnlichkeit mit den langen germanischen Zauberspruch-Texten wie dem der Zauberin Busla und dem des Schamanen und Freyr-Priester Skirnir.

V 29. a) Kelten

Talisien

Der historische Barde Taliesin lebte von ca. 534 n.Chr. bis ca. 599 n.Chr.; die Darstellung seiner Lebensgeschichte geht aber auf wesentlich ältere Vorstellungen zurück.

Der Name Taliesin bedeutet „strahlende Stirn". Dies kennzeichnet ihn als jemanden, der Magie ausübt, da in einigen keltischen Überlieferungen wie z.B. dem „Stierraub von Cuailgne" beschrieben wird, daß die Stirn eines Mannes, der in sich die Kampfekstase weckt, zu leuchten beginnt. Man wird dieses Leuchten wohl dem Erwachen des Stirnchakras, daß auch „Drittes Auge" genannt wird, gleichsetzen können, da dieses Chakra u.a. im Yoga die Funktion der Durchsetzung des eigenen Willens im Außen durch Worte, Taten und Magie hat.

Taliesin bedeutet daher etwas freier übersetzt „Magier" und „der mit dem erwachten Dritten Auge". Dieses erwachte Dritte Auge ist auch das Merkmal des indischen Gottes Shiva, der wie der keltische Cernunnos-Schamane und auch die germanischen Schamanen mit gekreuzten Beinen dasitzt und meditiert und der auch der Gott der magischen Fähigkeiten ist.

Es ist daher denkbar, daß Taliesin ursprünglich genauso wie „Myrrdin" (Merlin) kein Eigenname, sondern ein Titel für einen Druiden gewesen ist, der ein besonders fähiger Magier war.

Als Taliesin 13 Jahre alt war, wurde Elphin von seinem Onkel, dem König Maelgwn Gwynedd zum Wintersonnenwendfest eingeladen, zu dem sich alle Edlen und Barden des Landes in der Halle des Königs versammelten.

Damals standen die Barden noch in hohem Ansehen. Sie waren in vielen Dingen gelehrt: im Dienst für die Könige und Fürsten; in der Kenntnis der Stammbäume, der Waffen und der Heldentaten der Könige und der Prinzen; den Dingen, die früher in den Königreichen geschehen waren; den Annalen der Edlen; in der Chronik aller Dinge; in der Kenntnis des Lateinischen, Französischen, Walisischen und Engli-

schen; in der Dichtkunst in jeder dieser Sprachen.

Der König Maelgwn Gwynedd hatte vierundzwanzig Barden und der oberste von ihnen hieß Heinin Vardd.

Auf diesem Fest begann der König zu prahlen, daß er der größte aller Könige sei, daß er die größte Kraft und die größten spirituell-magischen Gaben besäße. So ging es immer weiter: In seinem Königreich seien die tapfersten Ritter, die schönsten Mädchen, seine Windhunde und Pferde seien die schnellsten, seine Barden die geschicktesten usw.

Diese Worte konnte Elphin nicht ertragen. Er widersprach dem König und sagte, daß niemand treuer als seine Frau sein könnte und daß auch niemand besser als sein Barde Taliesin sein könne. Daraufhin wurde König Maelgwn so wütend, daß er Elphin in Ketten legen und in den Turm werfen ließ.

König Maelgwn sandte seinen Sohn Rhun zu Elphins Frau, um sie zu verführen und so zu beweisen, daß die Frau des Königs die bessere sei. Taliesin sah jedoch in einer Vision, was geschehen war und was der König plante. Deshalb ließ er eine Dienerin von Elphins Frau sich als die Schloßherrin verkleiden. Rhun erkannte nicht die Maskerade und Elphin konnte, als Rhun zurückgekehrt war, beweisen, daß Rhun Elphins Frau gar nicht zu sehen bekommen hatte.

König Maelgwn wurde noch wütender und ließ Elphin ein zweites Mal in den Turm werfen.

Taliesin erzählte Elphins Frau, daß Elphin wieder in den Turm geworfen worden war, aber daß Taliesin jetzt zu dem König gehen und Elphin befreien werde. Er sang ihr vor seiner Abreise ein Lied:

> „Ich werde eine Reise machen
> und ich werde zu dem Tor kommen,
> die Halle werde ich betreten
> und ich werde mein Lied singen;
> meine Stimme wird erklingen
> um die königlichen Barden verstummen zu lassen.
> In der Gegenwart des Oberbarden
> werde ich sie durch meinen Gruß verhöhnen,
> ich werde über sie hereinbrechen
> und Elphin befreien,
> wenn vor dem König
> der Streit der Barden aufflammt:
> der Streit der süßesten Lieder,
> der Streit des größten Wissens der Zauberer,
> der Streit der größten Weisheit der Druiden.

Wehe ihnen, den Narren,
wenn die Rache über sie kommt!
Ich, Taliesin, der Oberste aller Barden,
werde mit tiefgründigen Druidenworten
Elphin aus den Fesseln des hochmütigen Tyrannen befreien.

Bald wird es ein Ende haben.
Wegen dieser Gewalt und dieser Ungerechtigkeit
wird es weder Gnade noch Gesundheit
für König Maelgwn Gwynedd geben,
und mögen Rhun und alle seinen Nachkommen
große Krankheiten
und ein Ende der Rache finden:
Kurz sei sein Leben
und öde sein Land!"

Dieser Text zeigt deutlich, daß es zwischen Druiden und Barden keinen prinzipiellen Unterschied gab. Die Barden scheinen jedoch in der späteren Zeit die Zauberkunst vergessen zu haben und weitgehend zu Dichter-Chronisten geworden zu sein – im Gegensatz zu Taliesin, der noch sowohl Barde als Druide ist.

Solche Bardenflüche wie in diesem Gedicht werden in den keltischen Sagen des öfteren erwähnt – und waren wegen ihrer Wirksamkeit sehr gefürchtet.

Taliesin ging daraufhin an den Hof des Königs Maelgwn und setzte sich in eine stille Ecke der Festhalle in die Nähe der Barden.
Als die Barden dann aufgerufen wurden, um den König so zu preisen wie es damals üblich war, blickte Taliesin ihnen hinterher, machte einen schmollenden Babymund und sagte leise „Blerwm, blerwm" wie es die kleinen Kinder machen, die noch nicht sprechen können. Als die Barden des Königs dann mit ihrem Lobpreis beginnen wollten, konnten sie nur brabbeln wie Babys und kein einziges Wort sagen.
Der König dachte, sie seinen betrunken und versuchte sie dreimal durch einen seiner Junker zu Verstand zu bringen, aber es gelang nicht. Da ließ er den obersten seiner Barden mit einem Besen schlagen, sodaß er zu Boden fiel. Da erhob sich der Oberbarde Heinin Vardd und konnte wieder sprechen: „Oh König, wisse, daß wir nicht durch die Stärke des Trankes unsere Sprache verloren haben, sondern durch die Stärke des Geistes, der dort hinten in der Ecke in der Gestalt eines Kindes sitzt."
Daraufhin rief der König Taliesin vor sich und frug ihn, wer er war und woher er käme. Da antwortete Taliesin ihm mit einem Lied:

„*Ich bin der Oberste Barde des Elphin,*
und mein Heimatland sind die Sommersterne;
Idno und Heinin nennen mich Merddin,
bald wird mich jeder König als Taliesin kennen.
Ich war bei meinem Herrn in der höchsten Ebene,
als Lucifer in die Tiefen der Hölle gestürzt wurde;
Ich habe das Banner von Alexander dem Großen getragen;
Ich kennen die Namen der Sterne vom Norden bis zum Süden;
Ich stand auf der Milchstraße vor dem Thron dessen, der alle ernährt;
Ich war in Kanaan, als Absalomon getötet wurde;
Ich geleitete den Heiligen Geist auf die Höhe des Hebron-Tales;
Ich war am Hofe des Don vor der Geburt des Gwidion.
Ich war der Lehrer des Elias und des Henoch;
Ich erhielt von dem Geist in dem herrlichen Bischofsstab Flügel;
Ich war schon redegewandt bevor ich meine Sprache erhielt;
Ich war an dem Ort der Kreuzigung des barmherzigen Gottessohnes;
Ich war dreimal in der Gefangenschaft der Göttin Arianrod;
Ich war der oberste Architekt des Turms zu Babylon;
Ich bin ein Wunder, dessen Ursprung unbekannt ist.
Ich war in Asien zusammen mit Noah in seiner Barke,
Ich habe die Zerstörung von Sodom und Gomorrha gesehen;
Ich war in Indien, als Rom erbaut wurde,
Und ich stand in den Ruinen von Troja.
Ich war bei meinem Herrn in der Krippe des Esels;
Ich habe Moses gestärkt, als er den Jordan durchquerte;
Ich war am Firmament zusammen mit Maria Magdalena;
Ich habe die Muse aus dem Kessel der Cerridwen erlangt;
Ich war der Barde der Harfe des Leon von Lochlin.
Ich stand auf dem Weißen Hügel im Hof der Göttin Cynvelyn;
Ich habe ein Jahr und einen Tag in Fesseln gelegen
und für den Sohn der Jungfrau Hunger gelitten.
Ich wurde in dem Land der Deitv aufgezogen,
Ich war der Lehrer aller Lehrer,
Ich kann das ganze Universum lehren.
Ich werde leben bis der Letzte Tag über die Erde kommt
und niemand weiß, ob mein Körper Fleisch oder Fisch ist.
Dann war ich für neun Monate im Bauch der Cerridwen
Ich war am Anfang der kleine Gwion,
und nun bin ich Taliesin geworden."

Man könnte diese Verse für eine weitaus größere Angeberei halten als das, was vorher der König gesagt hatte. Der König und alle am seinem Hof waren jedoch beeindruckt, solche Verse von einem Jungen zu hören. Offenbar erkannten sie in ihnen die Weisheit der Druiden wieder, die durch ihre Meditationen das „Landschaftsbewußtsein" erlangen, d.h. ihr Bewußtsein auf alle Wesen und Dinge ausdehnen konnten. Zur Beschreibung dieses Bewußtseins sind die Verse des Gedichtes des Taliesin eine durchaus passende und zutreffende Form.

Die Zeile „*Idno und Heinin nennen mich Merddin*" könnte bedeuten, daß zur Zeit von Taliesin der Name Merlin (Merddin) schon zum Urbild eines fähigen Druiden-Barden geworden war. Heinin, der Oberbarde des Königs, hätte dann wohl ehrfürchtig-furchtsam den Barden Taliesin „Merddin" genannt, d.h. ihn mit Merlin verglichen. Wer in diesem Vers Idno ist, ist unklar.

Das Bild des „fähigen Druiden-Barden-Schamanen" hat sich bei den Kelten offenbar sehr lange gehalten.

Der König befahl nun seinem obersten Barden Heinin Vardd, Taliesin zu einem Sängerwettstreit herauszufordern, aber als Heinin seinen Mund öffnete, konnte er wieder nichts anderes als „Blerwm, blerwm" sagen. Den anderen dreiundzwanzig Barden des Königs erging es nicht anders.
Da frug der König Taliesin, warum er gekommen sei.
Daraufhin sang Taliesin folgendes Lied:

> *„Ihr kümmerlichen Barden,*
> *durch sanften prophetischen Druck*
> *versuche ich mir so gut ich kann, den Preis zu sichern;*
> *Ich strebe danach, den Verlust,*
> *den ich erlitten habe, wieder zurückzuholen;*
> *Ich hoffe damit erfolgreich zu sein,*
> *weil Elphin in der Festung von Teganwy Kummer erleidet.*
> *Mögen ihn nicht zu viele Ketten und Fesseln binden;*
> *den Thron von Teganwy werde ich wieder aufsuchen.*
> *Von meinem Schutzgeist unterstützt bin ich machtvoll;*
> *Ich erschaffe eine große Macht,*
> *denn in dem Lied, das ich singe,*
> *sind dreihundert Lieder und mehr miteinander verwoben.*
> *Da, wo ich bin, sollte lieber kein Stein und kein Ring stehen*
> *und um mich her sollte lieber kein Barde sein,*
> *der nicht weiß, daß Elphin, Sohn des Gwyddno, im Land von Artro ist*
> *– gefesselt mit dreizehn Schlössern –*
> *und den preist, der den Befehl dafür gab.*

Ich, Taliesin, der oberste Barde des Westens,
werde Elphin aus seiner goldenen Fessel befreien.

Wenn ihr Barden vom höchsten Rang seid
und das Wissen über die Welt besitzt,
dann erläutert die Geheimnisse über die Bewohner dieser Welt:
Es gibt ein unheilbringendes Wesen,
das aus der Festung Satans kommt,
das alles zwischen dem Tiefen und dem Flachen unterworfen hat;
sein Maul ist genauso weit wie die Berge der Alpen
– dieses Wesen kann der Tod nicht unterwerfen
und auch keine Hand und keine Klinge.
In den Haaren seiner zwei Klauen
kleben neunhundert Wagenladungen Erde;
in seinem Haupt ist ein Auge
– grünlich wie ein durchsichtiger Eiszapfen;
drei Quellen entspringen aus seinem Nacken
und in ihrem Wasser rollen Sturmwogen dahin
– dort starben die Stiere des wasserreichen Deivrdonwy.
Die Namen der drei Quellen in der Mitte des Ozeans:
Eine läßt das Salzwasser aus der Corina fließen
und erschafft die Fluten des Meeres,
die auch wieder in sie hinein verebben;
die zweite fällt auf uns herab,
wenn sie im hemiederschüttenden Himmel regnet;
die dritte erscheint in den Adern der Berge
als ein Feuerstein-Festessen.
Sie sind das Werk des Königs aller Könige.
Ihr stümperhaften Barden, die ihr voller Sorge seid:
Ihr könnt nicht das Königtums der Briten preisen!
Ich, Taliesin, der oberste Barde des Westens,
werde Elphin aus seiner goldenen Fessel befreien.

Schweigt, ihr unglücklichen, reimenden Barden,
denn ihr könnt nicht Wahrheit von Falschheit unterscheiden.
Wenn ihr Barden vom höchsten Rang seid,
die vom Himmel geformt wurden,
dann sagt eurem König, was sein Schicksal sein wird!
Ich bin der Seher und der oberste Barde
und ich kenne jeden Weg in dem Land eures Königs.

*Ich werde Elphin aus dem Bauch des steinernen Turmes befreien
und ich werde eurem König sagen, was ihm geschehen wird.
Ein sehr seltsames Wesen wird als Strafe für den Frevel
aus den Sümpfen am Meeresstrand von Rhianedd kommen
und Maelgwn Gwynedd heimsuchen!
Seine Haare, seine Zähne und seine Augen sind golden,
und es wird Vernichtung über Maelgwn Gwynedd bringen!*

*Schaut euch an, welch ein Wesen aus der Zeit vor der Sintflut dies ist:
ohne Fleisch, ohne Knochen,
ohne Adern, ohne Blut,
ohne Kopf, ohne Füße;
Es ist weder jünger noch älter als der Anfang.
Aus Angst vor einer Ablehnung
wurde von diesem Wesen noch nie etwas grob verlangt.
Großer Gott! Wie das Meer erblaßte, als es das erste Mal erschien!
Riesig sind die Böen, wenn es aus dem Süden kommt,
riesig ist die Gischt, wenn es auf die Küste trifft,
es ist in den Feldern, es ist im Wald,
es ist ohne Hand und ohne Fuß,
es ist ohne ein Zeichen des Alters,
obwohl es zu allen fünf Zeitaltern lebte
– und noch länger: die Jahre sind unzählbar.
Es ist so weit wie die Oberfläche der Erde
und es wurde nie geboren und nie gesehen.
Ich werde Fassungslosigkeit verursachen, wo immer Gott es will.
Im Meer, auf dem Land sieht man es nicht und wird es nicht gesehen.
Sein Weg ist krumm
und es wird nicht kommen, wenn man nach ihm verlangt.
Auf dem Land und auf dem Meer ist es unverzichtbar.
Es ist ohne seinesgleichen, es hat vier Seiten;
es ist unbegrenzt, es ist unvergleichlich;
es kommt aus den vier Richtungen,
es nimmt keinen Rat und es gibt keinen Rat.
Es setzt seine Reise fort über den Marmor-Felsen.
Es ist klangvoll, es ist taub,
es ist mild, es ist stark, es ist kühn,
wenn sein Blick über das Land streift.
Es ist schweigend, es ist klingend, es ist lärmend,
es ist das geräuschvollste auf der Erde.*

Es ist gut, es ist böse, es ist das Allerzerstörerischste.
Es ist verborgen, denn Blicke können es nicht erfassen.
Es ist verderblich, es ist segensreich,
es ist dort und es ist hier,
es wird zerstückeln, aber nicht den Schaden heilen.
Es wird nicht für seine Taten leiden,
denn es ist ohne Tadel,
es ist naß und es ist trocken,
es kommt oft aus der Hitze der Sonne heraus
und aus der Kälte des Mondes.
Der Mond ist weniger segensreich, denn seine Hitze ist kleiner.
Ein Wesen hat es aus allen Lebewesen heraus erschaffen
– damit es mit einer einzigen Bö
die Vernichtung über Maelgwn Gwynedd bringt!"

Während Taliesin dieses Lied sang, erhob sich ein so gewaltiger Sturm, daß der König und alle seine Edlen fürchteten, daß die Burg über ihren Köpfen zusammenbrechen werde. Da ließ der König voller Angst Elphin aus dem Turm holen und Taliesin befreite ihn mit einem Vers von allen seinen Fesseln.

Das zunächst sehr merkwürdig anmutenden Strophen des Liedes des Taliesin entpuppen sich nach und nach als eine bilderreiche, poetische und sehr wirkungsvolle Anrufung des Windes: Das von Taliesin beschriebene unglaubliche Ungeheuer ist der Sturm.

Dieser Wind wird aus dem Wasser der Unterwelt und aus der Sonne heraus geboren – deshalb ist das Monster golden.

Die drei Quellen erinnern an die dreifachen Schicksalsgöttinnen in der Wasserunterwelt, an den dreifachen Cernunnos auf den gallisch-römischen Stelen und an die drei Nornen der Germanen.

Das eine Auge wird zunächst die Sonne sein, aber es erinnert auch daran, daß die Druiden beim Zaubern eines ihrer Augen schlossen.

Der „Barde des Westens" ist wohl ein Hinweis darauf, daß Taliesin durch eine Jenseitsreise eingeweiht wurde, da das Tor zum Jenseits im Westen liegt, wo die Sonne (Dagda, Tyr) untergeht. Durch diese Reise hat Taliesin auch den Kontakt zu den Göttern und den Ahnen erlangt, die ihm nun das Ausüben seiner Magie ermöglichen. Die Betonung dieser Jenseitsreise läßt vermuten, daß die Barden des Königs keine solche Einweihung hatten und somit aus der Sicht des Taliesin auch keine richtigen Druiden-Barden waren.

Mit dem Schutzgeist, unter dessen Obhut Taliesin steht, könnte seine Seele gemeint sein, aber es könnte sich dabei auch um einen weniger persönlichen Geist handeln.

Die Verse des Taliesin integrieren die Bilder aus der Bibel in die Tradition der Druiden und Barden.

Taliesin ist offensichtlich auch in der Geschichte der Länder des Mittelmeerraumes gut bewandert.

Nachdem König Maelgwn Elphin freigelassen hat, beendet Taliesin seine Anrufung des Sturmes.

... ...

Dann veranlaßte Taliesin, daß Elphin den König zu einem Pferderennen herausforderte. Der König nahm die Herausforderung an und sie trafen sich einige Zeit später vor der Burg des Königs und steckten sorgfältig die Bahn für das Pferderennen ab. Der König schickte 24 Pferde ins Rennen und Elphin nur eins – so wie vorher Taliesin alleine gegen die 24 Barden des Königs gestanden hatte.

Taliesin nahm 24 Holunderstäbe, kohlte sie im Feuer schwarz und gab sie dem Jungen, der Elphins Pferd reiten sollte, und ließ ihn die Stäbe in seinen Gürtel stecken. Er hieß den Jungen, an den Pferden des Königs vorüberzugehen und jedes Pferd mit einem dieser Stäbe auf die Kruppe zu schlagen und den Stab dann fallen zu lassen. nachdem der Junge dies ausgeführt hatte, forderte Taliesin den Jungen auf, darauf zu achten, an welcher Stelle sein eigenes Pferd stolpern würde und an dieser Stelle seine Kappe fallen zu lassen.

Nachdem Elphins Pferd das Rennen gewonnen hatte, führte Taliesin Elphin zu der Stelle, an der die Kappe des Jungen lag, und ließ Elphins Landarbeiter dort ein tiefes Loch graben bis sie an seinem Grund einen Kessel voller Gold fanden.

Da sprach Taliesin: „Elphin, dies ist eine Bezahlung und eine Belohnung für Dich dafür, daß Du mich aus dem Wehr geholt hast, und dafür, daß Du mich seit damals bis heute ernährt hast."

An dieser Stelle findet sich bis heute ein See.

Der „Kessel in der Erde" bzw. der „Kessel im See" werden beides Bilder für die Unterwelt sein, die hier nicht nur die Wiedergeburt, sondern auch einen Goldschatz spendet. Das Gold könnte auch die nächtliche Sonne in der Unterwelt symbolisieren und aus älteren Vorstellungen in diese Geschichte übernommen worden sein.

Das Verkohlen der Holunderstäbe ist vermutlich ein Analogiezauber: So wie die Stäbe durch das Feuer ihre Lebendigkeit verlieren, so verlieren auch die Pferde durch das Schlagen mit diesen Stäben ihre Lebendigkeit.

Die Geschichte des irischen Königs Cormac mac Art

Cormacs Gastfreundschaft war so großzügig, daß sein königlicher Schatz schnell erschöpft gewesen war. Er versuchte, von dem Königreich Munster die doppelte Abgaben zu erhalten; da Munster aus zwei Provinzen bestand, glaubte Cormac, daß sie ihm den doppelten Betrag geben könnten. König Fiacha von Munster sah nicht ein, daß diese Forderung gerecht sei und bot ihm das an, was er für eine ausreichende Abgabe an den irischen Hochkönig Cormac hielt.

Cormac rief seine Druiden zusammen, damit sie ihm eine Vorhersage über die Ergebnisse eines Angriffs gegen Munster machten. Obwohl die Druiden ihm nur ungünstige Vorhersagen über einen Angriff auf Munster machten, brach er dennoch zum Kampf gegen Damhghaire auf. Cormacs Druiden ließen alle Quellen und Bäche in Munster versiegen. Aber Mogh Ruith („Sonnenrad"), der Druide des Königs Fiacha, kam Cormacs Heer entgegen. Mogh Ruith hatte im Osten gelernt, in der Schule des berühmten Simon Magus – denn Simon Magus war ein Kelte.

Mogh Ruith, der der Oberdruide Irlands war, beendete die Dürre in Munster. Da sagte Cormacs Druide Ciothruadh („Roter Regen"), daß es ihre letzte Möglichkeit sei, das Druidenfeuer gegen den Feind einzusetzen. Er befahl Cormacs Männern loszuziehen und Ebereschen zu fällen und aus dem Holz ein großes Feuer zu machen. Wenn der Rauch des Feuer nach Süden auf Munster zu ziehen würde, würde Cormac siegen, aber wenn er nordwärts ziehen würde, würde Munster Cormac besiegen.

Auch das Flechtwerk, auf das die Druiden das Stierfell bei ihren Jenseitsreisen legten, war aus Ebereschenholz. Die Eberesche hat somit eine Verbindung zu Orakeln und zur Jenseitsreise, die ihrerseits beide auch eng miteinander verbunden sind, da die Orakel aus dem Jenseits von den Ahnen und Göttern zu den Druiden kommen. Da der Rauch zu den Verlieren zieht, wird mit diesem Feuer anscheinend eine zerstörerische Wirkung auf den gerufen, zu dem es hinzieht. Man könnte daher vermuten, daß dieses Feuer aus Ebereschenholz mit der als Hitze empfundenen Kampfekstase verwandt ist. Es wäre denkbar, daß dieser „Feuerzauber" die Anrufung einer Kriegsgöttin ist, die dem, zu dem der Rauch zieht, die Niederlage bringt.

Das Verfahren ist insgesamt sehr heikel, wenn es keine Möglichkeiten gibt, den Rauch gezielt zu dem Gegner zu lenken. Dafür wäre dann eigentlich ein Windzauber in der Art, wie ihn Taliesin am Hof von Elphins König durchgeführt hat, notwendig.

Mogh Ruith erkannte, was Cormacs Druiden vorhatten und befahl den Männern von Munster, Reisigbündel aus Ebereschenholz aus dem Wald zu holen. Dem König sandte er aus, ein besonderes Reisigbündel zu holen, das aus Zweigen bestand, die im Schutz von drei Dingen gewachsen waren: geschützt vor den Nordwestwinden, die im März von Tara her wehten, geschützt von den Seewinden, und geschützt von den Win-

den des großen Brandes, der von den Druiden des Cormac entzündet worden war, um den Männern von Munster zu schaden.

Mogh Ruiths Lehrling, Ceannmhaire, baute dieses Holz in der Form eines Dreieckes auf und ließ sieben Öffnungen für die Luft frei – Ciothruadhs Feuer war jedoch nur grob aufgehäuft worden mit drei Löchern für die Luft. Dann erbat sich Mogh Ruith von jedem Mann des Heeres von Munster einen Span von dem Schaft seines Speeres, vermischte sie mit Butter und rollte sie zu einer großen Kugel, während der die ganze Zeit über sprach:

> „Ich mische ein brüllendes, mächtiges Feuer;
> es wird die Wälder niederbrennen, es wird das Gras vernichten;
> eine wütende Flamme mit rasender Geschwindigkeit;
> sie wird wird zum Himmel emporlodern;
> sie wird die Wut eines jeden brennenden Holzes niederwerfen;
> sie wird eine Schlacht über die Clane des Conn hereinbrechen lassen."

Dann warf er die Kugel in das Feuer, in der sie mit großen Wucht explodierte. Mogh Ruith sagte ihnen, daß er dabei war, dem Feind eine große Niederlage zuzufügen und forderte sie auf, zu schauen, ob das Feuer nordwärts zu ihren Feinden lodern würde. Dann atmete er seinen Druidenatem in den Himmel empor. Sein Druidenatem wurde sofort zu einer bedrohlichen dunklen Wolke, die in einem Schauer von dunklem Blut auf der Ebene vor ihnen niederregnete und von dort aus nach Tara weiterzog, während der Druide die ganze Zeit über seine rhythmischen Verse weitersang.

Mogh Ruith fragte, wie sich die Flammen verhielten, denn er war blind. Sie sagten ihm, daß die Feuer nach Norden und Westen wie Wellen übereinanderrollten und vorwärtsrasten und daß im mittleren Munster kein Baum mehr stand. Als er wieder frug, hatten sich die Flammen wie wütende Krieger in den Himmel erhoben.

Da verlangte Mogh Ruith sein dunkelgraues, hornloses Stierfell und seinen weiße, gefleckte Vogelkopfbedeckung und flog in die Luft empor bis zu dem Rand der Flammen und befahl ihnen, nordwärts zu ziehen. Als Ciothruad, Cormacs Druide, dies sah, erhob er sich ebenfalls in die Lüfte, um Mogh Ruith aufzuhalten. Aber Moth Ruith schlug ihn nieder und lenkte die Flammen nach Norden.

Die Astralreise, bei der die Seele den Körper verläßt und über ihm schwebt, ist hier zu einem körperlichen Flug („Levitation") geworden, der u.a. auch von einigen christlichen Heiligen und vielen Yogis bekannt ist.

Das „fliegende Stierfell" ist u.a. eine Entsprechung zu den fliegenden Teppichen im Orient oder den Hexenbesen im europäischen Mittelalter. Der „Kopfaufsatz" in der Gestalt eines Vogelkopfes, den Mogh Ruith bei seinem Flug benutzte, findet sich auch bei einigen der Figuren auf dem größeren Horn von Gallehus der Germanen dargestellt („Vogelkopfmensch").

Das Stierfell des Mogh Ruith ist offensichtlich nicht das Fell eines frisch geopferten Stieres, sondern eins, daß er bereits seit längerem in Gebrauch hatte. Es ist denkbar, daß es sich um das Fell handelte, daß bei seiner Einweihung geopfert wurde. Dadurch wäre dieses Fell fest mit seinem Nahtod-Erlebnis (Astralreise) bei seiner Einweihung verbunden und folglich sehr gut dafür geeignet, dieses Erlebnis zu wiederholen.

Cormacs Heer zog sich zurück, dicht verfolgt von Mogh Ruith, der in seinem von wilden Stieren gezogen Streitwagen stand. Er frug seine Begleiter, wer die Männer in der Nachhut des feindlichen Heeres seien.

„Es sind drei große grauhaarige Männer," sprachen sie.

„Das sind Cormacs Druiden Cecht, Ciotha und Ciothruadh," sprach Mogh Ruith, „und meine Götter haben mir versprochen, sie in Steine zu verwandeln, wenn es mir gelingt sie zu überholen und sie mit meinem Atem zu berühren."

Und er blies einen Druidenatem über sie und sofort wurden sie zu Stein. Dies sind die Steine, die bis heute die „Trittsteine von Raighne" genannt werden.

V 29. b) Inder

Ein Liebeszauber aus dem indischen Rig-Veda

Ich grabe dies Kraut, das kräftigste Gewächs, durch das man die Nebenbuhlerin verdrängt,
durch das man den Gatten ganz gewinnt.
Du Flachblättrige, Glückbringende, Gottgeschickte, Überlegene, blase meine Nebenbuhlerin fort,
mache den Gatten mir allein zu eigen!
Ich sei die Obere, o Oberster, noch über den Obersten,
und meine Nebenbuhlerin soll noch unter den Untersten sein.
Nicht nehme ich ja ihren Namen in den Mund, und nicht hängt er an dieser Frau.
In die fernste Ferne schicken wir die Nebenbuhlerin fort.
Ich bin die Siegende und Du bist die Siegerin.
Beide siegesstark geworden wollen wir meine Nebenbuhlerin besiegen.
Ich habe Dir das siegende Kraut aufgelegt,
ich habe Dich mit dem Siegesstarken umwunden.
Mir soll Dein Sinn nachlaufen wie die Kuh dem Kalbe,
soll wie das Wasser auf seinem Wege laufen.

VI Der Gesang in der germanischen Überlieferung

In diesem Kapitel werden die Hinweise auf Gesänge im Kult der Germanen gesammelt und betrachtet. Die Untersuchung der Inhalte dieser Gesänge findet sich in dem vorigen Kapitel „Zaubersprüche". Im folgenden werden also nur die Stellen aufgeführt, an denen ganz konkret von einem Gesang gesprochen wird.

VI 1. „heit"

In dem Wortschatz der Germanen findet sich der Begriff „heit-söngr", was meistens vereinfachend mit „Eid-Lied" übersetzt wird.

Ein „heit" ist im wesentlich die Benennung einer Sache oder einer Person und umfaßt daher den Namen, die Namensgebung, die Umschreibung („heiti"), das Versprechen und den Eid als die ausgesprochene Zusicherung (eine zukünftige Tat wird benannt) sowie schließlich noch die Opferung, bei der die Gottheit angerufen, angesprochen und somit genannt wird, für die das Opfer bestimmt ist. Ein „heit" ist somit die Benennung einer Sache oder Person innerhalb eines Vorganges. Ein „heit" ist daher auch Teil einer Willenserklärung.

Ein „heit-söngr" ist folglich ein Lied, durch das der Wille des Sängers bzw. der Sängerin ausgedrückt wird. Ein häufiger Fall für ein solches Lied ist das Opferlied an die Gottheit, für die das Opfer bestimmt ist.

Die Wichtigkeit der Bedeutung „Opfer" des Wortes „heit" zeigt sich in den mit „heit" gebildeten zusammengesetzten Substantiven:

heit-dagr	= Opfertag (Ende April, wenn die Nahrung knapp wurde)
heit-fe	= Opfer-Abgabe
heit-hleifr	= Opfer-Brot
heit-gud	= Gott, dem geopfert wird
heit-söngr	= Opfer-Lied

VI 2. „galdr"

Der altnordische Begriff „galdr" bezeichnet einen Zaubergesang oder einen Kult-Gesang. Ihm entsprechen das althochdeutsche „galstar", das mittelhochdeutsche „galster", das angelsächsische „gealdor, galdor" und das altenglische „galan".

Im heutigen Englisch ist das altenglische „galan" zu „to yell" („rufen, schreien") geworden. Im Schwedischen findet sich die Weiterbildung „galen" für „wahnsinnig" und das heutige Isländisch kennt das Verb „gala" für „singen, ausrufen". Im Deutschen ist aus „galar" das Verb „gellen" geworden. Der Männername „Gellert" bedeutet „Zaubersänger".

Manche Zauberlieder wurden in dem siebenzeiligen Versmaß „galdralag" („Zauberlied-Form") verfaßt. Es gab auch eine nicht-magische Liedform, die sechszeilig war und „Ljodahattr" („Lied-Form") genannt wurde. Die klassische Strophenform mit acht Zeilen dürfte jedoch auch bei den Zauberliedern am üblichsten gewesen sein.

Ein typisches Merkmal der Zauberlieder ist die Wiederholung der Aussage einer jeden Zeile durch eine zweite Zeile mit anderen Worten, aber mit demselben grammatischen Aufbau – d.h. jede gerade Zeile wiederholt und verstärkt die Aussage der ihr vorausgehenden ungeraden Zeile.

Dieser „inhaltliche Reim" ist eine sehr alte und vermutlich auch die ursprünglichste Reimform. Sie war z.B. auch schon bei den Sumerern und Ägyptern beliebt. Sie ist nah mit der Wortverdopplung zur Betonung wie in „Ma => Mama" oder in „salu => salusalu" verwandt.

In sehr alten Sprachen diente diese Verdopplung auch zur Substantivbildung aus Verben und Adjektiven wie z.B. im Altägyptischen „sesch" die Bedeutung „öffnen" hat und die Rassel als das, was die Tür zum Jenseits öffnet, „Seschseschet" genannt wurde, was sich dann zu „Sescheschet" verkürzt hat. In gleicher Weise ist aus dem altägyptischen „Nu" für „Wasser" über „Nunu" der Name „Nun" des Gottes des Urmeeres entstanden und aus dem Verb „ben" für „aufsteigen" der Name „benben" für den Obelisk.

VI 3. Schilderungen des Gesangs

Es sind erfreulich viele Zauber- und Kultgesänge bzw. Beschreibungen von ihnen überliefert worden, sodaß es möglich ist, sich ein Bild von ihnen zu machen.

VI 3. a) Indiculus

In diesem um 780 n.Chr. verfaßten Verzeichnis des Aberglaubens der Sachsen werden Kultgesänge erwähnt:

„über die Kultgesänge"

VI 3. b)   Reisebericht des Ibn Fadlan

In dem folgenden, um 922 n.Chr. verfaßten Bericht über die Bestattung eines Wikinger-Fürsten wird an einer Stelle ein Gesang erwähnt, der vermutlich einen kultischen Charakter hatte:

So begannen sie und nahmen sich der hinterbliebenen Dinge des Toten an, um die Kleider für den Toten zu nähen und machten alles fertig, wie es sein sollte. Aber die Sklavinnen tranken und sangen jeden Tag in einer Freude, als ob sich etwas glückliches in naher Zukunft ankündige.

VI 3. c)   Hamburgische Kirchengeschichte

Der Bischof Adam von Bremen berichtete um ca. 1075 n.Chr. über Kultlieder der Germanen – leider (aber aus seiner Sicht verständlicherweise) verzichtete er auf eine nähere Beschreibung dieser Lieder.

Übrigens sind die Lieder, die bei der Vollziehung eines solchen Opfers gesungen zu werden pflegen, vielerlei und unehrbar, und darum besser zu verschweigen.

VI 3. d)   Heimskringla

Odin lehrte alle diese Künste mithilfe von Runen und von Liedern, die Galdr genannt werden, und aus diesem Grund wurden die Asen-Leute Galdr-Schmiede genannt.

VI 3. e)   Lachstal-Saga

In dieser Saga wird über Zauberlieder berichtet, mit deren Hilfe ein Sturm heraufbeschworen wurde. Diese Szene wurde bereits im Zusammenhang mit den Flüchen angeführt.

Da ließ Kotkell ein großes Gerüst für das Sprechen von Zaubersprüchen errichten.

Sie stiegen alle hinauf und sie sangen sehr üble Lieder, die Zauberlieder waren.

Die Adjektive, mit denen in diesem Text die Zauberlieder beschrieben werden, könnten auch „hart, mißtönend" bedeuten, aber die Bedeutung „übel, gefährlich, gemein" ist wahrscheinlicher, da mit ihr die Absicht der Sänger umschrieben wird.

VI 3. f) Syrpas Verse

In der „Saga über Bosi und Herraud" werden einige Zeilen aus dem Zauber-Lied „Syrpas Verse" („Freyas Verse") zitiert. Sie scheinen inhaltlich zu „Buslas Zauberlied" zu gehören, das die zauberkundige Busla vorher gesungen hat. (Der vollständige Text findet sich in Abschnitt IV 12. a) „Die Saga über Bosi und Herraud".)

Da begann Busla mit dem Lied, das „Syrpas Verse" genannt wird und von der allergrößten Magie erfüllt ist und das man nicht nach Sonnenuntergang singen darf.

VI 3. g) Oddruns Klage

Oddrun kannte Zauberlieder, die beim Gebären halfen. Diese Lieder begannen vermutlich mit einer Anrufung der Göttinnen. Vermutlich war das Erbitten eines Segens von Frigg und Freya für die Hebamme die traditionelle Antwort der Mutter auf die Lieder der Hebamme.

Sie sprachen, dünkt mich, dies und nicht mehr.
Mildreich saß sie der Maid vor die Knie.
Kräftig sang Oddrun, mächtig sang Oddrun
Zauberlieder der Borgny zu.

Da konnte den Weg Knab und Mädchen treten,
Holde Sprößlinge des Högnitöters.
Zu sprechen säumte nicht die sieche Maid;
Dies war das erste Wort, das sie sprach:

„So mögen milde Mächte Dir helfen,
Frigg und Freyja und viele der Götter,
Weil Du mich befreitest aus gefährlicher Not."

VI 3. h)   Die Saga über Erik den Roten

In dieser Saga wird ausführlich über eine Seherin bei der Arbeit berichtet. Zu der Durchführung der Weissagungen gehörte auch ein Lied, mit dem die Götter angerufen wurden.

Nachdem der größte Teil des nächsten Tages vorüber war, wurden die Dinge für sie vorbereitet, die sie für die Durchführung ihres Zaubers benötigte. Sie bat sie darum, die Frauen zu ihr zu bringen, die mit dem Wissen vertraut waren, das für die Durchführung solcher Zauber notwendig war und das unter dem Namen „Vardlokkur" bekannt ist. Es kam jedoch keine Frau, die diese Lieder kannte. Da wurde auf dem ganzen Hof nach einer Frau gesucht, die diese Lieder singen konnte.

Die Namen der „Vardlokkur" genannten Lieder bedeuten „Wächter-Lockungen", d.h. „Anrufungen der Wächter". Ein „Vardlokkur" ist ein Zauberer, d.h. jemand, der die „Wächter", d.h. vermutlich die Götter und Ahnen herbeirufen konnte.

Da sprach Gudrid: „Ich bin nicht in der tiefen Weisheit geübt und ich bin auch keine weise Frau, auch wenn Halldis, meine Ziehmutter, mich in Island die Kunst gelehrt hat, die sie 'Vardlokkur' nannte."
„Dann bist Du zur rechten Zeit weise," antwortete Thorbjorg, aber Gudrid antwortete: „Diese Kunst und dieses Ritual sind von solcher Art, daß ich nicht vorhabe, dabei zu helfen, denn ich bin eine Christen-Frau."
Da antwortete Thorkell: „Vielleicht könntest Du ja doch den hier versammelten Männern Deine Hilfe anbieten – Du wirst dann sicherlich keine schlechtere Frau sein als Du zuvor gewesen bist. Ich übergebe Dir, Thorkell, die Aufsicht über die Vorbereitung aller Dinge, die notwendig sind."
Da drängte Thorkell Gudrid, ihnen zu helfen, und sie gab seinen Wünschen nach. Die Frauen formten nun einen Ring um Thorbjorg, die auf das Gerüst stieg und sich auf den Sitz, der für ihren Zauber bereitet worden war, setzte.
Dann sang Gudrid die „Wächter-Anrufungen" in solch schöner und vorzüglicher Weise, daß es niemandem dort schien, daß er dieses Lied schon einmal von solch einer schönen Stimme gesungen gehört hatte wie jetzt.
Die Seherin dankte ihr für ihren Gesang. „Viele Geister," sagte sie, „sind durch seinen Zauber gekommen und haben gerne dem Lied gelauscht, die sich zuvor von uns abgewandt hätten und uns keine solche Ehre erwiesen hätten. Nun sind mir viele Dinge klar geworden, die zuvor sowohl mir als auch anderen verborgen gewesen sind.
Und ich kann sagen, daß die Hungersnot nicht länger währen wird und daß sich die Zeiten verbessern werden, wenn der Frühling naht. Die Fieber-Krankheit, die uns

nun schon so lange heimgesucht hat, wird schneller enden, als wir es hoffen konnten.

Und Dich, Gudrid, will ich sofort belohnen, denn diese Deine Hilfe ist von großem Vorteil für uns alle gewesen, denn Dein Schicksal ist nun klar und sichtbar für mich. Du wirst hier in Grönland einen Mann finden, einen sehr ehrenhaften, auch wenn Du nicht lange mit ihm zusammensein wirst, denn Dein Weg führt nach Island, wo von Dir eine lange Linie von Nachkommen abstammen wird, die sowohl zahlreich als auch angesehen sein werden. Und über den Zweigen Deiner Nachkommen wird ein heller Lichtstrahl leuchten.

So fahre nun dahin in gutem Schicksal und in Glück, meine Tochter!"

VI 3. i) Wegtam-Lied

Aufgrund der Alpträume des Baldur, der seinen nahenden Tod ahnt, reitet Odin zur Hel und befragt dort eine Seherin nach der Bedeutung von Baldurs Träumen.

An dieser Stelle scheinen sich zwei Motive miteinander verbunden zu haben: Der Ritt des Schamanengottes in die Unterwelt zur Hel, um sie nach dem Schicksal des Baldur zu fragen, und der Ritt des Schamanen zu den Hügelgräbern zu den Toten, um von ihnen Auskunft über das Schicksal der Lebenden zu erhalten.

Die Riesin Hel, die schicksalsbestimmenden Nornen und die Seherinnen sind in den Mythen der Germanen oft nicht klar unterschieden, weil sie von ihrer Qualität her sehr ähnlich waren.

Auf stand Odin der Allerschaffer,
Und schwang den Sattel auf Sleipnirs Rücken –
Nach Nifelheim hernieder ritt er;
Da kam aus Hels Haus ein Hund ihm entgegen,

Dies ist entweder der Fenris-Wolf oder der „Höllenhund" Garm („Hund").

Blutbefleckt vorn an der Brust,
Kiefer und Rachen klaffend zum Biß,
So ging er entgegen mit gähnendem Schlund
Dem Vater der Lieder und bellte laut –
Fort ritt Odin, die Erde dröhnte,
Zu dem hohen Hause kam er der Hel.

Odin ist der „Vater der Lieder", weil der Göttermet, den er aus Gunnlöds Hügelgrab, d.h. aus der Unterwelt geholt hat, auch den Skalden die Inspiration für ihre

Lieder gab. Ursprünglich sind mit diesen „Liedern" jedoch sicherlich die Zauberlieder gemeint gewesen.

Da ritt Odin ans östliche Tor,
Wo er den Hügel der Wala wußte.
Das Wecklied begann er der Weisen zu singen,
(Nach Norden schauend schlug er mit dem Stabe,
Sprach die Beschwörung Bescheid erheischend)
Bis gezwungen sie aufstand Unheil verkündend.

Das „Wecklied" ist die Anrufung der Ahnen. Vermutlich ist damit auch hier das „Vardlokkur" gemeint, das auch während der Tätigkeit einer Seherin gesungen werden mußte.

VI 3. j)   Rätsel aus dem Exeter-Buch

Ich habe über einem prächtigen Ding erzählen gehört,
über den Herrn der Menschen, ein Wort-Zaubergesang … … …
… … … … … …
… … … … … …
… … Weisheit, Wunder … …
… … … … … …
… … … … … …
… … … … … …
… … … … … …
… … … … … …
… … … … … …
… … … Ich wurde
zu einem Lehrer der Leute, lebte ein ewiges Leben
in vielen Händen. Ich habe es oft dort,
wo Männer gemeinsam trinken, mit Gold geschmückt gesehen,
mit Schätzen und mit Silber. Sag, wenn du es vermagst,
wenn Du weise genug bist, was dies Ding ist.

Die große Lücke macht es schwierig, die Lösung sicher zu erkennen. Eine Möglichkeit wäre eine mit Gold und Edelsteinen geschmückte Bibel. Der „Wort-Zaubergesang" („Wort-Galdr") wäre dann nicht mehr ein germanisches Zauberlied, sondern die heilsame Wirkung der Worte in der Bibel.

VI 3. k)　Tacitus

Tacitus beschreibt um ca. 100 n.Chr. eine Art Schild-Gesang, den die Germanen vor der Schlacht anstimmen. Diese Gesänge scheinen keinen Text zu haben, sondern eher das Intonieren von Tönen oder ein Grollen und Brüllen zu sein.

Sie haben auch die Überlieferung, daß Herkules in ihrem Land gewesen sei und sie preisen ihn mehr als alle anderen Helden in ihren Liedern, wenn sie in die Schlacht ziehen.
Bei ihnen findet man jene Art von Liedern, durch deren Gesang, den sie 'Bardit' nennen, sie in sich den Kampfgeist erwecken und durch den sie sogar den Verlauf der bevorstehenden Schlacht erahnen können – entsprechend dem verschiedenen Klang dieses Lärmens des Heeres drängen sie kühn vor oder weichen sie ängstlich zurück.
Das, was sie dabei äußern, ist auch nicht so sehr Gesang als vielmehr die Stimme und der Ausdruck des Kampfmutes. Sie streben vor allem einen starken und klingenden Ton an, der aus einem unterbrochenen und ungleichmäßigen Brummen heraus entsteht, bei dem sie sich ihre Schilde vor den Mund halten, damit die Stimme durch den Widerhall an ihnen noch kräftiger anschwillt.

Mit „Herkules" ist Thor gemeint.
Der Name „Bardit" dieses Kampfgesanges ist vermutlich mit dem keltischen Wort „bardo" („Barde") für „Sänger" verwandt (germanisch: „Skalde"). „Bardo" bedeutet im Germanischen „Bärtiger", was mit dem germanischen Dichtergott „Bragi" übereinstimmt, dessen langer Bart sprichwörtlich war. Dieser Kriegsgesang wurde seinem Namen nach anscheinend von den Dichter-Priestern der Germanen angeleitet.
Die Schilderung dieses Gesanges zeigt, daß es sich bei ihm nicht um Lieder, sondern um das Intonieren entweder von beliebigen Vokalen oder einzelnen Worten oder kurzen Versen gehandelt hat. Ähnliche Intonationen sind u.a. aus dem gregorianischen Gesang der katholischen Kirche oder aus dem tibetischen Buddhismus bekannt.
Diese Art des Gesanges dient aus akustischer Sicht dazu, eine stehende Welle aufzubauen, und aus magischer Sicht dazu, (Lebens-)Kraft zu konzentrieren und zu lenken. Daher ist aus dem Gelingen oder Mißlingen dieses Aufbaues der Lebenskraft auch ersichtlich, wie der Kampf ausgehen wird.

VI 3. l)　Lied des Thorbjörn Hornklaue

In diesem Lied werden die Ulfhedinn(Wolfsfell)-Krieger beschrieben:

Ulfhedinn werden sie in der Schlacht genannt,
Sie bellen in blutige Schilde.
Sie tragen Wolfsfelle, wenn sie in den Kampf ziehen,
und schlagen ihre Waffen aneinander.

Dieses „in den Schild bellen" der germanischen Krieger wird dasselbe sein wie der „Bardit"-Gesang, den um 100 n.Chr. Tacitus beschrieben hat. Das Schlagen des Schwertes (mit seiner Flachseite) an den eigenen Schild ist eine des öfteren beschriebene Methode, um die Kampf-Ekstase zu erwecken.

In diesem in der Heimskringla bewahrten Lied über die Schlacht von Hafrsfjord wird die Ekstase-Technik („heulen, brüllen") der Aufheulen und der Berserker noch ein zweites mal beschrieben:

Den schrecklichen Lärm wirst Du wohl hören:
Gewaltige Berserker brüllen wie irr,
und grimme Krieger, in Wolfsfelle gehüllt,
heulen wie Wölfe; und schallende Schläge
von vielen in Rüstungen gekleideten Kriegs-Männern.

VI 3. m) Die Saga über Sturlaug den Mühen-Beladenen

In dieser Saga rauben Sturlaug und seine Männer ein magisches Horn aus einem Thor-Tempel, der von einer Priesterin bewacht wird:

Sturlaug blickt in den Tempel und sieht nun den sehr großen Thor dort auf dem Ehrenplatz sitzen. Vor ihm steht ein schöner Tisch, der mit Silber überzogen war. Auf ihm sieht er das Auerochsen-Horn vor Thor stehen. Es war schön und voller Gift. Dort war auch ein Tafel-Spiel und Tafel-Spielfiguren – eine jede von ihnen war aus Gold gefertigt.

Tafel-Spiele wurden ursprünglich zu Orakel-Zwecken benutzt (siehe das Kapitel „Tafl" in Band 57).

Dort befanden sich Pfosten, an denen Kleider und goldene Ringe hingen.

Diese Kleider waren vermutlich Kleider für die Statuen. Die Ringe waren wahrscheinlich Eid-Ringe.

Dort drinnen in dem Tempel waren sechzig Frauen und eine von ihnen fiel unter ihnen allen besonders auf. Sie war groß wie eine Riesin, so blau wie der Tod und so fett wie eine Stute, schwarz-äugig und böse blickend.

Diese Frau ist offenbar nach dem Bild der Unterweltsgöttin Hel geschildert worden.

Doch sie war trotzdem gut gekleidet. Sie diente an dem Tisch (vor den Göttern). *Sie sangen das folgende Lied:*

*„Hier kommt Sturlaug,
der Mühen-beladene,
er sucht das Horn,
und einen Hort aus Ringen.
Hier in dem Horn,
auf dem Heiligen Fest,
sind Schätze und Gold.
Wir sind ihm übel gesonnen!"*

*Da antwortete die Priesterin und sprach: „Er wird diesen Ort niemals lebend verlassen, wenn es nach meinem Willen geschieht oder wenn mein Glaube und meine Gebete erfüllt werden!"
Dann sang sie:*

*„Im Grab wird unser Gast
Ruhe finden,
und viele Wunden
werden seine Ruhe stören.
Dann wird an ihm, Sturlaug
dem Mühen-Beladenen,
an seinem Fleisch genagt werden
mit den Messern des Gaumens!"*

Messer des Gaumens = Zähne

VI 3. n) <u>Heimskringla</u>

Visbur folgte auf seinen Vater Vanlande. Er heiratete die Tochter Aude des Reichen und gab ihr als Mitgift drei große Bauernhöfe und einen Goldreif. Sie hatten zwei

Söhne, Gisle und Ond. Visbur verließ sie jedoch und nahm sich eine andere Frau, woraufhin sie mit ihren beiden Söhnen heim zu ihrem Vater ging.

Visbur hatte einen Sohn, der Domald genannt wurde und seine Stiefmutter benutzte Zauberei, um ihm Unglück zu bringen.

Als der eine von Visburs Söhnen zwölf und der andere dreizehn Jahre alt geworden waren, gingen sie zu dem Ort, an dem ihr Vater wohnte und verlangten die Mitgift ihrer Mutter, aber er händigte sie ihnen nicht aus.

Da sagten sie, daß der Goldreif der Tod des besten Mannes seiner Sippe werden solle, und kehrten heim.

Dann begannen sie mit den Zaubergesängen und der Magie und versuchten, ihren Vater zu vernichten.

Die Zauberin Huld sagte, daß sie es durch Magie erreichen könne, daß es in der Sippe der Ynglinge niemals an einem Mörder an einem eigenen Verwandten fehlen werde – und sie stimmten zu, daß dies so sein solle.

Danach versammelten sie Männer und kamen unerwartet zu Visbur und verbrannten ihn in seinem eigenen Haus.

VI 3. o) Angelsächsisches Canon-Gesetz

König Edgar der Friedfertige von England erließ um ca. 970 n.Chr. das „Canon-Gesetz", das die beiden folgenden Passagen enthält:

Wenn irgendeine 'wicca' (Hexe), irgendein 'williger' (Zauberer), ein Eidbrüchiger, ein 'morthyrtha' (Totenverehrer) oder irgendeine vom Übel befallene, überführte Hure irgendwo in dem Land gefunden wird, dann sollen die Männer sie forttreiben.

Dieses angelsächsische „wicca" ist der Ursprung des englischen Substantivs „witch" für „Hexe".

Es ist auch interessant, daß die „Toten-Verehrer", also die Menschen, die mithilfe des Utiseta den Kontakt zu den Toten aufnehmen und sich von ihnen Rat und Hilfe holen, den Hexen und Zauberern gleichgesetzt wurden. Der schlechte Ruf der „Totenbeschwörung" stammt aus dieser Zeit.

Das angelsächsische „wicca" und „wiglaer" stammt von dem germanischen „ve" für „weihen, geweiht, Priester, Priesterin, Tempel" ab.

Wir lehren, daß jeder Priester das Heidentum auslöschen soll und das 'wilweorthunga' (Quellen-Verehrung), das 'licwiglunga' (Anrufungs-Lieder an die Toten), 'hwata' (Omen), 'galdra' (Zaubergesänge, Magie), Menschen-Verehrung und die

Abscheulichkeiten, die Menschen in den verschiedenen Arten der Zauberei und in den 'frithspottum' (Friedens-Orten) mit Ulmen und mit anderen Bäumen und mit Steinen und mit vielen Geistern vollführen, verbieten soll.

König Edgar berichtet hier ungewollt, daß es damals in England noch germanische Priester und Priesterinnen gegeben hat, die von den Christen als Hexen und Zauberer angesehen wurden.

Sie führten ihren Kult an Orten durch, die wie im Altnordischen „Friedens-Ort", also „heiliger Bezirk" genannt wurden. Diese Orte lagen des öfteren an einer Quelle und waren durch Bäume (vornehmlich Ulmen) und Steine gekennzeichnet. Diese Kultorte lagen demnach idealerweise an einer heiligen Quelle in einem heiligen Hain, und wurden durch Steine markiert.

An diese heiligen Orte wurden durch die Priester und Priesterinnen mithilfe von Zaubergesängen die Geister von verehrten Toten gerufen.

Diese Priester und Priesterinnen waren auch Seher und Seherinnen, die Omen deuteten.

VI 3. p)   Die jüngere Version der Huldar-Saga

In dieser Saga werden Anrufungen erwähnt, die mit den „Vardlokkur" genannten Anrufungs-Liedern aus der Saga über Erik den Roten identisch sein könnten.

Als Vedrhallr sein zwölftes Jahr vollendet hatte, zog er westwärts auf Heerfahrt. In einem Kampf mit dem Wikinger Sotrudr, einem Neffen des Riesen Helreginn, gerät er in schwere Gefahr, wird aber nach Anrufen der Thorgerdr durch deren Hilfe errettet.

Sie wurde aber Holga-Braut genannt oder auch Horga-Braut und ihr Tempel hieß „Steinaltar". Der Tempel der Göttin hieß deshalb „Steinaltar", weil dort die Anrufungs-Priesterin die Göttin herbeirief.

VI 3. q)   Neunkräuter-Zauberspruch

Dieser altenglische Zauberspruch sollte gesungen werden, wie es an seinem Ende heißt. Der vollständige Zauberspruch findet sich in Abschnitt V 6. b).

Beifuss, Wegerich, der nach Osten offen ist, Schaumkraut, Heilziest, Kamille, Nessel, Wildapfel, Kerbel und Fenchel, alte Seife.

Stoße die Kräuter zu Staub, menge sie mit der Seife und mit dem Saft des Apfels. Mache einen Brei aus Wasser und aus Asche, nimm Fenchel, koche ihn in dem Brei und erwärme es mit Ei-Gemisch, wenn er die Salbe auftut, sowohl vorher als nachher.

Singe diesen Zauberspruch 3 mal über jedem dieser Kräuter, bevor Du sie bearbeitest und über den Apfel ebenso; und singe dann dem Mann in den Mund und in beide Ohren und auf die Wunde den gleichen Zauberspruch, bevor Du die Salbe auftust.

VI 3. r)   Beowulf-Epos

Der Edlinge zwölf, / die nach altem Brauch
In Liedern sangen / die Leichenklage
Und den König priesen. / Die kühnen Taten
Rühmten sie laut / und sein ritterlich Wesen.
In Wort und Spruch / sein Wirken ehrend
In geziemender Weise.

VI 3. s)   De origine actibusque Getarum

Mit dieser Szene aus dem Beowulf-Epos stimmt die Schilderung des Jordanes über die Bestattung des Attila überein, um dessen Leichnam die von ihm unterworfenen germanischen Stämme ritten und ihm zu Ehren gesungen haben.

VI 3. t)   Kenningar

Es gibt nur wenige Kenningar, mit denen Lieder bzw. Gesang umschrieben worden ist. Die einzigen Informationen, die in den folgenden vier Kenningarn enthalten sind, sind die Auffassung des Skaldengottes Bragi als Sänger und der Ursprung der Lieder aus dem Skalden-Met.

Da jedoch jeder rituelle oder poetische Text auch als „Lied" bezeichnet werden konnte, ist es unsicher, ob Bragi hier nur als „Gott der Dichter" oder auch als „Gott der Sänger" angesehen wird. Ebenso ist der Skalden-Met zunächst vor allem die Quelle des Wissens und der Weisheit.

Lieder	Sänger-Gedanken		anonym	Egil-Saga
Lied	stolzer, dauerhafter Holzstoß des Lobes, der ungebrochen in Bragis Stadt steht	Bragi = Gott der Dichtkunst; seine Stadt = Wissen der Dichter = auswendig gelernte Dichtung	anonym	Egil-Saga
Gesang	Lied-Brandung	Gesang oder Rezitation	Arnorr Jarl-Skalde	Skaldskaparmal
Dichtung	Lied-Schauer aus dem Schnabel des Adlers	Odin in Adler-Gestalt raubte in seinem Schnabel den Skalden-Met	anonym	Egil-Saga

Die Kenningar, in denen Begriffe wie „Zauberlieder" u.ä. zur Umschreibung für andere Personen und Dinge verwendet werden, sind deutlich häufiger.

In diesen Kenningarn werden Zauberlieder gesungen – z.T. von Zauberinnen und von Odin. Ansonsten dienen sie nur sehr unspezifisch zur Bildung von Kampf-Umschreibungen.

Zähne	Schären der Zauberlieder	Schäre = flache Insel	Einarr Schreihals Helgason	Vellekla
Odin	Vater der Lieder		anonym	Wegtam-Lied
Odin	der durch Zauberlieder Starke		Eyvindr	
Frau	Zaubergesang-Gerdr	Wortwahl wegen des Stabreimes: „Gerdr galdrs"	Harald Hart-Rat Sigurdarson	Lausavisur
Hexe	Zaubergesang-Reiterinnen der grünen Schilde	Zaubergesang-Reiterin = Hexe, Troll-Frau; sie ritten nachts über Wiesen und Hecken = grüner Schild; die ganze Kenningar = Hexe, Ungeheuer	Sturla Thordarson	Hakonarkvida
Kampf	Zaubergesang der Gunn	Gunn = Walküre	Sigvatr Thordarson	Vikingavisur
Kampf	Zaubergesang der Spitzen	Spitze = Waffe	Tindr Hallkelsson	Hakonardrapa
Kampf	Zaubersprüche der Schwerter		Thorbjörn Hornklaue	Glymdrapa

Kampf	*Zauberlied des Standarten-Weges*	Standarten-Weg = Kriegszug-Weg des Heeres	Thorbjörn Hornklaue	Glymdrapa
Schlachtfeld	*Standarten-Weg*		Thorbjörn Hornklaue	Glymdrapa
Kampf	*Zaubergesang des Standarten-Weges*		Thorbjörn Hornklaue	Glymdrapa
Krieger	*junge Bäume des Zaubergesanges des Standarten-Weges*		Thorbjörn Hornklaue	Glymdrapa
Krieger	*Ruderdollen des Feuers des Zaubergesangs des Fiölnir*	Ungenaue Kenning: Dolle: Löcher für das Ruder in der Bordwand; Fiölnir = Odin; Odins Zaubergesang = Schlacht; Schlacht-Ruderdollen = Krieger; eigentlich „Stäbe der Ruderdollen (= Ruder) des Feuers des Zaubergesanges des Fiölnir"	Erik der Skalde	Heidarviga-Saga

<u>VI 3. u) Jakob Grimm: Deutsche Mythologie</u>

Noch stärkere macht als in kraut und stein liegt in dem wort, und bei allen völkern gehen aus ihm segen oder fluch hervor. es sind aber gebundne, feierlichgefaßte worte (verba concepta), wenn sie wirken sollen, erforderlich, lied und gesang; darum hängt alle kraft der rede, deren sich priester, arzt, zauberer bedienen, mit den formen der poesie zusammen.

Ausdrücke des sagens und singens treten über in den begrif des zauberns, die αοιδή wird επαοιδή, επῳδή, sprechen, singen wird besprechen, besingen, schwören (gothisch svaran respondere) beschwören (gothisch. bisvaran ορκίζειν), wie jurare conjurare, cantare incantare. althochdeutsch galstar, angelsächsich galdor, gealdor, altnordisch galdr (incantatio) leiten sich ab von galan canere; das angelsächsische spell, eigentlich dictum, fabula, gothisch spill, schärft sich zu zauberspruch.

   … … …

War der himmel verschlossen, das feld in dürre schmachtend, so hieng zwar die verleihung des regens zunächst von der gottheit ab, von Donar, oder Maria und Elias, die darum angefleht wurden. Man bediente sich aber noch eines eignen zaubers, der unausbleiblich regenwasser schafte, die götter gewissermaßen nöthigte es zu gewähren. ein junges mädchen wurde ganz entkleidet, nachdem bilsenkraut (althochdeutsch pilisa, hyoscyamus) mit dem kleinen finger der rechten hand ausgerissen an die kleine zehe seines rechten fußes gebunden war, von den andern jungfrauen feierlich zum nächsten fluß geführt und mit der flut besprengt.

Dieser uns durch Burchard von Worms berichtete, also vielleicht noch im 11. jahrhundert am Rhein oder in Hessen geltende brauch erscheint bedeutsamer, da er, mit characteristischer verschiedenheit, die alle unmittelbare entlehnung ausschließt, noch heute unter Serben und Neugriechen lebt.

Die serbische sitte beschreibt Vuk unter dem wort "dodole". dodola heißt das mädchen, welches nakt ausgezogen, aber mit gras, kräutern und blumen dergestalt umwunden wird, daß von der haut und selbst dem gesichte gar nichts zu sehen ist. im geleite andrer jungfrauen zieht nun dodola von haus zu hause, vor jedem bilden sie einen reigen, dodola steht in der mitte und tanzt allein. nun tritt die hausfrau vor und schüttet eine mulde wasser über das immer fort tanzende und sich umdrehende mädchen aus, die begleiterinnen singen lieder und schalten jeder zeile den ausruf ›oj dodo, oj dodo le!‹ ein. das zweite dieser regenlieder (pjesme dodolske) in Vuks sammlung lautet:

zu gott flehet unsre doda,	*oj dodo oj dodo le!*
daß thauregen sich ergieße,	*oj dodo oj dodo le!*
daß naß werden alle ackrer,	*oj dodo oj dodo le!*
alle ackrer, alle graber,	*oj dodo oj dodo le!*
selbst im hause alle knechte,	*oj dodo oj dodo le!*

Man ist sicher, daß unmittelbar regen erfolge.

VI 4.   Zusammenfassung

Der Gesang ist ein wesentliches Element des Kultes gewesen und läßt sich seit ca. 780 n.Chr. nachweisen.

Es gab sowohl geübte Frauen, die die benötigten Lieder gelernt hatten, als auch Anrufungs-Priesterinnen, die diese Lieder „hauptberuflich" sangen.

Die Priesterinnen wurden außerhalb des Tempels zu Zauberinnen, die solche Zauberlieder sangen. Zu ihnen gehören auch die Hebammen, die Geburtslieder sangen, um der Gebärenden zu helfen.

Einer der wichtigsten Kultgesänge ist der Opfergesang („heit-söngr"), der sich vermutlich an die Götter gewendet und sie herbeigerufen hat. Solche „Anrufungs-Lieder", durch die die „Geister" (Ahnen, Götter) herbeigerufen wurden, wurden auch gesungen, wenn eine Seherin in die Zukunft blickte. Diese Lieder hießen „vardlokkur", d.h. „Herbeilockung der Wächter".

Auch Odin war ein Zaubersänger und evtl. auch sein Sohn Bragi. Man scheint Zaubersprüche („galdr") generell gesungen zu haben.

Neben den helfenden Zaubersprüchen wie denen der Hebammen und der Heiler und Heilerinnen gab es natürlich auch Schadens-Zauberlieder, durch die z.B. ein Sturm herbeigerufen werden konnte.

Die meisten Zauberlieder wurden der Situation des einzelnen Zauberers oder der einzelnen Zauberin entsprechend anscheinend alleine gesungen. Im Kult jedoch gab es auch den gemeinsamen Gesang.

Es gibt auch Hinweise auf Wechselgesänge: Im Oddrun-Lied antwortet die Mutter auf das Lied der Hebamme nach dem Gebären mit der Bitte um einen Segen der Frigg und der Freya für die Hebamme und auch in dem Tempel, in den Sturlaug gelangt, scheinen die Priesterin und der Frauenchor abwechselnd zu singen.

Schließlich gibt es noch das von Tacitus berichtete Singen, Brummen, Brüllen und Tönen in den Schild vor der Schlacht. Dabei handelt es sich offensichtlich um einen magischen Vorgang, bei dem vermutlich keine Worte, sondern nur der möglichst laute und bedrohliche Klang der Stimme benutzt worden ist.

VI 5. Der Gesang in der indogermanischen Überlieferung

Es gibt sehr viele Berichte darüber, daß die Texte in Kult und Magie des öfteren nicht gesprochen, sondern gesungen bzw. „intoniert" worden sind – ähnlich dem Gregorianischen Gesang in der christlichen Kirche.

Die folgenden Texte sind nur einige Beispiele, da eine Sammlung aller alten religiösen Lieder viele Bände füllen würde.

VI 5. a) Kelten

Fergus verlangte von seinen Kriegern, daß sie Cú Chulainn nicht mehr in regelwidriger Weise zu mehreren gleichzeitig angriffen, was auch befolgt wurde.

Als Cú Chulainn eines abends das riesige Heer seiner Feinde in der Ebene vor sich sah, geriet er in Kampfeswut und schüttelte seine Speere und sein Schwert und schrie einen Heldenschrei tief aus seiner Kehle. Und alle Geister, Kobolde und Dämonen aus den Sümpfen und aus der Luft schrien voller Angst vor dem Heldenschrei des Cú Chulainn auf. Und die Kriegsgöttin Nemain griff das Heer an und hundert Krieger starben vor Panik.

Cú Chulainn scheint seinen „Heldenschrei" mit sehr tiefer Stimme gerufen zu haben.

Auch in der Schlacht von Mag Rath um 637 n.Chr. wird berichtet, daß die beiden keltischen Druiden „wie eine Hirschherde brüllten" und dann drei laute Schreie ausstießen, wodurch einer der Anführer den Verstand verlor.

Da röhrende Hirsche eine sehr tiefe Stimme haben, wird auch hier der keltische Kampfschrei als sehr tief beschrieben. Diese tiefe Stimme findet sich bei sehr vielen Völkern bei „magischen Intonationen". Die bekannteste noch erhaltene Tradition ist vermutlich der Ritualgesang der tibetischen Mönche.

Wahrscheinlich sind auch diese tiefen Schreie bzw. dieses tiefe „Hirsch-Brüllen" eine Übertragung von Schreien und Gesängen aus den Ritualen der Druiden auf die Kampfekstase. Diese Übertragung wird aber schon in indogermanischer Zeit stattgefunden haben, da auch von den Germanen „Schreien, Stampfen und in den Rand des hölzernen Schildes beißen" als Methode zur Erzeugung der Kampfekstase bekannt ist.

VI 4. b) Hethiter

In den Ritualen für die Götter wurde des öfteren die „große Leier" gespielt, die vermutlich eng mit der Leier des griechischen Apollo und der Harfe des keltischen Dagda verwandt ist. Es werden in den Ritualanweisungen auch immer wieder Kultsänger und Musikanten erwähnt, die z.B. bei Opferungen mitwirken. Bei Festritualen treten zudem Tänzer in bunten Gewändern auf, die in einigen Zeremonien auch nackt tanzen.

VI 4. c) Inder

Rig-Veda 5, 59:
Ich singe dem Himmel und der Erde bringe ihnen Opfer dar.

Rig-Veda 5, 7:
Wir sind Dir, o Agni, Du überaus Starker, allezeit mit Liedern genaht und haben Dich Hymnen singend verehrt.

Agni = Gott des Feuers

Rig-Veda 6, 40:
(an Indra)
Beginne das Lied, setze Dich in unserer Versammlung nieder. Gib dem, der singt, Stärke für das Opfer!

Rig-Veda 1, 45:
(an Agni)
Sänger haben in ihren Ritualen den Rufer und den Opferpriester herbeigerufen.

VI 4. d) Perser

Zend-Avesta, Yasna 10:
Dies sind Deine Gathas, heiliger Haoma, dies sind Deine Lieder und dies sind Deine Lehren und dies sind Deine Wahrheits-erfüllten, rituellen Worte, Deine Gesundheits-Verleihen, Dein Sieg-Geben, Dein Gewähren der Heilung von verletzendem Haß."

Das Haoma ist der Ritualtrank der Perser – das Soma der Inder und der Skaldenmet der Germanen.

Die Gathas sind der älteste Teil des Zend-Avesta. „Gatha" bedeutet „Hymne, Lied" und ist eine Substantiv-Bildung zu dem Verb „ga" mit der Bedeutung „dichten, singen", das mit dem germanischen Verb „gallar" für „gellen, magische Lieder singen" verwandt ist.

VI 4. e) Griechen

Homerische Hymnen – an den Pythischen Apollon:
Letos all-ruhmreicher Sohn geht zu dem felsigen Pytho und spielt auf seiner hohlen Leier,
in göttliche, duftende Gewänder gehüllt; und seine Leier, die von goldenen Schlüsseln berührt wird, singt süß.
Von dort eilt er schnell wie ein Gedanke zum Olymp, zu dem Haus des Zeus, zu der Versammlung der anderen Götter:
Da denken die unsterblichen Götter sofort nur noch an die Leier und an den Gesang und all die Musen singen gemeinsam Hymnen
– Stimme antwortet Stimme – über die grenzenlosen Gaben, die die Götter genießen,
und über die Leiden der Menschen, über all das, was sie durch die Hand der todlosen Götter erleiden,
und wie sie wissenlos und hilflos leben und und keine Heilung für den Tod und keinen Schutz gegen das hohe Alter finden können.

Schlüssel = Plektrum

Illias 1, 447:
Auch ordneten jene des Gottes
Herrliche Sühnehekatomb' um den schöngebauten Altar;
Wuschen darauf sich die Händ', und nahmen sich heilige Gerste.
Aber Chryses betete laut mit erhobenen Händen:
Höre mich, Gott, der Du Chrysa mit silbernem Bogen umwandelst,
Samt der heiligen Killa, und Tenedos mächtig beherrschest!
So wie schon Du zuvor mich hörtest, als ich Dich anrief,
Wie Du Ehre mir gabst, und furchtbar schlugst die Achaier;
Also auch nun von neuem gewähre mir dieses Verlangen:
Gib den Danaern nun der schmählichen Plage Genesung!
Also rief er betend; ihn hörte Phöbos Apollon.
Aber nachdem sie gefleht, und heilige Gerste gestreuet:
Beugten zurück sie die Häls', und schlachteten, zogen die Häut' ab,
Sonderten dann die Schenkel, umwickelten solche mit Fette
Zwiefach umher, und bedeckten sie dann mit Stöcken der Glieder.
Jetzo verbrannt' es auf Scheitern der Greis, und dunkeles Weines
Sprengt' er darauf; ihn umstanden die Jünglinge, haltend den Fünfzack.
Als sie die Schenkel verbrannt, und die Eingeweide gekostet;
Schnitten sie auch das übrige klein, und steckten's an Spieße,
Brieten es dann vorsichtig, und zogen es alles herunter.
Aber nachdem sie ruhten vom Werk, und das Mahl sich bereitet,
Schmausten sie, und nicht mangelt' ihr Herz des gemeinsamen Mahles.
Aber nachdem die Begierde des Tranks und der Speise gestillt war;
Füllten die Jünglinge schnell die Krüge zum Rand mit Getränke,
Wandten von neuem sich rechts und verteileten allen die Becher.
Jene den ganzen Tag versöhnten den Gott mit Gesange,
Schön anstimmend den Päan, die blühenden Männer Achaias,
Preisend des Treffenden Macht; und er hörte freudiges Herzens.

Kultgesang ist von den Germanen, den Kelten, den Hethitern, den Indern, den Persern und den Griechen bekannt. Aufgrund dieser weiträumigen Verbreitung in allen drei Zweigen der Indogermanen kann man davon ausgehen, daß der Gesang in Kult und Magie auch schon bei den ursprünglichen Indogermanen üblich gewesen ist.

VI 6. Nicht-indogermanischer Zaubergesang

Das Singen von Zauberliedern ist von fast allen Völkern bekannt. so werden z.B. im ägyptischen Totenbuch einige Sprüche als „gut singbare Zaubersprüche" bezeichnet. Auch die „Naturvölker", insbesondere die Indianer, besitzen viele religiöse Lieder.

Bei den finnischen Nachbarn der Nordgermanen findet sich in der Kalevala die folgende Schilderung eines Zaubergesangs:

Keine Kinderlieder sang er,
Kinderkram und Weiberwitze,
Sondern Sang des bärt'gen Helden,
Den die Kinder nimmer können,
Auch die Knaben kaum zur Hälfte,
Freiersleute fast ein Drittel
Jetzt in diesen schlimmen Zeiten,
Bei dem Sinken der Geschlechter.
Wäinämöinen sang drauf wacker,
Seen schwankten, Länder bebten,
Kupferberge selbst erdröhnten,
Starre Steine selbst erschraken,
Felsen flogen voneinander,
Klippen an dem Strand zerschellten.

Religiöse Lieder und Zauberlieder sind so gut wie von allen Völkern bekannt. Dies liegt vermutlich darin begründet, daß in dem Gesang durch das Schwingen und die Harmonie eine größere Kraft liegt als in dem gesprochenen Wort.

VI 7. Die Entstehung von Zaubersprüchen

Zaubersprüche aller Art entstehen in mehreren Schritten auf eine weitgehend einheitliche Weise.

1. Am Anfang steht das konkrete Erlebnis z.B einer Astralreise, durch die offensichtlich wird, daß es im Menschen etwas gibt, was vom Körper unabhängig ist. Dies ist der Ursprung der Vorstellungen über die Seele und auch des Jenseits als dem Ort, an dem sich die Seelen nach dem Tod des Menschen befinden.

2. Diese Erlebnisse werden von dem, der sie erlebt hat, den anderen erzählt, wobei oft Vergleiche benutzt werden. So kann z.B. das Schweben des Astralkörpers über dem physischen Leib als „Ich war wie ein Vogel." geschildert werden, wodurch dann das Motiv des Seelenvogels entstanden ist. Auf diese Weise bilden sich Symbole, die Erlebnisse und komplexe Zusammenhänge beschreiben.

3. In einem nächsten Schritt werden Anleitungen zum gezielten Erlernen dieser Erlebnisse formuliert. Dabei kommt es dann zu einer ersten Formalisierung der Beschreibung, die die Notwendigkeiten, Reihenfolgen, Phänomene usw. verdeutlichen soll.

4. Im Verlauf der Zeit bildet sich aus diesen Beschreibungen, Symbolen und Anleitungen dann ein Urbild: eine Mythe. Dies ist oft die Erzählung darüber, wie das erste mal ein Menschen zu diesem Erlebnis gekommen ist.

5. Diese Mythen werden dann zunehmend komplexer und werden auch mit anderen Mythen verwoben, sodaß schließlich ein mythologisches Gesamtbild der Welt entsteht.

6. Diese Mythen finden dann ihren dynamischen Ausdruck im Kult, durch den die Harmonie der Welt und somit das Wohlergehen der Menschen in ihr aufrechterhalten wird. Durch die Rituale des Kultes werden die Anleitungen, die ursprünglich dem Erlangen von eigenen Erlebnissen gedient haben, zu Vorschriften, deren Befolgen schon zu dem gewünschten Ergebnis führen soll.
Zuvor sind die Anleitungen nur Hinweise gewesen, wie man durch das eigene Üben und Erleben zu dem erwünschten Ziel gelangen kann. Im Kult ist die formale Erfüllung der Vorschrift das, was die Wirkung erzeugt.

7. Aus dem allgemeinen Kult entwickeln sich nach und nach speziellere Rituale gegen Hungersnöte, Krankheiten, für Erfolg im Kampf u.ä., sodaß eine Vielfalt von

Ritualen entsteht.

8. Schließlich werden einzelne Teile der Kulttexte sozusagen als „Kraftquelle" für bestimmte Zwecke verwendet. Dabei werden diese Texte manchmal auch entsprechend den Bedürfnissen des Benutzers umgeschrieben.

9. Wenn diese Ausschnitte aus den ehemaligen Kulttexten kaum noch verstanden werden, erstarren sie oft zu Zauberformeln.

10. Die zentralen Begriffe aus diesen Zauberformeln werden schließlich zu den Zauberworten, die den Willensbekundungen, in die sie eingefügt werden, die magische Wirksamkeit verleihen.

Diese zehn Schritte ließen sich ohne große Mühe noch durch weitere Vorgänge ergänzen, aber sie enthalten auch in dieser einfachen Form den rote Faden der Entstehung von Zaubersprüchen.
Diese Entwicklung läßt sich am besten anhand der Texte der ägyptischen Religion verfolgen, da diese in den Pyramidentexten aus dem Alten Reich noch vereinzelte Erlebnisbeschreibungen enthalten, in den Sarkophagtexten des Mittleren Reiches bereits hauptsächlich aus mythologischen Darstellungen bestehen und in den Totenbüchern des Neuen Reiches schließlich fast vollständig zu Zauberspruch-Sammlungen geworden sind. In dem altägyptischen Bestattungsritual finden sich alle drei Ebenen miteinander kombiniert.

- - -

Wie bei allen Dingen sagt die Beschreibung ihrer Geschichte nichts über ihren Realitätsgehalt aus, denn die Frage, ob etwas tatsächlich funktioniert, läßt sich nur durch das Experiment herausfinden. Dies gilt auch für Zaubersprüche.

Verzeichnis der Themen

(die Zahl ist die Nummer des Bandes, in dem sich das Thema findet)

1 47	540 47	Alius 32	Aur 55
2 47	700 47	Alraune 45	Aurboda 35
3 47	800 47	Alsvatr 5	Aurgelmir 5
4 47	900 47	Alswid 34	Aurgrimnir 5
5 47	1.200 47	Althiof 7	Aurnir 34
6 47	10.000 47	Alvor 35	Aurvandil 20
7 47	432.000 47	Alwis 7	Aurwang 7
8 47	1+8=9=8+1 47	Alwit 31	Aurwang 48
9 47	**Adler** 40	Ama 35	Austri 32
10 47	Adler auf dem	Amboß 67	Auzon => Kiste
11 47	Weltenbaum 41	Amgerdr 28	Axt 66
12 47	Adler bei der	Ampfer 45	**Bafur** 32
13 47	Einweihung 40	Andad 34	Bakrauf 35
14 47	<u>Adlergestalt</u>:	Andhrimnir 39	Baldrian 45
15 47	- des Franmar 40	Andvari 7	Baldur 9
16 47	- des Hraesvelgr 40	Angantyr 39	Bara 35
17 47	- des Odin 40	Angeyja 35	Bari 6
18 47	- des Thiazi 40	Angrboda 26	Bari 20
20 47	Adler-Traum der	Ann 32	Baugi 5
22 47	Kostbera 40	Annar 20	Bär 43
23 47	Aelrun 31	Arm-Wunde 63	Bärenfell 62
24 47	Affe 44	Arngrim 6	Barke 49
28 47	Agdai 39	Apfel 45	Bärlapp 45
30 47	Ägir 10	Asen 36	Basilikum 45
32 47	Agnar 39	Asgard 52	Beifuß 45
33 47	Ahnen 36	Ask 39	Beinvidr 34
36 47	Ai 32	Aslaug 31	Bekkhild 31
37 47	Aki 6	Asperan 34	Beleidigungs-
40 47	Aki 16	Astralreise 50	Wettstreit 73
41 47	Alban 32	Asvid 6	Beli 5
46 47	Alberich 7	Atem 64	Beowulf 39
48 47	Albewin 7	Atla 35	Bergdis 28
72 47	Alcis 12	Atli 37	Bergelmir 6
80 47	Alf 6	Atward 20	Bergriese 6
90 47	Alf 32	Auchoff 34	Berg-Zwerge 32
99 47	Alfarin 34	Aud 20	Berling 32
100 47	Alfen 36	Auerhahn 40	Bertha 28
120 47	Alfhild 31	Auge 63	Berserker 62
300 47	Alfrigg 32	Augenbraue 63	Bertram 45

Bertramsgarbe 45	Bragi 19	Diurnir 7	Eiche 53
Besen => Stab	Bragi-Riesin 35	Dofri 34	Eicheln 45
besonderer Schrei 64	Brak 16	Dolgtrasir 32	Eichhörnchen 44
Bestattung 64	Brana 35	Donnerrebe 45	Eid 68
Bestla 35	Brandingi 5	Dori 32	Eik 28
Betonica 45	braun 46	Dorn => Schlafdorn 55	Eikinskjaldi 32
Beyla 39	Brenner 39		Eimer 67
Biber 44	Brezel-Ornament 64	Drachen 41	Eimgeitir 35
Biene 40	Brimir 33	Drachenblut => Drachen	Eimyria 35
Bifröst 49	Brisingamen 60		Einäugigkeit 63
Bifur 32	Brokk 32	Drachenschiff 55	Einheer 34
Bikki 16	Brombeere 45	Drasian 6	Einweihung 50
Bil 29	Brücke 49	Draupnir (Zwerg) 32	Eir 29
Bild 7	Bruderkampf 55	dreifarbiger Stein 67	Eir 31
Billing 5	Brüngerd 35	dreiköpfiger Riese 5	Eis 52
Billing 7	Brünhild 31	drei Riesinnen 35	Eisa 35
Bilsenkraut 45	Bruni 5	drei wahre Worte 64	Eisen 55
Birkhuhn 40	Bruni 32	Drifa 35	Eisenkraut 45
Biört 29	Brünne 66	dritter Bruder 55	Eisriesen 34
Björgolfr 6	Brunnen 49	Dröfn 35	Eistla 35
Björgulfr 34	Buri 34	Drossel 40	Eisurfala 35
Blain 33	Bryja 35	Drudgelmir 5	Eiymyria 35
Blapthvari 34	Bryla 34	Duf 32	Ekstase-Kieger 62
Blasebalg 67	Bryngerd 28	Dufa 35	Elch 42
blau 46	Buri (Zwerg) 32	Dufr 32	Eldhrimnir 57
Blau-Menschen 36	Buseyra 35	Dulin 32	Eldir 39
Blau-Riesen 36	Byggvir 39	Dumbr 6	Eldr 34
blau-schwarz 46	Byleist 20	Dunneir 32	Elefant 42
Blick 63	Bylgia 35	Durathor 32	Elendshaut => Hel-Haut
Blid 29	**Comandion** 7	Durin 32	
Blidur 29	**Dag** 48	Durnir 32	Else 35
Blind 16	Dagfinnr 32	Durnir 34	Erde 52
Blindheit 63	Dain 32	Düsterwald 49	Embla 28
Blodughadda 35	Dalar 32	Dwalin 32	Embla 39
Blutsbrüder 55	Dalr 32	**Eber** 42	Ente 40
Bödhild 28	Delling 20	Eberesche 45	Erce 20
Bogen 66	Delling 48	Edda (vollständig) 77	Erdbeben 55
Bömbur 32	Dellingr 32	Efeu 45	Erste Ursache 55
Bölthorn 5	Delphin 44	Egdir 5	Eschenholzkasten => Kiste 57
Borr 34	Dietwarta 29	Egil 39	
Botewart 7	Disen 36	Ei 40	Esel 42
Both 20	Distel 45	Eibe 45	Estroval 39

Eugel 7
Eule 40
Eyrgjafa 35
Faden 55
Fafnir (Zwerg) 32
Fährmann 49
Fala 35
Falkenkleid:
- der Freya 40
- der Frigg 40
Falke 40
Fallar 32
Farbauti 6
Farn 45
Farseti 6
Faulheit =>
Feuersitzen 55
Feima 35
Fenchel 45
Fenja 28
Fenrir 6
Fenrir 43
Fernhypnose 64
Ferse 63
Fessel 66
Fessel-Zauber 64
Feuer 55
Feuersitzen 55
Feuerzauber 64
Fialar 32
Fid 32
Fieberkraut 45
Fili 32
Fimafeng 39
Fimbulwinter 55
Finger 63
Finnalf 5
Finnar 32
Finnmark-Riese 34
Fiölkald 34
Fiölmor 39
Fiölnir 20

Fiölvör 35
Fiörgyn 20
Fiörgyn 23
Fisch 44
Fjölverkr 34
Fjötra 29
Flachs 45
Flegda 35
Fleur-de-lys 55
Fleggr 34
Fliege 40
Fluch 68
Flügel des Wieland 40
Flügelschuhe 67
Flugschuhe des Loki 40
Fluß 49
Freya 22
frühe Skaldenlieder 78
Freyr 15
Fried 29
Friedenszauber 6
Fridr 29
Frigg 21
Folde 20
Fonn 34
Forat 35
Forelle 44
Fornjotr 6
Forseti 19
Frägr 32
Franmar 37
Frar 32
Freki 43
Frosti 32
Frosti 34
Fruchtbarkeit 64
Fuchs 43
Frauenhaarfarn 45
Frühling 54

Frühlingstagund-
nachtgleiche 54
Fulla 29
Fullas Haarreif 60
Fullafle 34
Fundin 32
Fuß 63
Fylgia 50
Fynir 6
Fynir 34
Galar 32
Galarr 34
Galdr 64
Gallapfel 45
Gandalf 32
Ganglati 34
Ganglot 6
Gangr 34
Gangr 33
Gans 40
Gänsefuß 45
Garm 43
Gautan 39
Gautrek-Saga => Snotra
Geban 20
Geburts-Orakel 64
Gefäße 57
Gefion 20
Gefion-Geliebter 6
Gefiun 20
Gefjon 20
Geist 50
Geier 40
Geirahöd 31
Geiravör 31
Geirdriful 31
Geirönul 31
Geirröd 5
Geirrota 31
Geirskögul 31
Geitir 6

Geitla 35
Geitir 35
gelb 46
Geliebter der Gefion 6
Gerber-Schaber 67
Gerdr 28
Geri 43
Gespenst 50
Gestaltwandel => Verwandlung
Gesang 68
Gestilja 35
Getreide 45
Gewöhnlicher Flachbärlapp 45
Geysa 35
Gialar 32
Gift 70
Gifur 43
Gigas 6
Gilling 6
Gillings Frau 28
Ginnar 32
Ginnungagap 49
Gjalp 35
Glamr 34
Glatundshundr 43
Glaumar 34
Glaumarr 34
Glaumr 6
Glenr 48
Glitni 5
Glöd 35
Gloi 32
Glück 64
Glückstrank 70
Glumra 35
Glymra 35
Gna 29
Gneip 35
Gnepja 35

Goi 34	Grotunagard 52	Har 32	Hel-Haut 49
Gold 55	grün 46	Hära 35	Helidi 27
Goldalter 55	Gryla 35	Hardbeen 6	Hellebarde 66
Goldemar 7	Gudr 31	Hardgreip 35	Helreginn 5
golden 46	Gudrun 31	Hardgreipir 34	Helm 66
Goldhelm 66	Gudmund 5	Hardverkr 34	Hengikefta 35
Goldhörner von Gallehus 57	Gullnir 5	Harek Eisenkopf 6	Hengiköpt 6
	Gullveig 29	Harfe 57	Hengjankapta 35
Göll 31	Guma 35	Harz 45	Hepti 32
Golnir 5	Gundelrebe 45	Hase 44	Herbst 54
Göndul 31	Gunn 31	Hasel 45	Herbsttagundnacht-
Gorr 34	Gunnlöd 28	Hastingi 34	gleiche 54
Görsemi 29	Gunnthinga 31	Hati 5	Herche 20
Götter 36	Gürtel 60	Hati 43	Herdentiere 42
Götterdämmerung 55	Gusir 6	Hattatal 77	Herdentierfell 42
Götterkampf 55	Gygr 35	Haudr 20	Herfjötur 31
Göttermet 69	Gylfaginning 77	Haugspori 32	Hergrim Halbtroll 5
Götter-Tiere 44	Gyllir 5	Haym 34	Hergunnur 35
Gottesurteil 64	Gyllir 34	Hecht 44	Heri 32
Gurgelbiß 55	Gyma 20	Hedin 39	Herja 31
Grab 49	Gymir 5	Hedin und Högni 79	Herkir 6
Grani 6	**Haarband** 60	Hefring 35	Herkja 35
grau 46	Haare 63	Heid 35	Hermodr 37
Grendel 5	Habicht 40	Heiddraupnir 5	Hertha 28
Grendels Mutter 35	Hafle 34	Heide 49	Hervor => Heidrek
Greppur 34	Hafli 5	Heidrek 39	Hervor und Heidrek
Grer 32	Hafthi 39	Heidungi 6	=> Heidrek
Grid 28	Hagen 16	Heilige Hochzeit =>	Herz 63
Grid 35	Hahn 40	Wiederzeugung 55	Hexe 58
Grim 5	Hala 35	Heiliger Hain =	Hianka 31
Grim 39	Halfdan 39	Weltenbaum 52	Hidde 34
Grima 35	Halfdan Brana-	Heilung 64	Hild 31
Grimhild 31	Ziehsohn 79	Heilziest 45	Hildolf 5
Grimling 5	Halfdan Eisteinson 79	Heimdall 8	Hildolf 20
Grimnir 5	Hamdir 39	Heimir 39	Himingläva 35
Grim Struppig-Wange 79	Hamingja 50	Heinir 34	Himmel 52
	Hammer 66	Heith 35	Himmelsrichtungs-
Grip 35	Hand 63	Heithdraupnir 5	Mandala 54
Gripir 34	Handschuhe 60	Hel 26	Himmelsträger-
Grissa 35	Hanf 45	Helblindi 20	Zwerge 32
Groa 28	Hannar 32	Helgi 39	Hirsch 42
Grottintanna 35	Hantel-Symbol 55	Helgi Thorisson 79	Hjaltrimul 31

Hjortrimul 31
Hjötra 28
Hjuki 29
Hläwang 32
Hlebard 6
Hleidr 35
Hler 10
Hlidolf 32
Hlif 29
Hlifthursa 29
Hlin 29
Hlodyn 20
Hlödyn 20
Hloi 34
Hlöll 31
Hlora 35
Hnoss 29
Hochsitz 57
Hochsitzsäulen 57
Hoddraupnir 5
Hoddrofnir 5
Hödur 19
Hofund 19
Höggstari 32
Högni 16
Högni 39
höhere Mächte 36
Holmgang =>
Zweikampf 55
Holunder 45
Homöopathie 64
Honig 40
Honigtau 45
Hönir 18
Horn 57
Horn (Riesin) 35
Hörn 29
Hörn 35
Horn-Neb 35
Hornbori 32
Hraesvelgr 6
Hrafnhild 35

Hraudnir 6
Hraudungr 5
Hrede 29
Hreidmar 7
Hremsa 35
Hrimgerdr 28
Hrimgerdr 35
Hrimgrimnir 34
Hrimnir 34
Hrim-Riesen 34
Hrimthurs 34
Hringi 5
Hringvölnir 5
Hripstodr 34
Hrist 31
Hrist 29
Hrisungr 6
Hroarr 5
Hrod 35
Hrodwitnir 5
Hrodwitnir 43
Hrökkvir 6
Hrönn 35
Hrossthjofr 34
Hrotti 5
Hruga 28
Hrungnir 5
Hrungnir-Herz 67
Hryggda 35
Hyria 35
Hrym 34
Hrund 31
Hügelgrab 49
Hugin 40
Huhn 40
Huldar 28
Hund 43
Hundalfr 6
Hunding 16
Hvalr 6
Hvedra 35
Hvedrungr 16

Hymir 6
Hymnen an die Götter 80
Hyndla 26
Hypnose 64
Hyrrokkin 26
Idi 34
Idun 25
Igel 44
Illugi Grid-Ziehsohn 79
Ilmr 29
Ima 35
Imd 35
Imgerdr 35
Imr 6
Imsigul 34
Imth 35
In 20
Ingibjörg 29
Ingibiörg 31
Intuition 64
Inzest 51
Irmin 20
Irpa 29
Istwas 20
Itrek 5
Itreksjod 5
Itreksjod 20
Ividja 35
Iwaldi 5
Iwalt 5
Iwiedie 29
Jari 32
Jamtaland-Zwerg 7
Jarngerdr 28
Jarnglumra 35
Jarnhauss 6
Jarnnef 34
Jarnsaxa 28
Jarnvidja 35
Jenseits 49

Jenseitsbarke 49
Jenseitsberge 49
Jenseitsbrücke 49
Jenseitsfährmann 49
Jenseitsfluß 49
Jenseitsgrenzen-Landkarte 49
Jenseitshalle 49
Jenseitsinsel 49
Jenseitsleiter 49
Jenseitsmauer 49
Jenseitsreise 49
Jenseitstor 49
Jenseitstor-Gitter 49
Jenseitstor-Hund 49
Jenseitswächter 49
Jenseitswald 49
Jenseitswasser =>
Wasser 49
Jenseitsweg 49
Johanniskraut 45
Jokul 34
Jokul Eisenrücken 34
Jörd 23
Jomali 20
Jörmungandr 41
Jörmunrek 39
Jorunn 29
Jötunn 6
Jotunbjorn 6
Julnacht 54
Käfer 40
Kaldgrani 34
Kamille 45
Kampfmagie 64
Kannibalismus 55
Kara 31
Karabin 34
Kari 6
Katze 43
Kausalität 55
Keila 34

Keiler 42	**Lachanfall** 64	Luchs 43	Miötwitnir 32
Kenningar 75	Lachen 55	Lutr 34	Mjoll 34
Kerbel 45	Lachs 44	Lyngheid 35	Modgudr 29
Kessel 57	Landgeister 36	**Magni** 19	Modgudr 31
Keule 66	Lauch 45	Malseron 34	Modi 19
Kiebitz 40	Laufey 26	Mana 35	Modrädnir 32
Kili 32	Laurin 7	Managarm 43	Modsognir 7
Kisi 34	Laus 40	Mannus 20	Mögthrasir 6
Kiste 57	Leber 63	Mardalla 27	Moin 32
Kjallandi 6	Leib 63	Marder 43	Mökkurkjalfi 6
Kjallandi 35	Leidi 34	Margerdr 35	Molda 35
Klaufi 34	Leifi 6	Margerthur 35	Mona 20
Klee 45	Leifnir 6	Mangold 45	Mond 48
Kleima 35	Leikn 35	Mantel 67	Mondul 32
Knochen 67	Leimrute 66	Mantel der Nanna 67	Moosfrau von Saalfeld 32
Knoten 64	Leiter 49	Marnar 29	Moosleute von Arntschgereute 32
Kobolde 36	Leirvör 35	Märzviole 45	
Kol der Bucklige 39	Leopard 43	Maske => Helm	Mörn 35
Kolfrosta 28	Lerche 40	Maus 44	Möwe 40
Kolga 35	Lidskialf 20	Meer 49	Mühle 66
Kopf 63	Liebestrank 70	Meer der Zeit 55	Mundilfari 6
Kormoran 40	Liebeszauber 64	Meer-Menschen 36	Munin 40
Korn 45	Lif 39	Mehlbeere 45	Munnharpa 35
Körperteile 65	Lifthrasir 39	Mehltau 45	Münze 67
Köttr 34	Litr 6	Meili 9	Muspel 6
Kraftgütel => Gürtel	Litr 32	Meise 40	Muspelheim => Feuer 52
Krähe 40	Ljod 29	Menglöd 22	
Kraka 31	Ljota 35	Menja 28	Myrkrida 35
Kranich 40	Lodin 6	Menschenopfer 64	Myrkvid 49
Kräuter 45	Lodinfingra 35	Messer 66	**Nabbi** 32
Kreppvör 35	Lodur 16	Midgard 52	Nacktheit 60
Kriegerin 62	Lofar 7	Midgardschlange 41	Nadel 55
Kreuzblume 45	Lofn 29	Midi 6	Nägel 55
Kreuzkraut 45	Lofnheid 35	Midjungr 34	Naglfar 49
Krönung 64	Logi 34	Midwitnir 6	Nain 32
Kröte 44	Loki 16	Mimir 6	Nali 32
Kuckuck 40	Loni 32	Mist 31	Namensgebung 64
Kuril 6	Lopthoena 28	Mistel 45	Nanna 21
Kult 55	Lori 35	Mistkäfer 40	Nauma (Hel) 35
Kundalini 64	Loricus 6	Mittelpfeiler => Yggdrasil	Nar 32
Kwasir 20	Löwe 43		Narfi 6
Kyrmir 6	Löwenmäulchen 45	Mittsommer 54	

Nari Loki-Sohn 19	Nyi 32	Priester 60	Ringkampf 55
Nati 6	Nyr 32	Priesterin 58	Rist 31
Naudir 36	Nyrad 32	Prolog (Edda) 77	Robbe 44
Nebel 64	**Oddrun** 31	Prophezeiung 71	Rögnir 7
Nefia 35	Odin 13/14	Pukis 36	Rose 45
Nehalennia 29	Odr 20	**Rabe** 40	Röskva 37
Neri 30	Ofoti 5	Rad 67	rot 46
Neris Schwester 30	Öflugbarda 35	Radgrid 31	rota 31
Nerthus 28	Öflugbardi 6	Radvör 35	Rotkehlchen 40
Nepr 20	Ogautan 39	Ragnar Lodenhose 39	Rücken 63
Nessel 45	Ogladnir 6	Ragnarök 55	Rud 35
Netz 67	Ogn 35	Ran 27	Rudent 6
Neuentstehung aus den Knochen 55	Ohr 63	Randalin 31	Rudi 34
neun Heimdall-Mütter 35	Oin 7	Randgnid 31	Runa 35
neun Schwestern 35	Olius 32	Randgrid 31	Runen 72
Niblung 7	Ölwaldi 5	Rangbeinn 5	Runenkästchen von Auzon => Kiste
Niblung 39	Omen 71	Rasereitrank 70	Runenstein 64
Nicor 34	Onarr 48	Raswid 32	Runenstein von Ardre 64
Nid 64	Öndudr 6	Rätsel 76	Rußland-Riese 6
Nidi 32	Onn 32	Raud 34	Rütze 35
Nidr 28	Opfer 64	Raugnir 34	Rygi 35
Nidud 16	Orakel 71	Raum 6	**Saemdill** 6
Nieswurz 45	Oregano 45	Reck 32	Saga 28
Niflheim => Eis 52	Ori 32	Regenbogenbrücke 49	Sährimnir 42
Niping 32	Örnir 6	Regin 7	Säkarsmuli 6
Nirdir 10	Ortnit 34	Reginleif 31	Salbei 45
Niola 48	Ösgrui 5	Reiher 40	Salfangr 6
Njola 48	Öskrudr 34	Rentier 42	Sam 34
Njörd 10	Ostara 29	Riesen auf der West-Insel 6	Sämingr 39
Njörun 29	Osten 54	Riesen-Baumeister 6	Sanngrid 31
Nölvi 10	Otr 32	Riesen von Feldkirchen 34	Sati 51
Norden 54	Otter 44	Riesen von Lichtenberg 35	Säule => Weltenbaum 52
Nordosten 54	Otunfaxe 39	Rifingalfa 35	Saxnot 20
Nordri 32	**Penis** 55	Rifingöflu 35	Sceaf 20
Nordwesten 54	Perchta 28	Rigingöflu 35	Schachtelhalm 45
Nori 32	persönliches Glück 64	Rind 42	Schädelschale 63
Nornen 30	Pfeil 66	Rindr 20	Schadenszauber 64
Norr 34	Pferd 42	Ring 57	Schaf 42
Norr 48	Pferdezwillinge 12		Schafgarbe 45
Nott 48	Pflug 67		
	Phol 9		
	Polygamie 55		

Schaumkraut 45
Schierling 45
Schild 66
Schlafdorn 55
Schlangen 41
Schlangenauge 63
Schlangengrube 49
Schlangenzunge 63
Schleifstein =>
Wetzstein
Schmetterling 40
Schmied 4
Schmied 55
Schnecke 44
Schneeweiß-
Goldschöne 28
Schuh 63
Schutzgeist =>
Fylgja/Hamingja
Schutzzauber 64
Schwalbe 40
Schwan 40
Schwanenkleider der
Walküren 40
Schweden-Riese 6
Schwein 42
Schwert 66
Schwitzhütte 64
sechsköpfiger Riese 6
Seehund 44
Seekuh 44
Seelenvogel 40
Seelenvogel 50
Segen 68
Seher 60
Seherin 58
Seidelbast 45
Seidr 64
Sel 6
seltsamer dritter
Bruder 55
Sense 67

Siar 32
Sichel => Sense
sieben Schwestern 28
Siegfried 38
Sieglind 31
Siegstein 67
Sif 24
Sigdrifa 31
Sigurd 38
Sigi 39
Sigrlami 39
Sigrun 31
Sigyn 28
silbern 46
Simul 31
Sinmara 28
Sindri 32
Sinthgunt 29
Sivör 35
Sjuld 31
Skadi 20
Skafid 32
Skalden 61
Skaldatal 77
Skaldenlieder 78
Skaldinnen 61
Skalli 34
Skalmöld 31
Skadskaparmal 77
Skärir 5
Skeggiöld 31
Skidbladnir 49
Skimsli 5
Skirnir 37
Skirkjar 35
Skirwir 32
Skjalf 29
Skjalv 34
Skjellinefja 29
Skjöldr 39
Skögul 31
Sköll 43

Skorpion 40
Skrati 34
Skrymir 5
Skrimnir 5
Skuld 30
Slagfid 39
Sleggja 35
Snae 34
Snotra 29
Solbiart 5
Sohn der Freya 19
Sohn des Freyr 19
Solblindi 5
Sölfn 29
Sommer 54
Somr 5
Sonne 48
Sonnengöttin 48
Sonnenhymne 64
sonstige Magie 64
Sörli 39
Spatz 40
Specht 40
Speer 66
Sperber 40
sprechende Tiere 41
Sprichworte 74
Spindel 55
Spinnerin 55
Spiritus familiaris 36
Sprettingr 5
Stab 67
Starkad 6
Starkad 39
Stärketrank 70
Statue 57
Stein 64
Steine und Edelsteine 64
Steinigung 55
Stern 48
Sternbild 48

Sternbild 55
Stigandi 5
Storch 40
Storkvid 34
Stoverkr 34
Strahlen-Breitsame 45
Strudel 49
Struthan 34
Stumi 5
stumm 63
Süden 54
Südosten 54
Sudri 32
Südwesten 54
Surtur 6
Suttung 6
Svada 5
Svadi 5
Svaf 7
Svarangr 5
Svasudr 6
Svatr 6
Sveid 31
Sveipinfalda 35
Svidi 6
Svip 5
Svipul 31
Svivör 31
Swaf 20
Swanhild 31
Swanwit 31
Swawa 31
Swior 32
Swipdag 20
Syn 29
Syr 29
Tafl 57
Tal 52
Tamfana 29
Tarn-Kappe 67
Tarn-Umhang 67

Tasche 60	Thrungva 29	Uri 20	- in Fuchs 65
Tätowierungen 55	Thrym 6	Utgard 52	- in Geier 65
Tattoo 60	Thulur 77	Utgardloki 6	- in Habicht 65
Tau 52	Thundr 6	Ungeheur 41	- in Hecht 65
Taufe 64	Thundr 29	Utiseta 50	- in Hirsch 65
Teer 45	Thurbiörd 35	**Vagnhöftdi** 34	- in Hund 65
Telemark-Riese 5	Tiere 44	Valbrandur 5	- in Krähe 65
Telepathie 64	Tiere der Götter 44	Vali Loki-Sohn 19	- in Lachs 65
Teller 57	Tierfelle 60	Valthögn 31	- in Löwe 65
Tempel 56	Tierfelle bei Hinrichtungen 67	Vandil 5	- in Mücke 65
Teufelsabbiß 45		Vandlir 5	- in Otter 65
Thagnar 31	Tor 49	Var 29	- in Pferd 65
Theck 32	Torfa 35	Vardrun 28	- in Rabe 65
Thialfi 37	Tote wiederbeleben 64	Vardrun 35	- in Rind 65
Thiazi 5		Vardruna 35	- in Robbe 65
Thing 73	Tragestange 67	Vasad 6	- in Schlange 65
Thiodwitnir 34	Trana 35	Vatermord 55	- in Schwalbe 65
Thistilbardi 34	Traum 71	Velle 5	- in Schwan 65
Thjodrerir 7	Traumdeutung 71	Venus 48	- in Seekuh 65
Thögn 31	Traumfrau 31	Verbene 45	- in Spinne 65
Thökk 35	Trima 31	Verdandi 30	- in Tier 65
Thor 17	Trolle 36	Vervielfältigung von Körperteilen 65	- in Vogel 65
Thora 28	Trona 35		- in Wal 65
Thorgerdr Hölgabrudr 29	Tuch 57	Vergessenheitstrank 70	- in Walroß 65
	Tuisto 20		- in Widder 65
Thorin 7	Tuisto 33	Verirren auf der Hirschjagd 55	- in Wolf 65
Thorir 6	Turm 56		- in Ziege 65
Thorn 5	Tyr 3	Verr 34	- in Ziegenbock 65
Thorstein Haus-Macht 79	Tyr-Riesen 5	Verwandlung:	Vidblindi 5
	Udr 35	- einer Frau in einen Mann 65	Viddi 34
Thrain 32	Uffe 39		Vidgreipr 34
Thrasir 6	Ulfhedinn 62	- einer Frau in eine andere Frau 65	Vidgymir 5
Thrigeitir 5	Ulfrun 35		vier Riesen-Ritter 34
Thrivaldi 5	Ullr 11	- eines Mannes in eine Frau 65	vier Stier-Riesen 34
Thröng 29	Umhang => Mantel 60		viertüriges Haus 52
Thror 7		- in Adler 65	Vifflöd 29
Thror 20	Uni 20	- in Bär 65	Vignir 34
Thror 32	Unn 35	- in Drache 65	Vikarr 6
Thorri 34	Unsichtbarkeit 64	- in Eber 65	Vilja 20
Thrud 31	Unsichtbarkeits-Stein 67	- in Falke 65	Vindr 34
Thrudgelmir 5		- in Fliege 65	Vingnir 6
Thrudr 29	Urd 30	- in Floh 65	Vingrip 34

Vipar 34	Wegwarte 45	Winter 54	Zwerge 32
Vogel 40	Weig 32	Winteranfang 54	Zwerge:
Vogelsprache 64	Weihung => Segen	Wirwir 32	- im Berg 32
Volkrast 7	Weinen 55	Witr 32	- im Gebirge 32
Vör 29	weiß 46	Witwen-Selbstmord 51	- Kuttenberg 32
Vörnir 34	Weisheiten 74	Wolf 43	- Untersberg 32
Vulkan-Riese 34	Weisheitstrank 70	Wolfsfell 62	- Blankenburg 32
Waage 64	Weißstern 39	Wortschatz Magie 64	- Bonikau 32
Waberlohe 49	Weltenbaum 53	Wohlstandszauber 64	- Dardesheim 32
Wächter 49	Weltesche 53	Wucherblume 45	- Eilenburg 32
Wafthrudnir 6	Wespe 40	Wurzel 45	- Elbogen 32
Wagen 67	Westen 54	Wyrd 30	- Glaß 32
Wagnhofde 6	Westri 32	**Yggdrasil** 53	- Hohenstein 32
Wal 44	Wetter 64	Ymir 33	- Heilingsfelsen 32
Wälder =>	Wettlauf 55	Ymis 33	- Nünberg 32
Weltenbaum 52	Wetttrinken 55	Yngvi 32	- Osenberg 32
Wald-Riesin 35	Wetzstein 67	**Zahlen** 47	- Plesse 32
Wali 19	Wichte 36	Zähne 63	- Rosenberg 32
Wali 32	Widar 19	Zauberer 59	- Selbitz 32
Walküren 31	Widfinnr 5	Zauberin 58	- Sion 32
Walnuß 45	Wiedergeburt 51	Zaubersprüche 68	Zwerg:
Walroß 44	Wiederholungen 55	Zeh 63	- Gebirge 32
Waltam 20	Wiederzeugung 51	Ziegen 42	- Kyffhäuser 32
Wandteppich => Tempel	Wieland 4	Zisa 29	- Hohenstein 32
Wanen 36	Wiesel 43	Zunge 63	- Dresden 32
Warkald 6	Wig 32	Zweikampf 73	- Hoia 32
Warr 20	Wigrid 55	zweiköpfige Riesen 34	- Lützen 32
Wasser 52	Wili 20	zwei Zwerge 32	- Ralligen 32
We 20	Wili (Zwerg) 32	Zwerg auf dem Felsen 32	- Rantzau 32
Weberin 55	Wind (Magie) 64	Zwergberg zu Aachen 32	- Scherfenberg 32
Wegdrasil 20	Wind 52		- Thorgau 32
Wegerich 45	Windalf 32		Zwillinge 55
Wegetritt 45	Windloni 6		
	Windswal 6